커피 헌터의
노가다
다이어리2

커피 헌터의 노가다 다이어리2

초판 1쇄 발행 2024년 9월 13일

지은이 유화수
펴낸이 장길수
펴낸곳 지식과감성#
출판등록 제2012-000081호

교정 이주희
디자인 오정은
편집 오정은
검수 한장희, 이현
마케팅 김윤길, 정은혜

주소 서울시 금천구 벚꽃로298 대륭포스트타워6차 1212호
전화 070-4651-3730~4
팩스 070-4325-7006
이메일 ksbookup@naver.com
홈페이지 www.knsbookup.com

ISBN 979-11-392-2109-1(03810)
값 16,700원

- 이 책의 판권은 지은이에게 있습니다.
- 이 책 내용의 전부 또는 일부를 재사용하려면 반드시 지은이의 서면 동의를 받아야 합니다.
- 잘못된 책은 구입하신 곳에서 바꾸어 드립니다.

지식과감성#
홈페이지 바로가기

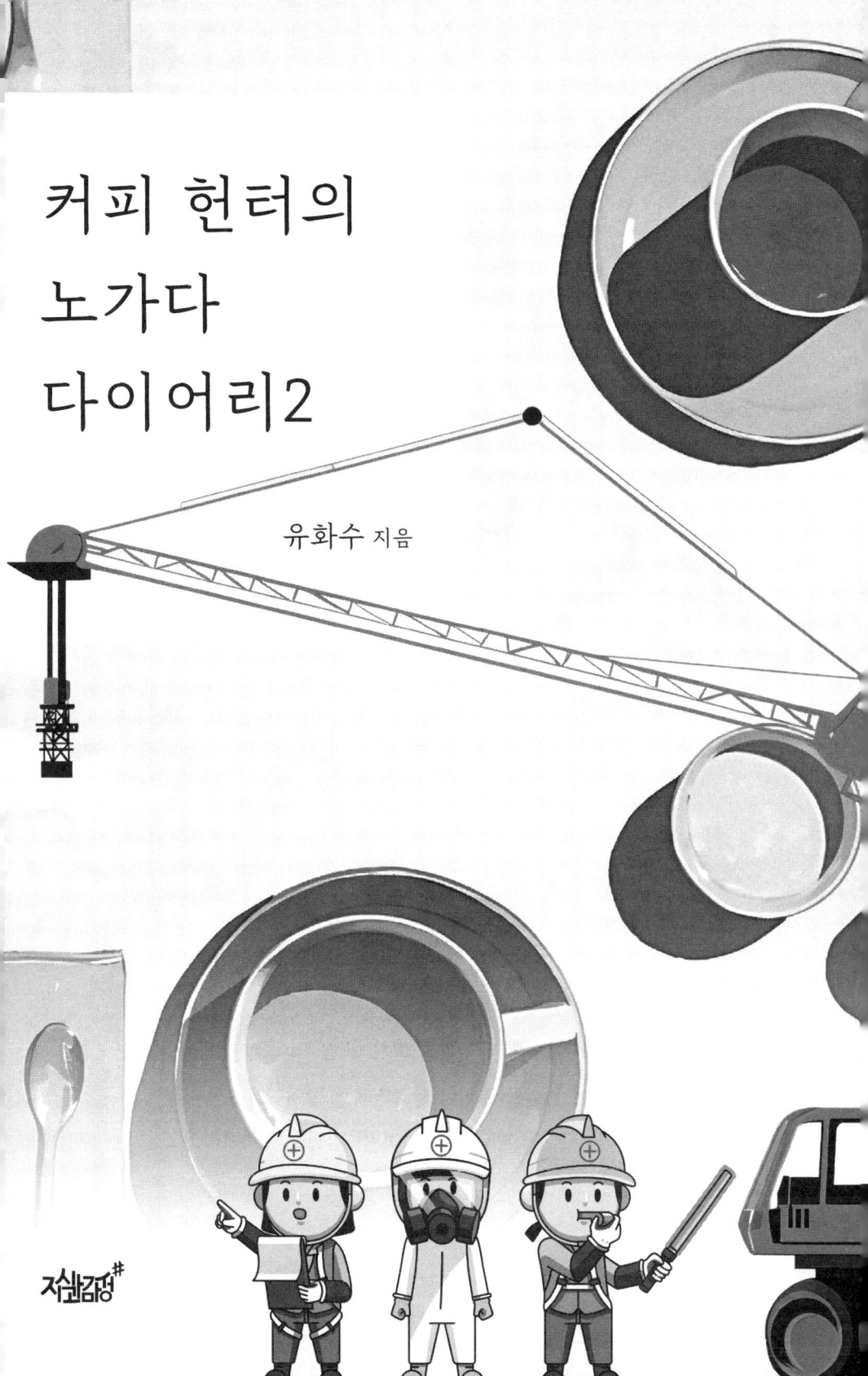

머리글

원래 쓰던 습관으로 일기는 계속되었다.
그리고 노가다를 설명하기에 1부만으로는 부족하기에 2부를 연재한다.
추가된 경험은 내가 모르던 많은 부분을 보충하였다.
글을 검토하다 보니 일기 특성상 내 마음도 오락가락하지만 일부러 내용은 수정하지 않았다.
이 책은 보여 주려는 의도에 내 기록이 포함되었기 때문이다.
중요한 건 크지는 않지만 수입은 계속되었고 난 미래를 계획했다는 것이다.
성공의 결과가 나오는 3부까지 쓰고 싶지만 여기서 끝내련다.
글 쓰면서 한없이 작아지는 나를 느끼기 때문이다.

어쨌든 내가 노가다를 한 건 신의 한 수는 맞다.
짧지만 생활이 안정되었고 심장병과 당뇨로 고생했던 건강도 회복했기 때문이다.
이 글을 쓰는 지금 이틀 쉰 탓에 몸이 굳어 오지만 말이다.

난 어제 볶은 코피루왁을 마시고 있다.
원래의 내 목표가 조연이 됐지만 언젠가 빛 볼 일이 있을 것이다.
방황과 고심 끝에 원리를 완성한 발효커피도 말이다.
이제 일기도 멈추고 《커피 헌터 다이어리》 집필을 시작한다.

CONTENTS

머리글   4

제1장 현장에서 일하면서 출판을 준비하다   6

제2장 유도원으로 편한 노가다의 삶   56

제3장 생각보다 바쁘게 돌아가는 유도원 일   99

제4장 작업 거부로 퇴출되었다가 다시 돌아오다   137

제5장 순탄하게 보내는 잡부 유도원의 투잡 일상   179

제6장 유도원을 넘어 능숙한 잡부로 현장에 적응하는 나   216

제7장 일산 풍동의 포스코 오피스텔 현장에서 일하다   247

제8장 현장 일을 함에도 한가한 일상이 계속되다   286

제9장 다시 삼성 현장으로 돌아가다   327

마무리 글   348

헌정 시: 화수 형에게(이찬규)   350

제1장 현장에서 일하면서 출판을 준비하다

1. 3월 28일 목요일 비. 작업 1일 차

새벽에 일어나 일기를 계속 쓸지 고민했다.

지금까지 쓴 일기를 정리할 시간이 필요하고 잠도 부족하기 때문이다.

그리고 앞으로 새로운 내용이나 감동이 없을 거란 느낌도 이유 중 하나이다.

비록 짧은 시간이었지만 노가다를 어느 정도 이해하기에는 충분했다.

그럼에도 나는 본능에 따라 일기를 다시 쓴다.

아침에 차를 타니 싸웠던 이 ○국 씨는 보이고 규상이는 안 보인다.

그는 건설사에 취직이 되었다는데 타이밍이 공교롭다.

사실일 수도 있으나 결혼을 앞둔 청년의 자격지심일 가능성도 배제는 안 한다.

건설회사 관리직에 있었기에 같이 일을 했던 노가다를 상대적으로 하층 계급이라 생각했는지도 모른다.

그가 건축을 전공한 나를 어떻게 생각했을까 하는 의문이 든다.

오전 일은 두 시간 교육으로 시작되었다.

잔 것은 아니지만 충분한 휴식이 되었으니 참으로 운이 좋다.

교육도 일의 연장이니 그냥 편히 앉아 있는 것만으로 4만 원을 번 것이다.

이후의 일은 버블시트 까는 정도라 힘들 것도 없고 말이다.

하지만 또 실수를 했으니 무거운 부직포를 들고 계단을 씩씩하게 오른 것이다.

가급적 가벼운 것을 들고 천천히 일해야 했는데 일 열심히 하는 내 습관은 조절하기 힘들다.

컨디션이 좋아서인데 적당히 하는 방법은 아직 터득 못 했다.

다시 온 정 씨는 말로만 일하는 사람으로 보인다.

남을 가르치고, 시키고, 대장인 황 반장에게 업무를 보고한다.

누가 보면 그가 팀장인 줄 알 정도로 설치는데 대부분 열심히 일하기 싫은 사람이 그러하다.

노련한 그를 따르는지 자세히 보면 지금의 동료들은 모두 그런 성향이 조금씩 있다.

하지만 오늘 정 씨는 내 눈치를 보는지 열심히 일한다.

몸을 사리지 않는 내 성격을 알기에 먼저 자신의 능력을 과시하려는 것으로 보인다.

하지만 새로 왔거나 만만한 사람을 자신의 동조자로 만들어 현장에서의 세력을 확대해 나가려는 짓은 똑같다.

분명 내게는 얄팍하고 야비한 방법이나 그는 험악한 세상살이에 충실할 뿐이다.

난 그가 현장에서 어떻게 자리 잡는지 두고 볼 것이다.

지금 현장에서 대화할 사람은 키 큰 하섭이뿐이다.
동생 같은 박 후배나 농담 잘하는 성호와 동갑내기 조 영감도 안 나왔다.
그들과의 대화는 아무 의미 없지만 혼자 사는 나는 가끔은 누구와도 지껄이고 싶다.
노가다 말투가 아니라 사회에서 만난 사람들처럼 말이다.
그래서인지 어제 만난 영화배우 명찬이와의 격조 높은 대화는 너무 즐거웠다.
그 주제가 문학과 정치이기 때문인지 오늘 현장에 오자마자 바로 이질감을 느꼈다.
어쩌면 난 진정한 노가다의 세계를 이해할 수 없을지도 모른다.
분명 시간 내 할 수 있는 일임에도 자연스레 오후로 미루는 팀장을 보면 말이다.
말은 없지만 어쩌면 그가 진정한 노가다 고수일 것이다.

갑자기 두 시간 연장 근무가 떨어졌다.
두 시간 더 일하고 반품을 받으니 어제 논 걸 반을 만회할 수 있다. 버스, 지하철 타고 가는 퇴근이 불만이지만 가성비는 훌륭하다.
고시텔에 돌아오니 8시가 되어 라면 먹고 바로 잠이 든다.
피곤한 나는 새벽에 시간 내어 간신히 일기를 썼다.

2. 3월 29일 금요일 비. 작업 2일 차

분명 오늘 기온은 높았는데 나는 추위에 떨고 있다.

옷도 충분히 입었지만 인천 앞바다의 강한 비바람은 모든 걸 차고 굳게 만들었다.

현장도 어렵지만 혈액 순환 잘 안되는 내 몸도 마찬가지이다. 마음이라도 녹은 건 대화하고 싶은 박 후배가 출근했기 때문이다.

난 그가 물어보지도 않았는데 얼마 전 명찬과 만나 계획한 책에 대한 마케팅의 자초지종을 설명한다.

앞글에서는 덤덤하게 표현했으나 속마음은 나도 모르게 명찬이의 의견을 기대했나 보다.

더하여 발리에서 커피를 팔며 살 수 있는 그의 미래도 그려 주었지만 그가 부담을 느끼는 걸 알고 대화를 멈춘다.

내가 상대방의 동의도 묻지 않고 앞날을 설명하는 건 습관이다.

뭔가 이용하는 걸로 오해할 수도 있지만 최상의 조건으로 계획하기에 이해하는 데 시간이 걸릴 뿐이다.

사업은 망했지만 영어 잘하고 사교성, 인물, 몸매 다 좋은 그는 해외 사업을 위한 1순위 대상이다.

더하여 남들이 쉽게 못 하는 노가다를 하고 있기 때문이다.

어찌 보면 난 노가다하는 사람에게 상당히 긍정적인 마인드를 가지고 있다.

특히 나이 먹어 열심히 일하는 사람들 말이다.

오늘도 노가다 고수인 팀장과 한 조를 이뤄 일한다.

일은 먼저 하던 바닥 하스리 작업이나 오늘따라 바쁘게 움직인다.

그가 하스리(철거)하면 내가 콘크리트 잔해를 쓸어 마대에 담는 단순한 일임에도 팀장이 쉬지 않고 일해 쉴 틈이 없었다.

더하여 바닥에 고인 빗물까지 빼느라 허리가 다 휘청거린다.

팀장이 강도 높게 일하는 이유는 남들이 보고 있기 때문일 것이다.

일하는 6층은 흡연장이 있어 모든 사람이 모여든다.

혹시나 이유를 물어보니 팀장은 원래 이런 식으로 일하길 좋아한다고 말한다.

"나도 마찬가지다." 하고 긍정했지만 허리는 계속 아파 왔다.

퇴근 시간이 다가오자 어제 연장 근무가 포함된 일당이 눈에 선하다.

모두 합치면 2.5품으로 30만 원이 훌쩍 넘는 돈을 받는다.

크지 않은 돈이지만 노가다의 기쁨은 노동의 대가로 받는 현찰에서 나온다.

하지만 그 기쁨이 의심으로 변한 건 한순간이었다.

내가 받아야 할 돈은 수수료와 보험료를 뺀 일당 136,000원 × 2.5로 34만 원이다.

사무실 총무도 처음엔 그렇게 계산했으나 돈을 주는 사장 형은 모니터를 보더니 다르게 계산해 33만 3천 원만 주고 만다.

나뿐 아니라 함께 연장 근무 한 다른 동료들도 비슷한 결과가 나왔다.

다시 물어봤지만 총무는 눈짓으로 그냥 가라고 한다.

사실 먼젓번 연장 근무도 계산이 정확하지 않았지만 그냥 넘어갔다.

기분이 찝찝해 김 씨와 막걸리를 한잔하러 갔다.

막걸리 한 병을 둘이 마시니 그저 반주 수준이지만 우리는 충분히 즐긴다.

노가다에 어울리는 순댓국이라 그런지도 모르지만 말이다.

식사 중 김 씨는 계산에 문제가 있다며 다시 거론한다.

내가 우리는 갑을이 아니라 힘없는 병이라고 했음에도 그는 끝까지 따지겠다고 한다. 그것도 사장 형이 아니라 진짜 사장인 이 ○성 씨에게 말이다.

하지만 김 씨 말로는 이 사장은 상당히 양심적인 사람이라고 한다.

난 그의 말을 듣고 여러 가지 추론을 해 본다.

사장 형의 착복인가, 과잉 충성인가. 아니면 단순한 계산 실수인가 하고 말이다.

아무리 생각해도 마지막 추론이 맞는 것 같다.

김 씨는 "이 업계에서 계산 틀리다고 소문나면 망할 수도 있다." 하면서 따지는 것은 사장이 출근하는 날을 기다리기로 했다.

김 씨의 용기에 감동한 나는 먼저 술값, 아니 식사대를 지불하였다.

늙은 나를 제외하면 한국의 노가다 판은 그저 약자만의 세상이 아닌 것 같다.

건설 현장은 많고 젊은 노가다 인력은 항상 부족하다.

3. 3월 30일 토요일 맑음 뒤 흐림. 작업 3일 차

아침은 쌀쌀했으나 다행히도 해가 바로 떠오른다.

그늘에서 재는 기온과 태양 아래의 실제 체감온도는 확연히 다르다.

냉혈 동물인 도마뱀처럼 햇살 아래서 따뜻해진 나는 모처럼 온몸에 힘이 솟아난다.

찬 바람에 몸이 오그라들던 어제 아침과는 너무 대조적이다.

내가 따뜻한 남쪽 나라 발리에서 살고 싶은 이유이기도 하고 말이다.

나는 찬 피와 당뇨 그리고 심장병과 따뜻한 날씨와의 상관관계를 알고 싶다.

자신과 맞는 기후에 산다면 좀 더 건강할 수 있을 것이다.

오늘 일은 보양으로 비가 내려 무거워진 부직포를 날라야 한다.

하지만 나와 팀장은 어제 하던 일을 계속했다.

힘들었던 하스리 일이 오늘은 상대적으로 쉬워진 것이다.

하지만 동료들이 보고 있어서인지 팀장은 더욱 속도를 내 오전에 마무리됐다.

오후는 하스리 작업 한 곳에 솟아 있는 두 가닥의 철근을 잘라야 한다.

아무것도 없으나 불꽃이 튄다는 이유로 여성 화재감시자가 한 명 포함되었다.

그녀는 그냥 서 있기 미안했는지 뭐든 하려 했고 나는 청소를 시켰다.

내가 무거운 하스리 잔해를 리어카로 날라야 했기 때문이다.

사실 여자들이 하는 일은 신호수 등으로 육체적 노동으로 환산하면 남자가 하는 일의 극히 일부에 불과할 것이다.

내게는 쉬워 보이는 리프트 운행이 그녀들에게는 가장 힘든 일이니 말이다.

그럼에도 난 여자들이 남자들과 같은 일당을 받을 자격이 충분히 있다고 생각한다.

어쨌든 열심히 하는 그녀들이 없으면 뺀질이 남자가 시원치 않은 태도로 그 일을 대신할 것이기 때문이다.

그리고 유도원은 생각보다 중요한 업무이기도 하다.

항상 신경을 곤두세워야 하고 장시간 서 있거나 차량을 유도하며 걷는 육체의 피로도 장난이 아니다.

내 생각으로는 건장한 남자보다는 세심한 여자나 경험 많은 나이 먹은 남자가 이 일에 적격이다.

알고 보니 내가 처음 간 태영건설 현장에서 신호수를 한 건 고령자이기 때문이다.

그냥 서 있는 일이 따분했지만 배려를 받은 것이다.

팀장은 일하면서 믿을 수 있는 세 사람을 거론한다.

김 씨와, 박 ○○, 그리고 유 형이라 호칭된 내가 포함되었다.

신뢰에 대해 좀 더 근사한 이유가 나올 줄 알았으나 그냥 결근을 안 해서란다.

노가다 관점에서는 능력보다 성실함이 가장 큰 덕목인가 보다.

하지만 자유롭게 인생을 살고픈 요즘 젊은이들에게는 가장 취약한 부분으로 보인다.

실제로 꾸준히 일하러 나오는 젊은이는 지금까지 본 적이 없다.

어떤 게 좋은지는 모르지만 사람은 각자 필요한 대로 사는 게 아닌가 싶다.

비트코인까지 있는 시대에 젊은 사람이 노가다로 돈 번다는 건 산으로 올라가는 바다거북과 다름없다.

　오직 갈 곳 없는 늙은 거북이만 부르면 아무 데고 가는 것이다.

　팀장은 더하여 내가 오래된 겨울 작업복을 버린다는 소리에 아까우니 잘 보관해 다시 입으라 한다.

　그는 내가 말한 발리에서의 삶을 기억하고 있었고 그 자본금 3천만 원을 벌려면 이번 현장에서 겨울을 나야 하기 때문이다.

　전에 그가 말한 이 현장이 계속될 것이란 내용과 연관 있는 처신이기도 하다.

　그는 생각보다 깊은 속을 지녔고 한 달이 넘은 지금 조금씩 내게 표현한다.

　난 친근한 반말을 쓰는 그가 좋아지기 시작한다.

　팀장이 처음부터 내게 반말을 쓴 건 아니다.

　내가 팀장을 도우려 마음먹었듯이 그도 나를 선택한 것 같다.

　중요한 건 같이 술 한잔 한 적도 없음에도 서로의 필요에 의해 마음이 통한 것이다.

　그래서 팀원 중 가장 나이 먹은 나에게 반말을 쓰고 또 그런 이유로 새로운 팀원을 쉽게 통솔할 수 있다.

　반감 없이 자연스러운 친근감을 유지하면서 말이다.

　어쩌면 팀장은 현장에 특화된 것을 넘어 상당히 똑똑한 사람일지도 모른다.

　내가 어려운 시기에 그를 만난 것은 그나마 다행이다.

4. 3월 31일 일요일 맑음. 열외 1

글을 써야 하는 일요일은 또 다른 출력이다.

아침, 아니 새벽에 일어나 하루 종일 앉아 있으니 어쩌면 노가다보다 고된 하루인지도 모른다.

일당은 없지만 미래를 위한 유일한 투자이기에 나는 최선을 다한다.

지금 말하는 글은 지난 일기를 다시 보는 것으로 수정보다는 기억을 다시 해 빠진 내용을 보충한다.

시급으로 치면 얼마가 될지는 모르지만 일기를 다시 읽는 것만으로도 보람은 있다.

자신의 삶을 뒤돌아보면서 충실해진다고나 할까.

요즘 내가 고민하는 게 있으니 발이 계속 아프다.

그래서 쿠팡에서 조심스레 신발을 구입했으나 생각보다 폭이 좀 작다.

나이 먹어 키가 작아지고 몸이 말라 가도 노가다 일 한다고 발은 커진 모양이다.

자세히 보니 실제로 발은 굳은살과 함께 발가락이 옆으로 퍼진 형태가 되었다.

평생 신은 265㎜ 사이즈였는데 노가다를 이유로 한 치수 큰 270㎜ 조차 작게 느껴진 것이다.

폭이 넓은 신발도 있지만 자세한 표기가 없었다.

쿠팡은 반품이 가능하나 이 역시 일이고 내 성격에도 안 맞으니 누군가에게 줘야겠다.

어렵게 번 아까운 돈을 날리나 그가 잘 신는다면 그만이다.

일하면서 느낀 건 나는 항상 시간이 부족하단 것이다.

그럼에도 모든 걸 이루고 있으니 속도와 시간이 고정불변이 아니라 상대적이란 내 주장은 의미가 생겼다.

그래서 한국인의 평균 수명이 길어졌다는 게 의미 없을지도 모른다.

덕분에 남은 인생이 그리 지겹지 않을 것 같아 다행이다.

죽을 때까지 돈을 벌어야 하니 말이다.

돈벌이가 될지는 모르지만 일기 정리는 상당한 진전을 이뤄 한 번 더 작업하면 끝날 것 같다.

달력을 보니 사전투표 날을 이용할 수 있을 것이다.

마지막 점검에서는 모든 글을 다시 읽어야 하니 하루로는 부족하다.

이번 주 토요일과 일요일에 한 번에 몰아 일하면 가능할 것으로 보인다.

빨리 정리해 출판사에 보내고 책이 나오길 기대하련다.

남은 커피가 두 봉지뿐이라 로스팅을 준비해야 한다.

작년에 로스팅된 코피루왁 10kg을 가져와 4kg은 누군가에게 주고 내가 매달 1kg씩 소비하였다.

하루 5잔 정도 마시니 한 달에 1kg은 그리 많은 양은 아니다.

로스팅 머신은 전기밥솥처럼 생긴 가정용을 사용할 것이다.

연기가 많이 나지만 다음 주는 날이 완전히 풀려 창문을 모두 열 수 있기에 기대해 본다.

로스팅하면 냄새가 온 방에 남아 있어 한동안은 아무 냄새도 맡을 수 없다.

그것도 향이 강한 시벳커피이니 더 말할 필요가 없다.

일기를 정리하며 지난날을 뒤돌아보니 감회가 새롭다.

고생이야 늘 그렇지만 결국 사람들이 문제이다.

부딪히지 않아야 할 대상과 함께 일해야 하는 숙명이 노가다 현장에서는 자연스러운 일이다.

노가다뿐 아니라 사회의 많은 부분도 늘 이러하다.

예수의 사랑과 부처의 자비는 사라진 것처럼 보인다.

마호메트는 뭘 주장했는지 모르니 무슬림인 로니에게 물어봐야겠지만 비슷할 것이다.

어쨌든 숙명에 허약한 인간은 종교가 필요하고 또 그래서 많은 사람이 따르는가 보다.

내 생각에는 신은 죽지 않았고 죽었다는 표현 자체가 너무 인간적이다.

알 수 없는 존재의 확인만으로 경탄해야 할 인간들이 말이다.

그 대상이 어떤 존재든 마찬가지지만 요즘은 아무도 그렇게 자세히 따지지 않는다.

또 그래서 인간은 한없이 스스로 멍청한 존재이기도 하다.

내가 신이라면 인류의 90%는 소멸시켰다.

5. 4월 1일 월요일 맑음. 작업 4일 차

노가다를 할망정 마음은 발리의 쿠타 해변에 있다.

상큼한 목소리를 지닌 쿠바의 여가수 카밀라 카베요의 〈하바나〉를 들으면서 말이다.

자본주의 국가인 미국은 적대 국가 난민을 성공시켜 주는 관대함도 보인다.

사회주의가 아무리 애써도 따라갈 수 없는 체제를 넘어선 고도의 지배 전략이다.

저음의 아델도 좋지만 난 요즘 바다가 생각나는 이 음악에 흠뻑 빠져 있다.

하바나의 한 바에서 음악을 들으며 쿠바산 럼인 바카디를 마시는 상상을 해 본다.

갑자기 화면이 바뀌어 리조트를 운영하던 보라카이가 나타나더니 다시 요즘 방문한 발리로 바뀌었다.

난 역시 따뜻한 남쪽 나라 바다는 다 좋아한다.

요즘은 일이 너무 쉬워 시간도 잘 간다.

그렇다고 노는 건 아니고 내 몸이 충분히 견딜 수 있다는 말이다.

별다른 내용 없이 하루를 마친 나는 돌아오는 차 안에서 좋은 소식을 듣는다.

정확히는 모르나 커피 주문이 온 건 맞아 고시텔에 돌아와 다시 확인한다.

난 서둘러 커피 그린빈 한 봉지를 가지고 편의점으로 향했다.

요금은 3,900원으로 택배비가 우체국보다 저렴하나 시간이 얼마나 걸릴지는 모른다.

일단 보냈고 쿠팡을 검색하나 다음 행보를 모르겠다.

커피를 산 사람은 여주시에 살지만 이상하게도 휴대폰이 없다.

주소를 보면 시골이 분명한데 고가의 커피를 사는 것도 이상하고 말이다.

내가 상관할 바는 아니지만 은둔한 커피 고수 같은데 아무쪼록 첫 판매가 좋은 결과로 이어지면 좋겠다.

기쁜 소식이 있으니 일기만 쓰고 글쓰기 검토는 넘어간다.

이 소식을 위해 누군가에게 전화할까 하다 좀 더 두고 보기로 했다.

판매된 커피 한 봉지가 뿌리내린 밀알처럼 수가 늘어나겠지만 아직은 기다려야 한다.

판매 개시가 광고 후 한 달 걸렸으니 다음 목표는 두 봉지이다.

기대가 크면 실망도 크지만 이번에는 느낌이 다르다.

6. 4월 2일 화요일 맑음. 작업 5일 차

잠에서 깨어 보니 12시가 채 안 되었다.

다시 자려다가 내 체력이 견딜 수 있나 모험을 해 본다.

출근 시간까지 오늘 일기를 쓰고 지난 일기도 검토해 내용을 축소한다.

내가 일하는 삼성 현장은 한국인만 있어서인지 쓸데없이 말이 길다.

그만큼 트러블과 사연이 많고 새로운 인연도 가능하다.

혼자 한다는 원칙은 없으나 현장에서 만난 주변인은 날 이해하지 못해 아직은 인연이 없다.

아무도 믿지 못하는 이 사회는 진실된 사람이 사기꾼 취급을 받는다.

능력과 경력을 보여 줘도 현재 돈이 없다면 말이다.

출판을 하기로 정하니 없는 글솜씨로 정성을 다한다.

잠 못 자는 새벽에 내 글을 많이도 수정했다.

내용은 바뀌지 않았으나 현장 일의 너무 자세한 부분은 삭제해 읽기 쉽게 한 것이다.

그리고 느낀 것은 이렇게 애를 쓰면서 굳이 자비 출판 해야 하나이다.

만일 기획 출판이라면 출판사에서 많은 부분을 감당할 것이다.

대부분의 자비 출판은 제대로 된 편집 없이 그냥 인쇄소 성격일 가능성이 높다.

성의를 다할 출판사가 아직 남아 있는지는 모르지만 말이다.

잠을 설쳤으나 현장에 도착했을 당시는 아무 문제 없었다.

하지만 계속 내 마음대로 되지는 않는다.

현장에서 무거운 시설을 옮기는데 균형이 깨지면서 하중이 나에게 쏠린 것이다.

다행히 무게가 허리에 전달되기 전 내려놓았으나 욕이 다 나왔다.

비끗하면 일주일, 디스크 이상이면 한 달을 고생하기 때문이다.

가진 건 약간의 커피와 수 편의 글 그리고 몸뿐인 나는 방금 생존의 위협을 느낀 것이다.

삼성이기에 산업 재해 보상을 신청할 수는 있겠지만 한동안 보상받고 퇴출되기는 싫다. 난 스스로 돈을 벌어야 한다.

허리가 무사한 것은 따뜻한 날씨 때문이다.

열 받은 몸은 혈액 순환이 잘되어 부드러워지고 근력도 솟아오른다.

만일 추운 겨울이었다면 광주 현장에서처럼 사달이 났을 것이다.

하지만 이 내용을 알게 된 팀장의 배려로 난 오늘 하루를 편하게 보낸다.

그가 미장 땜빵을 하고 난 빗자루질만 하면 되는 것이다.

그런데 작업 내용에 의문이 들었다.

바닥은 콘크리트인데 미장은 보통 모르타르를 쓰니 얼마 안 되어 박리 현상이 나올 것이다.

시멘트를 더 넣어 직접 배합하면 강도는 맞으나 그러면 급결 현상 때문에 크랙이 일어난다.

더하여 모르타르의 모래가 굵어 마감도 깨끗하지 않고 말이다.

난 모든 걸 알면서도 잡부라는 내 본분을 지켜 말하지 않았다.

팀장은 퇴근 무렵에야 상부로부터 이 사실을 알게 된다.

그렇다고 내가 현장 일에 소홀한 것은 아니다.

내 위로 팀장이 있고 또 그 위로 반장, 부장에 소장까지 있다.

그들 실력은 정확히 모르지만 오랜 경험에도 불구하고 모두가 건축을 전공한 전문 인력은 아닐 것이다.

전공했다고 미장을 제대로 아는 것도 아니고 말이다.

하지만 내 미장 지식도 대학 교재인 《건축재료》나 《건축시공》이 아닌 대부분의 건물 외벽을 미장과 페인트로 마감하는 필리핀에서 배웠다.

내가 살던 필리핀 집 바닥도 압축한 미세 미장으로 마감하고 말이다.

모두 표현하기 힘든 지식이고 그래서 이 현장에서는 아는 걸 입 다물고 있는 게 가장 힘든 일이다.

지금까지의 현자들이 자신의 지식을 조용히 전파하려 애쓴 게 눈에 선하다.

그들의 입이 근질거려 참을 수 없었음에도 말이다.

7. 4월 3일 수요일 비. 작업 6일 차

아침 점호가 끝나자마자 봄비가 내린다.
찬 기운 없는 가랑비는 맞을 만했지만 옷이 젖어 들고 가끔 찬 바람도 분다.
결국 하던 보양 일은 중지되었고 난 허름한 비닐 우의를 입어야 했다.
비와 수시로 경보를 울리는 크레인 작업 덕분에 많이 쉬었지만 맡은 일은 제시간에 끝냈다.
책임자인 황 반장은 우리가 쉬는 걸 못마땅해하지만 대신 일을 스스로 빨리하는 건 눈치 못 챈다.
아마 자신이 닦달해서 일이 잘 끝났다 생각할 것이다.
그런데 우리 팀원 중 진짜 일 안 하고 개기는 사람이 둘이나 있다.
이들도 받은 만큼 일한다고는 하지만 계산법이 남과 좀 달라 어찌 보면 놀면서 시간 때우는 걸로 보인다.
재미있는 건 우리를 고용한 월드건영이나 황 반장은 이런 사실을 어느 정도는 알고 있다.
그럼에도 전체 분위기를 위해 개개인을 제재하지는 않는다.
그들은 목표한 만큼 성과만 있으면 되는 것이고 비상시나 기타 잡일을 위해 고정 인력은 꼭 필요하다.

일 안 하는 사람 외의 팀원들도 능력이 비슷한 것은 아니다.
힘쓰는 일에 맞는 체력이 좋은 사람이 있고 기술로 일하는 사람도 있다.
그것도 아니면 성실함으로 그 대가를 치르기도 한다.

한마디로 자기 몫은 하는 것이고 회사도 결과에 따라 이를 만족하는 모양이다.

난 모든 일에 능통하나 필요에 따라 적당히 섞어 대처한다.

초보치고는 대단한 자만이나 이는 사실이다.

오늘 능력과 일에 대한 가설을 하나 세웠다.

100이란 힘이 있으면 평소 30%를 사용해야 하고 급하면 50%도 가능하다.

예를 들면 최대 60㎏을 들 수 있다면 18㎏ 이하를 들어야 한다.

만일 30㎏을 들다 균형을 잃으면 다칠 수도 있고 일을 지속할 수도 없다.

60㎏을 드는 경우는 한 번에 한하며 수 초 정도만 가능하다.

젊다면 더 높은 퍼센트가 가능하지만 일하다 보면 고용주가 더 많은 것을 요구하기에 자신도 모르게 무리하여 결국은 몸을 상하게 된다.

내 나름 모든 경험을 토대로 계산했는데 동료는 이해 못 하고 한 직영반장은 나를 일하기 싫어하는 사람 보듯 한다.

항상 느끼지만 현장에서는 가급적 말을 안 하는 게 더 좋다.

8. 4월 4일 목요일 맑음. 작업 7일 차

잠을 못 자니 피로가 누적되어 차에서 잠이 들었다.

원래 오늘 쉬려 했는데 팀장은 인원이 부족하다고 꼭 나오라 했기 때문이다.

그 대신 모두 나오는 이번 일요일에 쉬라는 것이다.

휴일 근무는 점심 안 먹고 1시에 끝나기에 출근이 힘들어도 가성비는 나쁘지 않다.

모두 자기 마음대로 쉬는데 나만 팀장의 통제를 받는다.

확실하지 않은 이번 현장 일의 연장에 대한 보장을 위해서지만 일이 지속될 기미는 보이지 않는다.

누군가는 주차 건물이 들어설 것이라 말하고 지상에 기초를 타설하려는 거푸집도 보이나 버림콘크리트에 불과해 보인다.

어떤 건물이든 지하에 설치한 기초 없이는 건축이 불가능하니 두고 봐야 한다.

참, 바닥이 진흙이라 매트 기초로 할 수도 있다.

새로운 신입 두 명이 와서 내가 안내를 했다.

키가 큰 두 젊은이는 요즘 세대의 한국인의 표준으로 보인다.

자라 온 환경 탓인지 나이 든 노가다들은 잘 배우지 못한 것 외에도 대부분 키가 작다.

신입들은 신호수를 하러 왔지만 시험을 망쳐 직영잡부가 된 것이다.

하지만 그들은 나에게 상당히 예의 바르고 말도 신경 쓴다.

오랜만에 나와 어울리는 화법을 들으니 대화하고 싶어졌으나 시간이 없었다.

아침 먹고 시간이 조금 지체된 이유로 출근이 늘어졌다.

간신히 옷은 갈아입었으나 내가 쓰던 안전용 벨트가 보이지 않았다.

하나 남아 있는 벨트는 꼬여 있었으나 시간이 없어 그대로 착용하고 나갔다.

아침 체조 후 두 여성 동료가 뒤에서 나를 도와주었다.

난 이상하게도 여자들에게 만만해 보인다.
나쁜 뜻이 아니라 부담 없다는 말이다.
한 명은 어제 내게 양갱을 주었고 다른 여성들과는 말을 섞은 적이 있다.
그녀들 경력이 오래되어 물어볼 것이 많았으나 삼가고 있다.
현장에는 많은 눈이 보고 있고 그녀들과 반장과의 관계를 전혀 모르기 때문이다.
또한 자신들과 일하면서 글을 쓴다는 사실을 알면 비밀리에 현장에 잠입한 르포 기자로 오해받을 수도 있다.
먹고살려고 일하면서 습관적으로 일기를 쓰는 내가 말이다.
어쨌든 책이 나오고 내가 알려지면 이 현장에서는 더 이상 일을 못 할지도 모른다.
좋은 내용만 쓸 수 없어 회사가 나를 껄끄럽게 생각할 수도 있기 때문이다.
책이 잘 팔려 꼭 그렇게 됐으면 좋겠다.

일이 끝난 뒤 다시 김 씨와 막걸리를 한잔한다.
크기가 안 맞아 어제 내가 준 신발에 대한 대가보다는 대화가 필요했기 때문이다.
그는 먼젓번 덜 나온 임금에 대해 사장과 이야기를 해 5천 원을 더 받았다.
계산상은 7천 원이나 연장 근무 시에는 2천 원을 추가로 뗀단다.

모두가 잘 모르는 사대 보험 지출에 대해서는 어떠한 설명도 없이 말이다.

그리고 김 씨 계산이 잘못되었으면 그날 일당을 받은 모두가 해당되는데 역시 말이 없다.

귀찮아서일지도 모르지만 이들은 분명 노무자의 일당을 조금은 착취한 것이다.

문제될 정도의 돈은 아니지만 계산은 분명히 해야 한다.

하지만 불이익당하고 싶지 않은 나는 입을 다문다.

그 대신 김 씨의 용기를 칭찬하며 함께 막걸리를 들이켠다.

이날 술값은 내가 담배 피우러 나간 사이에 김 씨가 먼저 계산했다.

참, 퇴근 무렵 네파 브랜드 작업화를 수령했다.

사이즈가 넉넉하고 촉감도 좋아 내가 신던 프로월드컵보다는 고급이다.

프로월드컵은 화승 계열인 ㈜화인의 브랜드로 내가 그 회사 BI를 담당한 적 있다.

1년 조금 넘게 근무했고 열심히 일했지만 좋은 인연은 아니었다.

기억나는 건 일주일에 한 번 정도 비행기를 타고 부산 출장을 가 자갈치 시장에서 회 먹은 일뿐이다.

IMF 시절 훨씬 전이니 상당히 오래된 일이나 아직도 기억이 생생하다.

사람이 늙어서도 모든 게 기억나니 참으로 피곤하다.

나만 그런지 모르지만 영양가 없는 쓸데없는 기억은 지워 버리든지 아니면 차곡차곡 정리해 PC처럼 휴지통에 보관하고 싶다.

9. 4월 5일 금요일 흐림. 작업 8일 차

이상하게도 술 마시면 원고 작업으로 거의 밤을 새운다.

낮에 일하고 잠을 3시간도 안 자니 항상 피곤에 젖어 살지만 견딜 만하다.

이 현장이 좋은 점은 일이 극도로 힘들지는 않다는 것이다.

그런데 이 일도 힘들다고 계속 못 나오는 젊은 친구들을 보면 안쓰럽기까지 하다.

나 같은 늙은이도 잠 안 자고 견디는데 말이다.

누군가 나를 배려했는지 오늘 일은 청소기를 돌린다.

돌린다는 표현은 모터가 3개나 달려 있기 때문인데 그만큼 힘도 강력하다.

콘크리트 연결 부위의 잔해를 송풍기가 모으면 이놈으로 빨아들인다.

하지만 철근 밑에 있는 잔해는 호스를 깊이 삽입해야 하기에 앉아서 두 손으로 하고 또 그래서 나의 쉬는 시간이기도 하다.

내가 앉아 있어도 청소기가 대신 강력한 소음을 내니 일 안 한다는 오해는 없을 것이다.

다른 현장에서는 앉아 있는 것만으로도 쉰다고 퇴출될 수도 있지만 말이다.

어쩌면 이 삼성 현장은 노동자들의 천국일지도 모른다.

점심 후 직영 정 반장이 헬멧에 대해 화를 냈다.

헬멧을 지급받지 못한 두 신입은 결근한 사람 걸 써야 하는데 이름을 몰라 출근한 사람 것을 쓰는 실수를 한 것이다.
 신입들은 왜 화를 내냐며 바로 항의했고 내가 중간에 끼어들었다.
 서로의 오해를 풀어 주려는 행동인데 결과적으로 신입의 편을 든 게 되었다.
 이를 본 황 반장은 타깃을 나로 향하면서 식사 시간에 대해 말한다.
 내 이름을 거론하며 5분 일찍 밥 먹으러 갔다면서 말이다.
 하지만 난 시간을 엄수했고 동갑내기 조 씨가 일찍 나간 것을 보았다.
 아니라고 했음에도 계속되는 지적에 피곤한 나는 화가 발동한다.
 모두 있는 그런 자리는 아니지만 휴게실에서 큰 소리로 불만을 토한 것이다.
 아마 나를 쉽게 대하는 팀장 들으라고 했는지도 모른다.
 효과가 있는지는 모르지만 난 가끔 이렇게 빨리 화를 풀어야 뒤탈이 없다.
 화를 속에 담아 두면 아무 일도 못 한다.

 오후 일은 먼저 한 미장 땜빵을 브레이커로 철거한다.
 예측한 대로 콘크리트와 강도가 다른 일반 모르타르가 불합격 판정을 받은 것이다.
 이를 해결하는 방법은 시멘트를 추가하든지 현장에 있는 슬리브나 그라우팅용 무수축 모르타르를 섞어 쓰면 된다.
 하지만 난 팀장에게 가능성을 추론하는 식으로 전자만 말했을 뿐이다.
 내가 말해 봐야 반장이나 팀장의 심기를 거스를 뿐이기 때문이다.
 이상함을 느낀 팀장이 모르타르에 섞는 접착제를 거론했으나 난 모른다 했고 필리핀에서 3단계 미장을 배웠다고 둘러댔다.

그 접착제 이름은 너무 오래되어 기억도 희미하고 상품명이기에 중요한 것도 아니다.

한국은 초벌과 재벌 2단계만 있기에 대부분은 잘 모른다.

미장으로 예술의 경지까지 갈 수 있다는 사실을 말이다.

미장은 넘어가고 하스리 작업이 시작되었다.

팀장 혼자 까 대고 셋이 청소를 하는데 동갑내기 조 씨가 일을 안 한다.

한때 덕산병원 현장 직영반장이기도 했지만 현재는 일당 잡부인 그가 말이다.

함께 일하는 젊은 동료는 저러다 맞는다며 화를 냈지만 내가 달래주었다.

하지만 난 그가 오전에는 열심히 일한 걸 알고 있다.

아마도 그의 체력이 소진된 게 아닌가 싶다.

대부분의 내 또래 늙은이들은 일은 물론 걷는 것조차도 젊은이와 차이 날 정도로 강하지 못하다.

난 티눈으로 아픈 발을 이끌고도 열심히 걷지만 말이다.

나는 습관적으로 항상 씩씩하게 걷는다.

작업화는 군화와 느낌이 비슷해서 잠시 군인으로 돌아간다.

제대한 지 40년이 넘은 내가 가슴을 펴고 다리를 곧게 뻗어 열병식을 의식한 듯 걸으면 이상한가?

내가 지친 노병일망정 꽃다운 청춘을 잊을 리가 없다.

난 사람들이 지금까지 이 나라를 키워 낸 늙은이들을 좀 더 존중해

줬으면 한다.

　내 또래가 아니고 나보다 위 세대들 말이다.

10. 4월 6일 토요일 흐림. 작업 9일 차

　날 형님으로 부르는 이 ○학이 오랜만에 나왔다.
　술 먹고 말이 많아 내가 술값 내고 나왔지만 다시 만나면 반가운 게 사람이다.
　그에게 그동안 내가 해 온 경과를 말해 주니 놀라는 표정이다.
　일 안 나오고 집에서 놀았다는 그는 운동을 했는지 얼굴 살이 빠져 있었다.
　자세히 보니 몸도 좋아진 듯 보이나 뭘 위함인지는 모르겠다.
　요즘 삶에 회의를 느낀다는 그가 말이다.
　남에 대한 친절이 본능인 나는 긍정적인 미래를 제시하였으나 그는 부정한다.
　자존심인지 아니면 일단 빼는 건지 모르나 대상이 부정하면 난 침묵한다.
　내게는 당연한 수순이지만 이 ○학은 나와 다른 그만의 화법이 있나 보다.
　나의 제시에 미련이 있는지 내 곁을 맴돌기 때문이다.
　난 '가능하다면'이란 전제를 말하며 대화의 주제를 돌렸고 그 후 더 이상 긴밀한 대화는 없었다.

오전 일은 항상 하던 대로 보양이기에 내가 주도한다.

이제 느낌이 왔는지 조 씨도 열심히 하고 새로 온 다른 이들도 날 잘 따른다.

아직 두 달이 채 안 되었지만 난 벌써 이 현장의 고참이 된 것이다.

속도가 붙은 일은 일찍 끝나 추가로 시키지도 않은 일을 하기도 했으니 스스로는 더 잘한다는 것을 보여 준 것이다.

그리고 모두 인정했는지 잔소리꾼 김 씨가 말을 조심하고 팀장도 가끔 존칭을 쓰니 나를 드러내는 데 두 달 가까이 걸렸다.

그동안 참은 성과가 보여 따뜻한 날씨만큼 기분이 좋아졌다.

오후는 팀장과 둘이서 별도의 일을 한다.

다른 건물의 타설 시 넘친 콘크리트를 철거 및 청소하는 일로 단순하지만 안전이 철저히 요구되어 행동이 부자연스럽다.

그리 위험하지 않음에도 안전 고리를 계속 걸고 다녀야 하기 때문이다.

하지만 화장실 가려고 고리를 푼 순간 안전 요원이 본 것이 문제가 되었다.

삼성은 안전에 대한 규제가 너무 심하다 할 정도지만 그렇다고 일이 늦어진 걸 탓하지는 않으니 노동자를 위함이 맞다.

지적받은 우리는 규정보다 철저히 안전 수칙을 지키며 일했다.

난 내일 나올 8명에 대해 팀장과 거론했다.

노가다의 특성상 일요일은 반도 안 나오기에 그들과의 약속은 깨질 수 있다.

한 사람 정도면 체면은 서지만 두 명 이상이 안 나오면 출력을 관리하는 팀장은 능력을 의심받기 때문이다.

역시 팀장은 확신을 못 했고 난 대기 상태로 있기로 했다.

어차피 그 시간이면 글 쓰고 있으니 잠시 나왔다 들어가면 되기 때문이다.

내 말을 들은 팀장은 진심으로 고마워하는 듯 보인다.

내 입지는 하루하루 올라가나 난 다시 출판사에 보낼 글을 정리해야 한다.

일당 받은 후 모처럼 딸기를 두 판이나 사서 먹었다.

글 쓰며 조금씩 먹으려 했던 딸기를 한 번에 먹으니 뱃속에서 위산이 다 올라온다.

물론 라면과 빵도 먹었으니 정말 오랜만에 포식을 한 것이다.

내 처방이지만 몸이 너무 피곤할 때는 많이 먹고 무조건 자는데 오늘이 그러하다.

글쓰기보다 더 중요한 건 건강밖에 없다.

하지만 요즘 건강에 대한 다른 스트레스가 있으니 발기가 전혀 안 된다.

2주 전만 해도 가끔이지만 아침에 남성성을 느낄 수 있었는데 말이다.

혹시나 해서 야동을 봐도 무소식이고 감흥도 없으니 정말 큰 문제이다.

늙어 주책인지 모르지만 이는 건강과 직접적인 관련이 있고 나 같은 사람에게는 돈도 꿔 주지 말란 옛말까지 있으니 말이다.

그리고 나를 기다리는 필리핀 아내는 아직 너무도 젊다.

정말 보약이라도 먹어야 하나 보다.

돈 벌기 시작하니 왜 이리도 돈 쓸 곳이 많은지 모르겠다.

11. 4월 7일 일요일 맑음. 작업 10일 차

안 나올 사람을 대비해 정시에 나갔으나 모두 출근했다.

돌아오려 했는데 이미 9명으로 보고했다며 팀장이 출근하라 나를 잡는다.

계속된 수면 부족으로 몸은 피곤하지만 가끔은 육체적 고통이 마조히스트처럼 희열을 낳는다.

고지가 바로 눈앞에 있어 아드레날린이 작동하는 군인들처럼 말이다.

음악도 못 듣고 졸면서 갔지만 무사히 현장에 도착했다.

오늘 일은 매트 기초 청소로 새로운 밥벌이를 의미한다.

철골조로 보이는 이 증축 건물은 최소 3개월은 나를 먹여 살릴 수 있을 것이다.

하지만 나는 김 씨와 함께 테이프 보양으로 차출되었다.

콘크리트 타설로부터 기존 건물 벽체를 보호하는 것이다.

일은 순조로웠으나 다시 옥상 물 푸는 작업에 동원되었고 우리는 멋지게 해낸다.

힘든 일은 내가 주로 하지만 김 씨도 자기 할 일은 한다.

이후 난 방수제 수십 통까지 혼자 운반하면서 모처럼 힘이 넘치던 옛날 기분을 냈다.

날이 풀리면서 나의 원초적 힘이 살아나는 것이다.

휴일은 점심 없이 일이 끝나 1시에 퇴근이다.

이런 날은 막걸리 한잔 하고 집에 가도 3시를 넘지 않는다.

술친구는 물론 김 씨로 우리는 다른 동료들과는 다르게 현장을 벗어난 많은 이야기를 나눈다.

내가 이 친구와 자주 술 마시는 이유이기도 하다.

그런데 우리는 매번 같은 집만 이용하는데 고시텔 근처의 이 식당의 이름은 '상주 순대국'이다.

맛있고 푸짐한 이 집의 순댓국은 맛을 넘어 내 영혼을 치유하는 소울 푸드이기도 하다.

내 생전 이렇게 마음에 드는 진한 국물의 순댓국은 처음이다.

외식을 거의 안 하는 내 탓일 수도 있지만 말이다.

평일도 하지만 토요일은 빨래가 필수이다.

빨래가 끝나면 봄의 정취를 느끼려 밖으로 나갈 것이다.

은행에 돈을 입금하는 게 목적이지만 따사로운 햇볕 아래 보이는 꽃은 모든 걸 능가한다.

ATM은 시장을 지나 겨우 5분 거리에 있지만 말이다.

2월 19일부터 지금까지 모은 돈은 380만 원으로 생각보다 많지 않았다.

집세 두 번 내고 공과금도 냈지만 쇼핑을 너무 많이 한 탓이다.

하지만 글을 완성했고 삶의 질이 높아졌으니 어느 정도는 만족스럽다.

계속해서 일해 두 달이 되는 4월 18일까지 500만 원은 저금하고 싶다.

그 이후는 이 현장이 끝날 때까지는 일할 것이다.

사실 난 오늘 신호수 교육에 지원했다.

체질에는 안 맞지만 대부분 서 있기에 체력을 안배할 수 있어 글쓰기에 도움이 될 것 같다.

또한 내가 경험 못 한 영역이고 여성이 많아 일기의 새로운 소재가 될 수도 있기 때문이다.

처음 일한 태영 현장에서 한동안 크레인 신호수를 한 적 있지만 철저하게 일하는 이곳과는 많이 다르다.

그리고 나이 제한이 없어 혹시라도 내년에 일할 경우 도움이 될지도 모른다.

자꾸 약해져 가는 내 몸을 위해서도 좋고 말이다.

전화를 기다렸지만 명찬이는 소식이 없었다.

내 글을 읽은 그의 소감을 들은 이후 원고 수정의 방향을 정하려 한다.

일기의 에피소드는 그대로이지만 등장인물의 실명을 쓰는 것과 글의 사회적 긍정성에 대해서이다.

난 글의 일부를 읽고 눈물 난다고 한 그의 표현이 신경 쓰인다.

명찬은 고등학교 동창이기에 나의 부유했던 성장 과정을 잘 알고 있기 때문이지만 표현이 너무 과장되었다.

비록 남들이 무시하는 노가다일망정 내게는 가뭄의 단비였고 건강에도 도움이 되었으니 슬플 일은 없다.

또한 어느 정도 적응이 된 지금은 전혀 무리가 없으니 다 하기 나름이다.

내일은 명찬이와 통화할지, 일 나갈지 지금 생각 중이다.

쉬는 건 문제없지만 사람이 많이 안 나올까 걱정이 앞서기 때문이다.

난 이렇게 노가다가 생활화되기 시작했다.

12. 4월 8일 월요일 흐림. 작업 11일 차

오늘도 새벽 1시에 일어나 글을 정리한다.

오래전부터 아침에 일기를 써 왔고 그 아침이 조금씩 빨라져 새벽이 된 것이다.

내가 팀장에게 쉰다고 메시지를 보낸 건 4시경이다.

하지만 그는 사람이 없어 나오라고 하니 누군가 펑크를 낸 게 확실하다.

일정이 변한 나는 서둘러 밥을 먹고 가방을 챙긴다.

나가 보니 역시 6명뿐이라 다른 곳 나가는 이 씨를 포함시켰다.

지금 나가는 송도 현장은 40명 이상이 등록되어 있는데도 이상하게 출력은 이 지경이다.

나한테는 행운의 현장이지만 다른 이에게는 일당과 점심시간 등 여러 문제가 있는 것이다.

그러거나 말거나 난 좀 편한 신호수 하는 꿈을 꾼다.

오늘 일은 어제 청소한 바닥을 다시 쓸고 방수액을 바른다.

콘크리트가 이미 두꺼운데 철망을 놓고 2차로 두껍게 콘크리트를 다시 타설하려는 것이다.

난 전혀 경험해 보지 못한 공법이나 신경 끄고 일만 한다.

한참 방수액을 바르고 있는데 김 씨가 불러 같이 함께 야적장으로 갔다.

고작 20㎏짜리 방수액 4통을 리어카로 나르기 위함이다.

내가 어제 혼자서 60개 이상을 처리한 것을 알았다면 김 씨는 놀랐을 것이다.

그럼에도 그는 황 반장의 총애를 받고 있으니 아이러니하다.

노가다도 인간관계라 아부와 처세가 능력이나 노력보다 한 수 더 위대하다.

내가 열심히 일하는 걸 아는 건 눈치 빠른 여자들뿐이다.

지난번 광주 현장 역시 일 못하는 박 씨를 험담한 건 여자들이었다.

한국 여자들은 영리하고 현실을 직시할 줄 안다.

점심시간에는 모처럼 현장에서 명찬이와 통화를 했다.

난 내 글을 읽었나가 궁금했지만 여행 가서 읽겠다고 했다.

그는 여행 중 300㎞나 되는 지리산 둘레길을 걷는다는데 진짜 목적은 알 수 없다.

그냥 휴식이라기엔 10일은 너무 길고 영화배우 겸 시니어 모델인 그가 그렇게 긴 시간을 쉬어도 되는지 모르기 때문이다.

어쩌면 팔자 좋아 보이는 그도 인내의 시간을 보내는가 보다.

영화배우는 경제적인 이유보다 유명하지 못한 게 보다 심적 부담이 클 것이다.

꿈이건 현실이건 너무 높이 있으면 위험할 수도 있다.

가장 밑바닥에 있는 내가 할 소리는 아니지만 이는 확실한 사실이다.

오후 일은 옥상 청소이나 3명이 기존의 일을 마무리하기에 4명뿐이다.

부족한 인원으로 열심히 일하나 너무 빠른 결과를 보일 수는 없는 노릇이다.

우리는 평소처럼 50% 능력을 가동하고 또 그래야 한다.

하지만 지켜보던 직영 김 반장은 불만이 팽배하여 우리에게 여러 가지 지시를 하고 또 자신이 직접 열심히 일하기도 한다.

8~9명이 하던 일을 끝내려고 작정한 것인지 우리를 떠보는 건지 모르지만 말이다.

어쨌든 성질 급한 그의 목소리는 커지고 신경질적이 되었으나 우리는 하던 대로 일을 한다.

관리자가 강압한다고 일이 빨라지면 노예나 다름없다.

그리고 그의 강압적인 방식이 통한다면 나중에는 우리에게 채찍을 사용할지도 모른다.

채찍은 퇴출을 말하나 나같이 갈 곳 없는 늙은이에게나 통하지 젊은 이들은 내키지 않으면 가 버린다.

이놈의 현장은 자본주의적 지배와 사회주의적 게으름의 모순 두 가지를 다 안고 있다.

모레는 선거일인데 어느 쪽이든 투표는 해야 한다.

나의 정체성과 내가 처한 현실 사이에서 고민하면서 말이다.

10일 선거일은 공휴일이지만 현장은 돌아간다.

3시에 끝나고 집에 오면 4시 그리고 샤워하고 뭘 먹으면 5시이다.

투표는 6시 마감이니 시간은 충분하나 선택을 하기에는 일정이 너무 빡빡하다.

미리 생각해 볼 수도 있으나 그럼 너무 깊이 들어간다.

내 한 표가 대한민국 미래에 영향을 끼칠 수는 없으나 그 시간은 잠이 부족한 나에게는 매우 중요하다.

가장 좋은 방법은 아예 일 나가지 말고 내 느낌을 살리는 것이다.

내일은 신규 교육자가 많이 있다는데 그들이 계속 출근해 내가 좀 쉬었으면 좋겠다.

돈도 좋지만 미래가 될 수도 있는 출판도 중요하기 때문이다.

책 인세 받아 원두커피를 팔 수 있게 준비하고 싶다.

뒤돌아보니 현재 남아 있는 커피는 두 봉지뿐이다.

일주일에 하나를 소비하니 다음 주는 로스팅 머신을 구비해야 한다.

좋은 걸로 사고 싶지만 돈도 여건도 충분치 않으니 저렴한 가정용을 선택할 것이다.

쿠팡에서 고른 것은 밥솥 비슷하게 생겼지만 열원이 있고 회전이 되니 원리는 같다.

하지만 실물을 본 적 없어 큰 기대는 안 한다.

이렇게 노가다와 커피 그리고 매일 글을 쓰는 나는 스리잡을 뛰고 있다.

갈 길은 아직도 멀고 몸도 약해지지만 이상하게 내 정신력은 굳건히 살아 있다.

필규가 말한 대로 나는 전사의 피를 가졌나 보다.

늙은 전사라? 역사나 소설 속에서는 죽음의 상징으로 묘사되니 별로 바람직하지 않은 단어이다.

젊은이가 징집을 기피해 대부분 늙은이만 남은 우크라이나군이 생각난다.

참, 전장을 누비는 여군도 안타까운 모습이다.

13. 4월 9일 화요일 맑음. 작업 12일 차

오늘은 신입이 3명이나 있어 총 12명이지만 그중 한 사람이 차가 있어 10명만 탔다.

신입을 뽑는 이유는 결근을 보충하기 위해서이다.

이 현장은 교육받은 이들이 40명이 넘지만 출근을 제멋대로 하기에 가끔 10명도 채우기가 어렵다.

사무실에는 일 못 나가는 대기자가 수십 명 있음에도 말이다.

어쩌면 결근 잦은 사람을 내치려는 특단의 조치로 용역 회사 사장의 지시일지도 모른다.

이 같은 결과가 좀 쉬려는 나에게 이익이 될지는 모르겠다.

팀장은 결근 메시지만 보내면 쉬는 건 문제없다고 하나 출력과 관련된 일 처리는 그리 쉽지 않아 보인다.

아직 급한 건 없으니 좀 더 두고 볼 일이다.

오늘의 주요 일은 레미콘 타설 전의 옥상 청소이다.

하지만 바람이 강하게 불어 청소만 하고 기존의 보양물은 정리하지 못했다.

책임감 있는 김 반장은 강요하나 더 높은 직책인 조 부장이 옥상까지 올라와 작업을 중지시킨다.

전에도 말했지만 초속 15m 이상의 바람이 불면 원칙상 옥상 작업을 할 수 없다.

당연한 사실이지만 일만 하는 노가다나 그들을 부리는 직영반장은 이 내용을 잘 알지 못한다.

하지만 원청인 삼성은 안전 규정을 철저히 지키니 다행이고 시공사인 월드건영도 경험이 많아 보인다.

그나마 서둘러 작업을 중지시켰기 때문이다.

다른 회사 같으면 묻지도 따지지도 않고 그대로 진행시켰을 것이다.

옥상에 강풍이 불면 사람만 위험한 게 아니다.

표면이 넓은 버블시트가 강풍에 날아가면 큰 이슈가 되고 만일 멀지 않은 영종도 공항까지 간다면 이착륙하는 비행기에 대단히 위험하다.

물론 만에 하나지만 조심해서 나쁠 건 없다.

바람 부는 오후는 1층 매트 기초에 보양 비닐을 입혔다.

굳이 필요 없어 보이나 고압 세척용 분무기를 이용해 물로 전체를 도포했다.

열심히 일하는데 갑자기 황 부장이 교육받으라고 한다.

내가 아침 조회 때 시험에 대해 말했음에도 무시하더니 이제야 소식이 간 것 같다.

그런데 황 부장은 내게 10번을 봐야 붙는다며 놀린다.

교육 후 바로 본다는 신호수 자격시험은 12명이 응시해 모두 떨어진 적도 있다 하니 그리 쉽지는 않은가 보다.

자존심 상한 난 한 번에 붙는다고 선언했고 자신도 있었다.

하지만 아무도 믿지 않고 옆에 있던 박 씨는 나이 먹으면 기억력이 감퇴된다며 은근히 나를 위로하기도 한다.

글을 쓰는 사람은 그 양이 엄청남에도 자신이 쓴 글을 거의 외운다는 사실을 그들이 알 수 없다.

다른 경우도 그렇지만 노가다는 일하는 기준으로 판단한다.

반생이 잘 묶고, 자재 정리 잘하면 합격이고 지게차라도 운전하면 최상의 능력자이다.

그러니 경력 짧은 내가 한 번에 붙는다 하니 믿을 수 없는 것이다.

응시자는 모두 3명으로 그들이 선호하는 40대 한 명은 사무실 관리요원이 대타로 시험 본다.

나와 다른 이는 나이 먹은 직원이 없어 대타가 힘들다며 위로하는데 내가 붙을 가능성은 전혀 기대 안 하는 눈치이다.

그럼 기존의 나이 먹은 신호수도 대타로 본 것인가 하는 생각이 든다.

진짜 문제는 시간이 촉박하여 커피를 두고 간 것이다.

일을 했기에 교육 시간에 졸음이 올 수도 있고 물을 못 마셔 갈증도 심했기 때문이다.

간신히 제시간에 교육장에 도착했으나 다른 문제가 생겼다.

시간과 장소가 분명함에도 출구를 지키는 자가 신호수 시험이 아니란다.

일행이 전화하여 알아낸 건 이곳은 신호수가 아닌 유도원 교육장이었다.

각 회사마다 다른 호칭이 문제로 잘 해결되었으나 교육장에 들어가니 교육은 벌써 시작되었다.

하지만 서두가 길어 교육 내용에는 빠진 게 없었다.

교육은 한 시간 반이고 끝나자마자 바로 시험을 본다.

목이 마른 나는 시험 보기 전 자리에서 일어나 물부터 두 잔이나 마셨다.

시험은 시작되었고 난 서둘러 문제를 풀었다.

교육받은 내용이 기억에서 사라지기 전에 정답을 썼고 대부분은 맞혔다 자신한다.

하지만 잠시 졸았던 부분의 두 문제는 정답이 아리송하다.

그래도 전체 20문제 중 18개를 확신하니 합격선인 80점은 무난하다.

가장 먼저는 아니지만 서너 번째로 나온 나는 졸음을 물리치려고 흡연 구역에서 담배부터 핀다.

그리고 다시 일하러 가나 고민하는데 일행이 나왔다.

일행인 이 씨는 체격이 왜소해 힘든 일을 잘할 수 없는 사람이다.

올해 만 60세를 넘긴 그는 청소 등 가급적 쉬운 일은 정말 열심히 하나 가끔 자재 운반을 하면 힘들어하기도 했다.

그가 유도원 시험에 응시한 건 좀 편하기를 원한 것이고 나 역시 그러하다.

시속 10㎞가 한계인 현장에서 차를 유도하는 건 어렵지 않고 굳이 걸어서 옥상으로 가거나 짐을 옮기지도 않으니 말이다.

하지만 항상 그러는 건 아니고 유도원 일이 없으면 다시 직영으로 돌아가 노가다를 해야 한다.

어쨌든 내가 글 쓰는 데는 체력적으로 크게 도움이 될 것이고 난 내일 발표를 자신 있게 기다리며 집에 돌아왔다.

날이 더워 땀이 많이 나 과일이 먹고 싶어 시장에 갔다.

요즘 싼 과일은 역시 판매 시점을 놓친 딸기뿐이다.

난 딸기를 먹으며 원고를 수정하려 했으나 시작하자마자 다 먹어 버렸다.

확실히 한국 딸기는 동남아보다 열 배는 맛있는 것 같다.

베트남 달랏 딸기는 못 먹을 수준이고 필리핀 바기오는 너무 비싸며 인도네시아 롬복 섬의 딸기는 먹을 만하나 한국 것만 못하다.

그 딸기 맛에 입을 다시며 내 일기를 정리하니 그 나름대로 소재가 신선하여 은근히 재미를 느낀다.

자신이 쓴 글을 스스로 판단하기는 불가능에 가깝지만 난 할 수 있다.

난 가끔 마치 딴사람이 된 것처럼 변하는데 아마도 내가 이중인격이 아닌가 한다.

아니면 아무도 안 읽어 주니 스스로 판단하도록 진화했는지도 모르고 말이다.

열심히 내 글을 읽어 주는 명찬이가 고마운 순간이다.

14. 4월 10일 수요일 맑음. 작업 13일 차

투표일임에도 10명이나 일을 나왔다.

일부는 1층 청소를 하고 나머지는 항상 하던 대로 콘크리트 보양을 한다.

슬래브 보양과 청소는 이 현장 용역 잡부의 주 업무이다.

난 피곤이 쌓였지만 동료들의 불확실한 출근율 때문에 쉴 수가 없다.

이번에 새로 교육받은 이들이 활성화되기 전까지는 말이다.

또 쉬어 봐야 돈이 안 되니 난 지금 피곤한 몸으로 최대한 무리를 하고 있는 것이다.

하지만 하루 3시간만 자는 강행군이 아직은 견딜 만하다.

시험에 붙었다고 팀장이 전해 주나 나 혼자인 것 같다.

한 사람은 시험 후 침묵으로 이미 포기했으나 나머지는 대학 나온 사무실 직원이 대리로 봤음에도 떨어진 것이다.

별것 아닌 것 같은 이 일은 모든 팀원, 아니 직영반장들에게는 충격이다.

그들은 아는 척하기 싫어 나서지 않은 내가 늙었다고 본 것이다.

내가 A4 용지 수백 장을 외우고, 문학박사인 내 친구 필규가 독일어를 배운 지 3년 만에 번역할 수준인 것은 그들로서는 상상도 못 할 것이다.

단순한 경험의 세계인 노가다 판에서 지식인을 거론하는 건 어불성설이다.

또 그래서 떨어진 사람도 있는 시험 결과에 대해 말을 아낀다.

어디서나 남의 성공은 대부분 질시로 끝나기 때문이다.

오늘은 공휴일인 관계로 점심 없이 1시에 끝난다.
이미 여러 번 경험했지만 쉬지 않고 6시간 일하면 지치고 허기진다.
휴일이라 아침 식사가 안 나와 빵과 라면 등으로 간단히 때운 상태에서는 더욱 말이다.
하지만 나는 가방 안에 바나나와 크래커 그리고 샌드위치도 하나 남아 있다.
문제는 리프트가 운영되지 않아 1층을 다녀오는 데만 30분은 걸린다.
근무 시간에 사적인 이유로 자리를 이탈할 수도 없고 말이다.
다행히 청소기를 옮기는 일에 동원되어 일이 해결되었다.
가져온 바나나는 팀장을 주었고 나는 샌드위치를 먹었다.
크래커는 막내를 주어 함께 나눠 먹으라 했으나 아무도 먹지 않는다.
마침 나와 친한 사람이 없기도 했지만 그들이 안 먹는 건 다 이유가 있다.
이상한 논리이지만 나를 아직 적대적 관계로 인식하고 있다.
고작 먹는 것 하나 갖고 자신의 입지를 표현하니 정말 노가다나 할 수준이다.
사회성 결여된 나는 현장에서는 의외로 사교적이고 말이다.

1시에 끝나 사무실에 돌아오니 2시가 채 안 되었다.
일당을 받은 나는 근처에 벌어진 신발 특판 장소를 향해 간다.
쿠팡에서 두 번이나 구매했지만 여전히 발이 불편해 새 운동화가 필요했다.

신발은 다양한 브랜드부터 이름 없는 싸구려까지 있었다.

일단 스니커스는 마음에 들었지만 운동화는 고가임에도 마음에 드는 놈을 고를 수 없었다.

디자인과 모양은 괜찮았지만 직접 신어 보니 발이 불편하다.

난 발이 커진 것 같다고 했으나 판매하는 나이 든 여성분은 이를 발의 변형으로 수정한다.

글 쓴다는 나의 무식한 표현보다 참으로 적절한 단어이다.

하지만 운동화는 지금까지 신었던 놈을 새로 산 것으로 대체했다.

단돈 2만 5천 원짜리 싸구려지만 노가다하는 내 발에는 잘 어울린다.

디자인이 노가다를 티 내지만 발이 편하면 그만이다.

신발이 해결되자 난 시장에 가 과일을 고른다.

매일 먹는 바나나를 산 후 딸기를 둘러보다 가지포도로 눈을 돌렸다.

모양이 길쭉해 가지를 닮은 이 포도는 향이 강해 먹을 만하다.

하지만 오늘 산 놈은 너무 산도가 높아 이빨이 다 시다.

양이 많아 잼을 만들까 하다 그냥 과일이 당길 때 조금씩 먹기로 했다.

맛있는 놈을 샀으면 한 번에 다 먹었을 것이니 오히려 경제적이고 신 포도를 먹으며 글을 쓰니 심신이 보다 안정적이다.

먹기 편한 딸기는 계속 손이 가 자판을 두드릴 손이 한 손이 되기도 한다.

아직 독수리 타법을 쓰는 나는 속도가 더욱 느려지고 말이다.

생각이 빠르지 않으니 두뇌와의 조화가 적당하나 젊은 누가 보면 한심하다 할 것이다.

내가 볼펜으로 글 쓰는 걸 본다면 더하겠지만 말이다.

그렇다. 내가 본격적으로 글을 쓴 건 볼펜이었다.

그 당시 하루에 볼펜 심 하나 이상을 썼으니 대단한 집중이었다.

지금 다시 생각하니 뭐에 홀린 듯이란 표현이 맞을 것이다.

이후는 연필로 글을 썼는데 볼펜보다 깨끗해서 좋고 가격도 상대적으로 저렴했다.

오래전 커피를 연구했던 필리핀 오지에서의 일이다.

어찌 보면 커피와 글은 내게 숙명적으로 다가왔고 나는 이를 운명적으로 받아들이고 있다.

그래서 이 나이에 노가다하며 잠도 못 자고 글을 쓴다.

새로 커피 볶을 궁리도 하면서 말이다.

15. 4월 11일 목요일 한때 비. 작업 14일 차

아침 조회에서 나는 유도원 합격에 대해 박수를 받는다.

12명이 응시해 다 떨어진 적도 있다 하니 한 번에 붙은 건 이례적이란다.

하지만 박수 치는 그들의 축하가 진심이 아닌 것 같다.

일반 잡부 일을 하는 동료는 관심이 없고 기존의 유도원들은 경계의 눈초리를 보인다.

하지만 난 꽃밭에서 일한다는 말에 재미로 응시해 붙은 것이다.

오히려 떨어졌다면 그들과의 친근감이 더 살아났을 수도 있다는 말이다.

아직 어떤 혜택이 있는지 모르는 유도원이다.

팀장 말로는 계속 일 다닐 수 있다 하는데 그것만으로도 나쁘지는 않다.

만에 하나 일이 줄어 감원한다면 이는 훌륭한 보험이다.

오늘 일은 그전처럼 팀장과 단둘이서 진행한다.

그는 선거 결과에 대해 말하고 싶었지만 나는 정치 이야기가 귀찮아 적당히 응대하고 말았다.

특정 정당을 선호하지 않고 후보에 대해서도 모르기 때문이다.

난 사실 투표를 하지 않았으나 내 생각에는 기권도 하나의 의사 표시가 분명하다.

누군가는 기권을 부정적으로 보지만 제대로 된 경합을 위한 긍정의 표현일 수도 있다.

지금까지 난 꼭 필요하다 느낀 경우에만 직접 투표해 왔다.

그리고 아이러니하게 내 주변은 양쪽이 다 존재한다.

가장 가까운 친구 필규와 명찬이 사이에서도 말이다.

점심을 먹은 후 권 홍우에게 전화를 했다.

전직 신문사 국장이었던 그가 아침에 전화한 것을 발견했기 때문이다.

대화의 요점은 두 가지로 그는 내 커피가 필요했고 나는 질문했다.

먼저 한 내 질문은 '전직 ○○생명 전무가 책 판매를 도울 수 있나'이다.

기자 출신인 그는 가판 진열을 거론하며 대답하는데 ○○생명에 상무만 300명 있다며 그리 긍정적이지 않다.

내가 전무라 재차 언급했더니 5명인 그 직책도 그리 힘 있을 것 같지 않다고 하면서 '책 내용이 좋으면 권할 수는 있겠지만' 하는 말을 추가한다.

한마디로 '나쁘지는 않지만 큰 기대는 하지 말아라' 하는 정도이다.

올바른 대답에 난 실망보다 현실적이 되어 간다.

하지만 위 내용을 위해 애쓰는 명찬의 도움을 결코 무시하지는 않을 것이다.

잘되면 다행이고 안되면 할 수 없는 것이다.

홍우가 내 커피가 필요한 이유는 선물인 것 같다.

커피 맛은 잘 모르지만 처음으로 내가 쓴 글을 이해한 이 친구는 지금까지 나에게 많은 도움을 주었다.

그런 친구가 커피값을 지불한다기에 난 부정으로 분명히 선을 그었고 밥이나, 아니 서로 좋아하는 냉면이나 사라고 했다.

이제 나는 새 커피 로스팅을 위해 가정용 로스팅기를 서둘러 구입했다.

모양은 허술해 보이나 열원이 있고 커피가 회전만 되면 얼마든지 가능하다.

숯불에 수망으로 수천 번 로스팅을 한 나라면 말이다.

이번 일요일은 원고도 마감하지만 커피 로스팅도 시작한다.

몸이 피곤함에도 모든 계획이 내 생각대로 된다는 건 정말 신나는 일이다.

그리고 돈은 안 들어오지만 난 그에게 진 신세를 갚을 수 있어 그것 또한 행복하다.

하지만 진짜 피곤한지 휴게실에서 1분 정도를 쉬는데도 잠이 들었다.

계단을 걸어 올라갈 때 허리도 아프고 말이다.

일이 끝난 뒤 성호와 막걸리를 한잔했다.

타일공 아버지를 둔 그의 이야기를 듣고 싶지만 술기운으로 빨리 자기 위함도 있다.

성호의 부친은 70세가 한참 넘었으나 높은 임금으로 아직도 현장 일을 다닌다고 한다.

잡부가 아닌 기공은 사회 구성원의 하나로 훌륭한 직업이다.

내가 하는 노가다 잡부를 비하하는 건 아니지만 상대적으로 무시당하는 건 확실하다.

가끔 변호사나 의사가 고수익 노동자인 용접공을 쉽게 말한 적 있으니 그들이 단순 잡부를 어느 정도로 생각할까 하는 의문이 든다.

난 가끔 신분 차이를 거론하는 망할 놈의 자본주의 사회가 싫어진다.

내가 부자일 때도 그랬으니 분명 지금 돈이 없어서 그런 건 절대 아니다.

이상은 멀고 현실은 부정적이라 더 생각하기 싫다.

빨리 돈 모아 필요 없는 남의 동정 어린 시선과 혐오 섞인 무시로부터 달아나고 싶다.

하지만 커피를 팔아야 하니 결국 세상을 지배하는 자본주의의 틀에서 벗어날 수 없다.

이상과 현실이 주머니 사정에 따라 변하니 아이러니하다.

16. 4월 12일 금요일. 작업 15일 차

몸이 무겁고 허리도 아픈 출근길이다.

어제 6시간이나 잤음에도 누적된 피로가 풀리지 않는다.

일할 사람도 출판할 돈도 넉넉하지만 불확실한 미래를 그려 보는 나는 체력을 소진할망정 한 푼이라도 더 벌어야 한다.

이 현장이 생각보다 빨리 끝날 수도 있다는 가정을 하면 말이다.

돈 없는 나에게 가장 확실한 건 커피 판매도 내 책의 출판도 아닌 현재 보유한 현금뿐이다.

갑자기 꽃이 시들은 듯 몸과 마음이 암울해진다.

게다가 오늘 할 일은 오랜만의 미장 땜빵으로 무거운 모르타르를 날라야 한다.

야적장에서 모르타르를 찾으나 포장이 터져 굳은 놈밖에 없었다.

방법을 찾고 있는데 소속사인 월드건영 사무실에서 직접 내게 전화가 왔다.

한 유도원의 결근으로 내가 대신 근무해야 하는 것이다.

현장에서 본 유도원은 여러 가지 근무 형태가 있다.

기본 업무는 콘크리트 타설로 서너 명의 인원이 필요하지만 작업 차량을 유도하거나 화기 등을 안전 관리 하기도 한다.

오늘 할 일은 T/L. 즉 테이블 리프트의 작업을 지도한다.

그들은 상부 보에 설치된 안전망을 걸었던 볼트형 고리를 회수하고 있었다.

난 이제 천천히 걸어 다니며 아픈 몸을 쉴 수 있었고 작업자에 맞춰 일하기에 휴식과 점심시간도 정말 넉넉했다.

요즘 최선을 다한 나를 위해 신이 안배한 게 아닌가 하는 생각이 들 정도이다.

어쨌거나 난 내가 정한 계획대로 일요일까지 글을 마무리할 것이다.
권 홍우에게 부탁받은 커피도 새로 로스팅하고 말이다.

점심까지 무사히 보낸 나는 명찬이에게 전화를 했다.
남들은 일하는 시간이나 난 유도원 대기 상태로 시간 여유가 있었기 때문이다.
명찬은 지리산 둘레길을 여행하고 있으나 바로 통화가 되었다.
하지만 그는 걷는 여행이 피곤했는지 내가 보낸 글을 아직 읽지는 않았다.
난 그의 조언을 듣고 내 글에 마지막 양념을 치려 했기에 좀 아쉬웠으나 명찬은 이대로도 좋으니 더 이상 손대지 말라고 한다.
충고는 진실과 허구가 공존함에도 아무런 사심 없는 명찬은 굳이 필요 없는 예까지 들었다.
글 쓰는 작가가 배역에 따른 배우보다 위대하다는 저자세를 지키며 말이다.
난 솔직하고 직관적인 그의 판단을 믿어 의심치 않는다.
결론적으로 글은 항상 그랬던 대로 내 스타일로 가기로 했다.
시간에 구애받지 않기 위해 마지막 디데이로 잡은 일요일도 무시하련다.
기운 나고 정신이 맑아지면 쓰고 피곤하면 그냥 잘 것이다.

많은 생각을 할 수 있었던 건 점심시간이 길기 때문이다.
평소에는 11시에 시작해 12시에 끝나는데 오늘은 1시에 일을 시작한다.

내 의지가 아니라 내가 유도와 안전을 담당하는 T/L 기사들의 근무 시간이다.

기술을 가진 사람은 잡부보다 일당이 많고 시간도 자유롭다.

자세히는 모르나 내 일당보다 두 배 이상 받는 사람도 있다고 하니 노가다 사회도 엄연히 계급이 존재한다.

특히 여자들은 보기에는 편한 유도원 일을 하면서 한 달에 3~400만 원은 쉽게 번다고 한다.

이런 고소득 일을 무시하고 무작정 취업 준비만 하는 젊은이들은 반드시 참고해야 한다.

노동을 경시하는 사회적 인식 때문이지만 말이다.

오래전 이혼한 아내가 자기 친구에게 한 말이 떠오른다.

형과 인테리어 사업을 하고 있었던 당시 수입이 상당했음에도 그녀는 "그래 봐야 노가다야."라고 말한 적 있다.

내가 하는 일이 설계와 견적 그리고 감리였음에도 말이다.

그것도 삼성물산 협력 업체로 등록된 상태였으니 남들이 부러워하는 사회적 위치였다.

하지만 그녀는 판검사나 의사와 결혼하고 싶었는지 모른다.

그녀의 선입견은 그 당시 사회적 편견과 다르지 않았으나 둘 사이는 이 말 한마디로 멀어져 갔으니 노가다와는 악연이자 필연이다.

IMF 시절 어려움을 겪으며 이혼한 후 건설회사를 차려 상당한 재산을 모으자 그녀는 다시 오려 했지만 내가 받아 주지 않았다.

미운 것이 아니라 사회적 통념만 따르는 그녀는 자유로운 사고의 나와 살 수 없기 때문이다.

지금은 커피를 연구하느라 함께 고생한 필리핀 아내 크리스만 생각난다.

물론 나를 뒷바라지한 아들 상호가 최우선이지만 말이다.

두 사람은 내가 경제적으로 성공해야 할 이유이고 또한 반드시 책임져야 할 의무이기도 하다.

탐욕 없다고 선언한 나는 돈 벌 핑계를 스스로 만들고 있다.

이제 쿠팡에서 주문한 로스팅기를 가지러 현관으로 간다.
싸구려라 큰 기대는 안 하지만 마음에 들었으면 좋겠다.

제2장 유도원으로 편한 노가다의 삶

17. 4월 13일 토요일 맑음. 작업 16일 차

　유도원 합격 후에 내 삶이 변한 것은 사실이다.
　하루 종일 건성으로 일해서 몸과 마음이 다 풀어졌음에도 수입은 그대로이다.
　일주일에 두 번 정도 유도원 일을 하면 체력 안배는 문제없을 것이다.
　하지만 그냥 서 있으니 지금까지 일만 한 몸이 어색함을 느낀다.
　그런 몸으로 저녁에 앉아서 글만 쓰면 심장병과 당뇨가 다시 재발할지도 모르고 말이다.
　중요한 건 이 일이 고정이 아니라 땜빵이라 누군가 안 나오든지 레미콘 타설 등으로 바빠야 한다.
　이 기회를 누리려는 나는 시험 내용을 함구하기로 했다.
　남에게 쓸데없이 요령을 가르쳐 경쟁자를 만들 필요가 없기 때문이다.
　노가다 생활이 반년 지나니 내 고상한(?) 인격이 보다 현실적이 되어 간다.
　생존에 목을 건 늙은이가 추해지는 건 시간문제이다.

내가 살아나듯 안개 속에서 해는 다시 모습을 드러낸다.

떠오르는 태양을 보며 살며시 지은 나의 미소와 함께 하루는 시작되었다.

일은 오랜만에 옥상 계단 이음매의 하스리 작업이다.

장비 준비하고 일하는 팀장을 지원만 하면 되는 적당한 강도의 노동이다.

리프트도 8층까지 운행해 하루 쉬어 가벼워진 몸은 날아갈 듯하다.

하지만 노가다답게 일은 바로 변경되어 1층으로 가란다.

다시 모든 준비를 마치니 하필 전기 공사 때문에 일대가 정전인데 더하여 난 유도원 근무지로 이동하라는 명령을 받았다.

서둘러 옷 갈아입고 준비했더니 이 역시 얼마 후 취소되었다.

일부러 그런 것도 아닌데 일이 안되는 날도 있는 것이다.

재미있는 건 팀장이 전혀 서두르지 않은 것이다.

항상 열심히 하던 그였지만 본심은 쉬엄쉬엄 일하고 싶었나 보다.

일을 못 해 방황하던 우리에게 새로운 오더가 떨어졌다.

데크 마무리 부분의 철근을 휘어 달라는데 상당히 위험한 작업이다.

작업 허가서에 안전 요원까지 나왔을 정도이니 말이다.

나야 지켜보기만 하면 되지만 상반신을 난간 밖으로 노출시킨 채 철근을 직접 휘는 팀장은 아찔할 정도이다.

6층은 9㎜라 무사히 끝났으나 7층은 철근이 12㎜라 힘들었다.

난 모처럼 기구를 이용하게 하였고 일은 쉽게 마무리되었다.

그럼에도 팀장은 내 공로를 인정하지 않는다.

이제 내 실력을 눈치챌 만도 한데 그는 나를 자신의 데모도(조공)로 고정시켰다.

남을 인정하면 잘난 이가 지시를 하는 노가다 관습 때문일 것이다.
내가 아는 팀장은 진정으로 노가다에 특화된 사람이다.

팀장과 함께 보내는 시간이 많으니 나도 변화한다.
일이야 항상 비슷하지만 나를 따르는 사람이 많아진 것이다.
오랜만에 온 이 후배는 나를 보고 가장 좋아하는 형님이라 공개적으로 말한다.
젊은 오 군은 나를 만나면 경례를 붙이고 말이다.
이런 대우는 남들에게는 생소하지만 나는 이미 어느 정도는 예견했다.
균형 잡힌 몸에 안경까지 써 지적으로 보이는 고참이 신입에게 친절하면 당연히 나오는 결과이다.

별로 한 일 없이 끝난 토요일은 내게 힘을 준다.
난 내 일기를 일요일인 내일까지 모두 정리하기로 했다.
서두를 필요는 없지만 어쨌든 일단은 모든 내용을 읽어 보고 싶은 것이다.
집에 온 나는 빨래부터 하고 좋아하는 과일을 사러 시장에도 다녀왔다.
먼저 오늘 일기를 마무리했고 유튜브를 좀 보다 잠이 든다.
깊은 생각이 필요한 글의 마무리는 새벽이 최고다.

18. 4월 14일 일요일 흐림. 열외 2

새벽 1시에 일어나 글을 정리한다.

고칠 내용을 찾기보다는 중복된 내 마음을 정리한다.

일기라서 같은 내용이 계속 나오는 경우는 읽는 사람을 생각해 삭제했다.

하지만 명찬이의 충고대로 어떤 사상적 양념도 더하지 않았다.

문학비평가인 필규가 내 글을 읽는다면 어떤 부분을 고치라 할지 궁금하다.

근데 내게 필요한 건 문학적 소양이 아니라 대중성이다.

그리 유명하지는 않지만 그 나름대로 철학이 있는 영화배우 명찬이가 충고에는 보다 적격이다.

역시 글 쓰는 건 노가다와 비슷한 노동이다.

육체를 쓰지 않지만 어깨와 허리가 아프고 눈이 침침해진다.

지금까지 육체와 정신노동을 번갈아 한 것은 정말 현명한 처사였다.

잠을 못 자 피곤하고 졸리기는 하지만 한쪽으로 치우치지 않아 몸의 조화를 유지했다.

글 쓰면서 먹는 무한의 과일로 식탐을 충족시키고 말이다.

반값에 사는 과일은 비록 한물갔지만 농익었단 개념으로 보면 먹을 만하다.

포도는 그냥 먹고 딸기는 과도를 들고 상한 부분을 잘라 내며 먹는다.

배고프면 가끔 햄치즈샌드위치를 만들어 함께 먹으면서 말이다.

피곤하면 그냥 자다 다시 일어나 글을 쓴다.

두 번인가 낮잠을 자고 나니 벌써 오후 4시가 되었고 글의 90%가 완성되었다.

마무리할 수도 있으나 이제는 커피를 볶아야 한다.

커피를 부탁한 권 홍우는 여러 방면으로 나를 도운 친구이다.

신문사 국장을 역임했으나 지금은 은퇴해 군사 관련 회사에서 고문으로 활동하고 있다.

그리 높은 직책은 아닌 듯 나와 밥 먹다 전화받고 서둘러 가기도 하지만 말이다.

화려했던 그의 현역 시절을 보면 나이 먹어 서러운 건 나뿐이 아니다.

그렇다고 돈 많이 벌어 놓고 취미 생활이나 하는 동창을 부러워하는 건 아니다.

할 일 없어 건강식을 직접 지어 먹는 모습도 보기 안 좋다.

새로 산 가정용 로스팅 머신은 꼭 전기밥통처럼 생겼다.

프라이팬처럼 생긴 상부에 회전하는 두 개의 철사가 커피를 섞어 준다.

속도 조절은 안 되지만 열원은 조작이 가능해 어느 정도는 자신 있는데 문제는 그놈의 강한 커피 냄새가 빠지는가이다.

창문을 활짝 열었지만 시벳커피 특유의 강한 고소함은 방 안에 깊이 배어든다.

고시텔 주인이 봤으면 경악할 수준이나 내 방문은 이미 잠겨 있다.

오늘 4번은 볶으려 했으나 내 스스로 독한 커피 냄새에 질려 간신히 3번으로 마감한다.

그리고 시벳커피 향에 찌든 몸을 샤워시키고 산보를 나갔다.

걸을 때 커피 향이 따라다니니 프랑스 영화 〈향수〉의 주인공이 된 느낌이다.

이 영화 초반부는 향수 재료로 '시벳'이 거론되기도 한다.

젊은 여자 몸에서 나는 처녀 향을 내가 어릴 적 느낀 적 있다면 믿을 수 있는 사람이 있을까?

남들은 주인공을 향수에 미친놈으로 보고 영화도 괴기스럽다 하겠지만 냄새에 관하여 난 그를 묘한 경쟁 상대로 느낀다.

하지만 지금 볶은 커피 맛은 아직 모르고 추정할 뿐이다.

커피를 볶은 후 시간이 좀 남았지만 졸음이 쏟아진다.

이는 분명 코피루왁을 볶을 때 나온 시벳, 즉 사향의 효과이다.

사향은 강심제이나 한편으로는 진정 작용이 있어 몸을 노곤하게 하고 이번에 가져온 생두는 사향이 융화되지 않아 더욱 그러하다.

어떤 게 좋다고는 할 수 없지만 난 본연의 커피 맛에 충실하고 고착화된 사향을 가미하여 맛을 끌어올린다.

이는 내가 직접 발효시킨 시벳커피를 말하는 것이다.

내일 또 노가다가 시작될 것이다.

일하는 게 겁나거나 힘들지는 않지만 글 쓰는 지금이 너무 좋다. 더불어 시벳커피도 볶으니 금상첨화이고 말이다.

하지만 커피를 연구하고 글을 쓰는 인생이 먹고살기 힘드니 이는 분명 사회적인 문제이다.

무엇이 문제인지 모르지만 열심히 산 내 탓만은 분명 아니다.

어쩌면 경직된 사회적 제도와 돈의 흐름만 따르는 물질만능적인 어리석은 인식 때문인지도 모른다.

SNS가 발달한 요즘 풍토도 분명 연관이 있을 것이다.

그럼에도 난 최고급 시벳커피와 남들이 읽지도 않는 종이책을 고집하니 늙어 죽을 때까지 고생할 것이다.

알면서 행하는 나의 멍청한 짓을 뭐라 설명해야 하나.

19. 4월 15일 월요일 비. 작업 17일 차

아침에 시작한 비가 일이 시작되자 거세지기 시작한다.

옥상의 보양재는 비를 맞으면 무거워지기에 서둘러 걷어야 했다.

전 인원이 서둘렀지만 장마처럼 쏟아지는 비를 이길 수 없어 결국은 중지되었다.

오랜만에 반쪽짜리 일당인 오전 근무만 하고 돌아온다.

돈은 아깝지만 오늘은 또 어떤 인연이 있을까 기대되기도 한다.

누군가와 한잔할 수도 있다는 말이다.

집에 오니 12시가 조금 넘어 커피 맛을 봤다.

볶은 지 하루도 채 안 지났지만 강한 향은 느낄 수 있다.

로스팅기가 프라이팬 타입이라 커피빈 속까지 열이 충분히 전달되었는지 의문이다.

물론 이 내용을 고려해 충분히 뜸을 들였지만 말이다.

맛에 대한 확신은 없지만 난 커피를 170g씩 3개 포장한다.

700g의 그린빈이 시음을 위한 30g을 포함하여 540g이 된 것이다.

생각보다 수율이 적게 나온 걸 보니 생두 건조에 문제가 있다.

하지만 큰 영향은 없어 난 커피를 전달하기 위해 서둘러 권 홍우를 만나러 출발했다.

　장소는 마포 쪽에 있는 을밀대 냉면집으로 서로의 취향을 고려했다.

　먼저 명찬과도 냉면을 먹었지만 이곳이 한 수 위인 것 같다.

　솔직히 둘 다 옛날에 을지로에서 먹었던 그 평양냉면만큼은 아니지만 말이다.

　내 입맛이 변했는지, 요즘 소고깃값이 비싼 탓인지 모르겠다.

　만나 본 홍우는 정년퇴직 후에도 직장을 잘 다닌다.

　현역보다는 못하겠지만 연금도 있으니 경제적으로는 전혀 문제가 없을 것이다.

　지금도 강의를 하는지는 모르나 앞으로의 계획은 무기에 관해 책을 쓸 것이라고 한다.

　책 하나를 위해 2년이 걸리고 많은 자료 조사가 필요하단다.

　그는 《부의 역사》를 쓴 경제학자이기도 하지만 또한 유명한 군사 무기 전문가로 얼마 전까지 KAI의 고문으로 있었다.

　하지만 유튜브 등에는 소개가 안 되었기에 일반 사람들은 잘 모를 것이다.

　최고의 전문가들은 사실 그들만의 리그가 있다.

　SNS가 설치기 전까지는 말이다.

　그를 비롯하여 명찬이나 필규 등은 대단한 수준임에도 불구하고 자신들의 사회를 제외하면 그렇게 유명하지는 않다.

　나 역시 그렇지만 대중적으로 유명하다고 최고는 아닌 것이다.

　비슷한 이야기로 동창 중 한 명이 영화감독 홍 상수인데 그의 이름은 부정적이든 긍정적이든 매우 알려져 있다.

그는 미국에서 돌아오자마자 매스컴의 많은 관심을 받으며 꽃길을 걷고 살아온 듯 보인다.

그의 작품이 보여 주는 느낌이 다른 친구들보다 나은 것도 없는데 말이다.

첫 작품이 평범한 이야기인 〈돼지가 우물에 빠진 날〉로 기억한다.

일반인은 이해하기 어려운 내 평가이나 이는 사실이다.

난 지금 그의 작품을 폄하하는 게 아니라 다른 친구들 역시 비슷한 수준이지만 사람들은 매스컴 탄 것만 기억한다.

그러고 보면 내 커피나 글 중 하나가 유명해지면 나 역시 비슷한 경로를 밟을 수 있지 않을까 생각해 본다.

자기 전 문학박사 이 필규와 통화했다.

그는 지난주 토요일 학술대회에서 40분 강의하고 30만 원 받았다고 한다.

그날 아침에 나를 초대했지만 난 시간당 2만 원짜리 노가다를 하는 중이었다.

문학뿐 아니라 모든 것에 정통한 필규도 빨리 제자리를 찾았으면 한다.

요즘 출연이 뜸해진 영화배우 명찬도 마찬가지고 말이다.

그는 지금 지리산 둘레길을 혼자서 거닐고 있다.

어서 빨리 돌아와 필규와 함께 피자 먹으러 가고 싶다.

신도림역 1호선 내부에 위치한 정말 맛있는 미국식 피자 말이다.

피자 자체도 최고지만 도우가 빵 형태라 내 취향에 잘 맞는다.

여유가 생겼다고 옛날처럼 돈 개념이 없어져 간다.

통장의 돈이 늘지 않은 건 아니지만 속도는 급감했다.
입을 것, 먹을 것 사고 가끔 술도 한잔하니 지출이 많아졌기 때문이다.
그래서 한 달 3백만 원 저금 목표가 2백이 된 것이나 전혀 개의치 않는다.
노가다 일을 할망정 장기적으로 일할 수 있는 지금이 안정적이고 행복하기 때문이다.
그리고 인생에서 절대나 꼭이란 단어는 없다는 게 내 신조다.
덕분에 정신적 여유를 갖고 글을 쓸 수 있으니 다행인데 하여튼 이런 긍정적인 사고방식이 좋은 건지는 나도 잘 모르겠다.
요즘 마음에 드는 이 후배가 얼마 전 한 말이기도 하다.

사실 난 오늘 원고를 지식과감성이라는 출판사에 넘겼다.
옛날에는 기획 출판이 가능했으나 아무도(?) 책을 읽지 않는 요즘은 출판사가 망하지 않으려면 자비 출판뿐이다.
자비로 출판한 후 반응을 보고 정식 계약을 선택하는 제도로 충분히 이해는 가지만 언젠가는 계약금 받으며 출판하고 싶다.
초보 작가의 자존심치고는 너무 강한가?

20. 4월 16일 화요일 비. 작업 18일 차

아직 비가 내리나 빗줄기는 가늘어져 일은 문제없었다.

나와 팀장은 철거 작업을 했지만 이 후배와 김 철은 부직포를 나른다.

부직포는 둘둘 말아 나르는데 마른 상태는 가벼워 과부 보쌈이라 부르지만 비에 젖은 지금은 축 늘어져 살찐 자의 시체를 연상케 한다.

비유가 이상하지만 이전에 80억에 샀던 아파트가 요즘 시세로 100억밖에 안 된다고 한탄하는 돈 많은 동창이 생각나서이다.

일은 전혀 안 하고 직원 감시하는 카메라 들여다보며 원조 교제 자랑하는 그는 몸무게가 많이 빠진 요즘에서야 두 자릿수이다.

난 자유를 사랑하고 획일적인 것도 싫어 마음대로 살지만 그냥 놀고먹는 놈은 정말 증오한다.

그가 조금이라도 사회에 헌신했으면 표현이 이 정도까지는 아니었을 것이다.

그를 생각하다 갑자기 열심히 일하는 동생들이 마음에 들었다.

탈고한 기념으로 나를 형님으로 부르는 노가다 동생들과 저녁을 함께 하기로 한 것이다.

지금까지 현장에서 여러 명이 나를 형님으로 불렀지만 이들만은 못하다.

노가다 중 유일하게 대학 나온 박 후배도 말이다.

문제가 생겼으니 서울용역에서 온 3인이 집에 간다.

원래 부르지 않았는데 와서 오전만 일시키고 보낸다는 모양이 좀 이상하다.

그런 실수는 좀처럼 없고 무엇보다 그들이 잘못한 게 없기 때문이다.

다시 알아보니 일이 없어 인원 감축을 고려하고 우리도 내일부터 6명으로 축소한다고 한다.

오늘 회식은 퇴고식이 아니라 아쉬운 이별주가 될 것 같다.
가벼운 즐거움을 생각했던 나는 돈을 좀 쓰기로 했다.
막걸리가 소주와 맥주로 바뀌었고 빈대떡이 중국요리가 되었다.
하지만 아우들이 고른 잡탕이 내가 생각한 그놈이 아니다.
새우와 해삼은 안 보이고 정체가 불분명한 거대한 오징어 살덩이가 대부분이다.
안주는 맛이 없었지만 두 아우와의 대화는 즐거웠다.
대화 내용보다 서로를 배려하여 좋은 말만 하기에 기쁨이 배가된다.
모처럼 적지 않은 술값이 아깝지 않은 자리였다.

취기가 오른 나는 고시텔로 돌아와 샤워도 없이 그대로 잠이 들었다.
탈고의 기쁨일까? 아니면 힘든 여정의 마지막이 보여 긴장이 풀린 탓일까?
내 마음대로 멈출 수는 있지만 결코 끝을 알 수 없는 인생이라는 길고 긴 여정 말이다.
하지만 마무리 여정이 남았는지 난 다시 3시에 일어났다.
먼저 메일을 확인하니 출판사에서 견적서와 계약서를 보내왔다.
난 계약서를 작성했고 오늘 중으로 출판비의 3분의 1인 110만 원을 송금한다고 답변했다.
내가 살아가는 모습과 글을 쓴 이유까지 거론하면서 말이다.
출판사에 쓸데없는 짓을 한 걸 보니 내가 아직 술기운이 남아 있었나 보다.
오랜만에 개운함과 피로를 동시에 느끼며 출근 준비를 한다.

21. 4월 17일 수요일 맑음 황사. 작업 19일 차

아침에 사무실에 모이니 정말 6명만 출근한다.
누가 정했는지 모르지만 오랜만에 나온 성호도 포함되어 있었다.
나야 유도원이라 필수 요원이지만 다른 이는 어떤 기준인지 모르겠다.
성호가 메시지를 보여 주는데 '팀장에게 말해라'라고 적혀 있는 걸 보니 누군가 그를 비호하고 있는 것이 분명하다.
노가다일망정 각자의 생존 방식이 있으니 내가 신경 쓸 필요는 없다.
난 사무실에서 직접 지시받기도 하는 철밥통 유도원이다.

어제 마신 술이 과했는지 몸이 피곤하다.
다행히 스카이 유도원으로 호명되어 봄바람 즐기며 가볍게 하루를 시작한다.
일은 8층 기둥과 보의 연결 부분 거푸집을 제거하는 일이다.
내 역할은 스카이 주변의 사람 통제이나 이미 펜스가 길게 쳐져 있다.
난 주머니를 채운 크래커와 커피를 즐기며 몸을 회복시킨다.
어느 정도 몸이 좋아졌을 때 갑자기 스카이 기사와 작업자가 내린다.
7시 반에 시작해 이제 10시인데 벌써 오전 근무가 끝난 것이다.
1시간 점심이 갑자기 두 시간이 된 것이나 갈 곳이 없는 나는 휴게실과 화장실을 전전하며 11시를 기다려야 했다.

점심시간의 막간을 이용한 나는 메일을 검색했다.
예상대로 출판사 대표의 서신이 왔는데 사장은 나를 기억하고 있었다.
그는 한 꼭지를 읽었다며 내 글이 그전처럼 가독성이 좋다고 표현한다.

  난 여기서 두 가지 의문이 드는데 그가 아는 전의 내 글과 한 꼭지에 대해서이다.

  내가 하도 여러 곳에 여러 원고를 보내 그가 어떤 글을 봤는지 모르겠다. 그리고 한 꼭지라? 아직 계약금을 안 보냈기에 더 바랄 수는 없다.

  자비 출판은 돈이 오기 전에 글을 읽을 필요가 없다.

  또한 재미없는, 아니면 취향에 안 맞는 책을 읽는 일은 정말 고역이다.

  내가 출판사를 직접 차리지 않은 건 정말 다행이다.

  12시가 되어 다시 유도원 일을 시작했고 1시에 교대되었다.

  그리고 하스리 작업을 하고 있는 팀장을 지원하려 했으나 바로 다른 일에 투입되었으니 레미콘 타설을 위해 난간의 안전망을 걷어야 한다.

  그렇다. 지금 6명 모두가 서로 만날 틈도 없이 바쁘게 움직이고 있다.

  난 황 반장이 용역 인원을 줄인 이유를 전혀 알 수 없었다.

  보양 일은 끝났지만 눈앞에 보이는 일만 해도 엄청 많은데 말이다.

  그가 아니라면 분명 누군가 인력 관리를 실수한 것이다.

  아니면 필요 없는 인건비를 아끼라는 본사의 지시 한마디가 충분한 이유일 수도 있다.

  그들 눈에는 필수 요원이 아닌 잡부는 항상 놀고 있다.

  어제 술 마신 두 아우는 다른 곳에서 일 잘 하고 있다고 전화 왔다.

  젊고 유능한 자들은 아무 현장이나 잘 팔려 나간다.

  항상 말하지만 이 현장에 온 사람은 상대적으로 능력이 떨어지는 사람이다.

아니면 체력 안배를 위해 좀 쉬려고 쉬운 현장을 찾은 것이다.

내겐 해당되지 않지만 경험 있는 60세 이하는 아무 때고 충분히 이적이 가능하다.

그러니 나 같은 늙은이는 유도원 시험이라도 붙어야 한다.

먹고살기 위한 그놈의 작은 돈을 위해서 말이다.

그런 내가 갑자기 버는 돈을 경시하게 된 이유는 기공들 때문이다.

나보다 훨씬 많은 돈을 받는 그들은 하루 5시간도 채 일을 안 한다.

기술과 경력이 있다면 시급이 5만 원이나 되니 어쩌면 우리나라는 노동자의 천국이다. 또 그래서 다른 현장은 외국인을 쓰는지 모른다.

불쌍한 건 기술 없이 단순한 일만 하는 진짜 노가다인 잡부들이다.

누군가에겐 삶의 수단이고 희망일 수도 있지만 말이다.

난 유도원을 하면서 우리나라 건설계의 현실을 조금씩 알아 가기 시작한다.

유도원, 꽃밭인 줄 알고 지원했지만 좋은 선택이었다.

22. 4월 18일 목요일 맑음. 작업 20일 차

팀장은 내게 말 안 했지만 인원은 다시 10명이 되었다.

예상한 대로 성호와 정 씨는 안 나왔고 반가운 얼굴들이 보인다. 요즘 친해진 두 아우에 더해 오랜만에 박 후배까지 나온 것이다.

박 후배는 한동안 좀 더 많은 수입을 위해 다른 곳에서 조적 데모도(조공)를 했다고 한다.

하루 21만 원 받았다 하니 건강만 하다면 돈 벌기는 그리 어렵지 않다.

물론 기공에 비해 상대적으로 작은 돈이지만 말이다.

오늘도 유도원 일이나 지시가 갈팡질팡한다.

최종 결정은 스카이 유도 및 주변 통제나 부지 정리가 안 되어 연기되었다.

나는 2층 용접을 지상에서 안전 관리 하면서 기다린다.

근데 이들 작업 시간이 부정확하여 9시에 한번 쉬고 10시에 아침 먹으러 가니 나도 무심코 따라갔다.

하지만 돌아온 11시는 스카이가 이미 자리 잡고 있었다.

스카이는 데크 타설을 위한 거푸집 철판 용접을 지원하고 내 할 일은 지상에서의 도로 통제이다.

용접을 위한 화재 안전 요원은 작업을 하는 2층에서 정 반장이 그리고 지상은 여성 유도원이 맡고 있기 때문이다.

이 현장은 장비 유도와 안전 그리고 화재를 대비해 수많은 유도원이 있다.

대부분은 여성이나 남자도 몇 명 있고 그중 하나가 나이다.

여성 유도원은 내게 친절했고 요령도 가르쳐 준다.

그리고 그녀는 놀라운 말을 하는데 시험에 한 번에 붙은 내가 유도원 사이에서 화제라는 것이다.

아직까지 한 번에 붙은 사람이 거의 없다면서 말이다.

그녀의 말에 난 바보같이 시험이 너무 쉬워 만점일 수도 있다며 진실을 말하고 말았으니 여자의 자존심을 철저히 무시한 처사이다.

역시나 유도원끼리의 대화는 금지라며 그녀와 나는 바로 거리가 생겼다.

그녀의 대화 상대는 젊은 스카이 기사로 변경되었다.

그녀가 변했다는 내 생각은 상상일 수도 있지만 잘난 척하는 사람은 어디서나 환영받지 못한다. 특히 학력이 낮은 노가다 판에서는 말이다.

물론 현장에서 일하는 그들이 머리가 나쁘거나 사회적으로 열등하다는 말은 절대 아니고 그저 학습 능력이 떨어져 시험에 불리할 뿐이다.

시험으로 모든 걸 평가하는 대한민국은 정말 현실을 재고해야 한다. 그리고 그 대상에는 나도 들어갔으니 한마디 할 만하다.

하지만 나이 먹고 그것도 현장에서 교육 후 시험에 합격한 나도 참 불가사의한 존재이다.

남들 목숨 거는 대학 시험조차 안중에 없었으니 말이다.

일은 2시에 끝났으나 스카이 기사가 대기하란다.

스카이를 차고지까지 유도해야 하는 나는 길가에 서서 기다려야 했다.

어차피 일찍 끝나면 다시 현장으로 가야 하기에 나쁠 건 없으나 좀 피곤하다.

차라리 마무리 시간에 잠시 육체노동 하는 것도 건강에 좋을 것 같다.

쉬워 보이는 유도원은 결코 만만한 직업이 아니었다.

기본적으로 하루 종일 걷거나 서 있는 건설 현장에서 쉬운 일이란 하나도 없다.

유도원은 극심한 육체노동이 아니라 피로가 적당할 뿐이다.

고시텔에 오기 전 은행에 들러 집세를 내고 다시 일기를 쓴다.

다행인 건 아팠던 허리가 금방 풀어진 것으로 서 있는 일은 역시 육체에 큰 무리가 없었다.

현장에서의 내 역할은 체력 소모 적은 유도원으로 고착되길 희망한다.

최소한 근골격에 더 이상 무리는 없을 것이고 자리를 뜰 수 없어 수시로 피던 담배도 줄어 내 희망과 일치한다.

보너스로 많은 여성과 대화를 나눌 수 있어 기회를 엿보고 있는데 여성의 현장 근로와 유도원에 대한 생각을 알려는 것이다.

정말 필요한 인원인가. 아니면 여성에게 직업을 주려고 일부러 만든 것인가 하는 의문 말이다.

다른 현장의 경우 여성 외 고령자 권장 업무로도 되어 있다.

23. 4월 19일 금요일 맑음. 작업 21일 차

오늘 인력은 다시 6명만 배정되었다.

이 후배 등 두 아우를 못 봐 서운하지만 노가다는 방법이 없다.

차를 모는 팀장과 김 씨 그리고 유도원인 나 외는 누구라도 출력에서 제외될 수 있다.

나는 데크 팀에 배정되어 화기 안전 관리를 한다.

데크 팀은 옥상에서 용접을 하는데 유도원은 3층과 1층에 배치되었다.

용접은 불똥이 튀어 지나가는 사람에게 해를 입힐 수 있고 화재도 가능하기 때문이다.

유도원이 메가폰과 지시등 그리고 소화기 두 개를 지니는 이유이다.
내가 배치된 1층은 지하에 전기 관을 매입하고 중장비와 덤프트럭이 다니며 도로포장을 하고 있었다.
상대적으로 한가한 3층은 기존의 여성 유도원이 자리한다.

화기 관리 유도원은 용접 작업을 쳐다보는 게 일이다.
규정에 의해 아무 일도 할 수 없고 오직 화기 안전만 유념해야 한다.
15층 높이와 비슷한 8층 옥상에서의 용접 작업도 말이다.
난 중장비만 다니는 토목 현장 한가운데 홀로 서서 옥상을 수시로 쳐다본다.
두 시간이 지나자 발이 붓기 시작하고 목도 뻐근하다.
하지만 무엇보다 나를 괴롭힌 건 강렬한 태양으로 눈이 침침해진 것이다.
좀 쉬고 싶으나 8층의 데크 팀은 전혀 쉴 생각이 없어 보인다.
10시가 되자 옥상에서 사인을 보냈으나 휴식인지 식사인지 그 의미를 알 수 없었다. 너무 높기 때문인데 어쨌든 그들은 사라졌다.

삼성 현장의 표어 SAY는 Safety Around You로 기억된다.
안전이 우선이지만 말 그대로의 뜻인 소통도 강조하는데 난 지금 불통 속에 혼자 있다.
지나가던 황 반장에게 물어보니 데크팀과의 소통을 강조할 뿐이다.
할 수 없이 사무실 담당에게 전화하여 물으니 잠시 후 그들이 휴식을 마치고 옥상으로 복귀하는 중이라는 답변이 왔다.
역시 월드건영은 원청회사인 삼성의 지시를 잘 따르고 있어 소통이 원활하다.

하지만 또 다른 문제가 발생했으니 데크 팀이 식사하러 갈 생각을 안 한다.

그들의 점심은 11시부터 시작해 1시까지이나 대부분은 12시 전에 먹는다.

언젠가는 먹겠지 하고 기다리니 벌써 12시가 넘었다.

내가 식사를 한 건 다른 유도원이 나왔기 때문이다.

2층 용접 작업 때문에 나온 그녀는 데크 팀은 점심 없이 일을 끝낸다고 한다.

그럼 '야리끼리'인데 힘든 일을 하는 철근 팀 등이 이를 선호한다.

내용을 들은 나는 서둘러 식사하고 현장에 돌아왔다.

일이 끝난 후 식사해도 되나 시간이 애매해 오해가 생길 수도 있기 때문이다.

역시나 돌아온 나에게 옷을 갈아입고 8층으로 가라 지시하는 황 반장이다.

8층의 데크 팀 작업은 끝났으나 다른 일이 기다리는 것이다.

난 식사 후 충분한 휴식을 갖지 못한 채 다시 노가다 일을 해야 했다.

8층에서 일은 철근 사이 청소로 청소기를 돌렸다.

적당히 움직이니 유도원 근무로 굳었던 몸이 조금씩 살아난다.

어쩌면 생각할 시간이 필요한 나를 위해 누군가 이 일을 안배했는지도 모른다.

하지만 재미있는 건 사회에서 스리잡을 뛰는 내가 이곳 현장에서도 투잡을 뛴다는 것이다.

 여성 유도원과 달리 일 마치고 다시 현장에 투입될 수 있는 건 아마 나뿐일 것이다.

 다른 남성 유도원도 그러는지는 모르지만 말이다.

 어쨌든 난 구조조정 안 받는 1인 2역 철밥통 노가다가 된 것이다.

 집에 돌아오다 출판사 담당자의 전화를 받는다.

 내가 보낸 원고에 관해 이것저것 물어보는데 좀 사무적이란 느낌이 든다.

 아직 글을 읽지도 않았으면서 형식에 관해 말하는 폼이 문학박사 이필규와 비슷하니 대학에서 그렇게 가르치고 배운 것이다.

 모든 건 글을 읽어 본 후에 다시 거론하면 되지만 출판 일정은 수정했다.

 최소 두 달에 한 권 출판하려는 내용을 사장에게 직접 말한 것이다.

 담당에게 말하지 않은 것은 내가 먼저 서두를 필요는 없다 했기 때문인데 그 여유가 석 달을 넘어갈지는 몰랐다.

 그리고 목소리로 보아 젊은 담당은 고객일 수도 있는 내가 지시하듯 말하면 그의 능력이 제한될 수도 있기 때문이다.

 하지만 사장은 거래 관계이자 사업적 파트너이니 부담이 없다.

 어쨌든 목표가 정해졌으니 난 다시 열심히 일하고 원고를 정리해야 한다.

 사회에서는 스리잡, 현장은 투잡. 나도 참 바쁘게 산다.

24. 4월 20일 토요일 비. 작업 22일 차

새벽 일기를 쓰다 팀장의 전화를 받았다.
글에 몰두하다 벌써 출근 시간인 4시 30분이 넘은 것이다.
서둘러 차가 출발하기 전에 도착했으나 나의 생명수인 커피를 안 가지고 왔다.
식사 후 오 군이 자신이 먹으려고 탄 커피믹스를 줘서 마셔 본다.
일단 달고 고소하지만 반 잔을 마시기 전 몸이 거부한다.
아침 메뉴는 청국장이라 거르고 라면 하나로 때웠는데도 말이다.
달달함과 배고픔은 전혀 상관이 없는가? 좀 이상하다.

토요일이라 유도원 일이 없을 줄 알았는데 동쪽에 배치되었다.
용접 작업은 2층 철판 거푸집으로 어제부터 하던 일이다.
하지만 이곳은 도로포장과 겹쳐 있어 주변에서 작업하는 중장비를 조심해야 한다.
빗줄기는 점점 굵어져 옷이 젖어 가고 바람도 불기 시작한다.
바로 앞 2층에 보이는 동료들은 용접봉 들고 대기하거나 청소하는 정도이다.
이쯤 되면 유도원보다 오히려 일반 잡부 일이 더 쉬워 보인다.
젖은 몸이 추위를 느낄 때 직영인 정 이모가 비옷을 입으라기에 지시를 따랐다.
이미 몸살기가 온몸으로 퍼지기 시작했지만 말이다.

점심 식사 후 나는 옷을 하나 더 끼워 입었다.

하지만 나의 오후 일은 유도원이 아니라 옥상에서 자재 운반이다.

이제 황 반장이 나를 유심히 보는 이유를 알 것 같다.

그는 유도원과 잡부 일을 동시에 할 수 있는 내가 효율적이라 생각한 것이다.

또 그래서 많은 남자들로 하여금 유도원 시험을 보게 했다.

인건비를 아끼기 위한 기발한 생각이나 또한 의문도 든다.

유도원은 일종의 여성 할당제로 삼성이 지시했으니 하청업체는 따라야 한다.

공사 입찰에도 분명 명기되어 있고 예산도 책정됐을 것이다.

그러니 나처럼 1인 2역이 활성화되면 그만큼 여성의 일자리를 빼앗은 꼴이 된다.

월드건영 입장에서 공사비 절감은 당연하지만 삼성의 정책에는 위배된다는 것이다.

정말 위반이면 난 일할 수도 없겠지만 말이다.

무엇이 정답인지 모르지만 여성에게 기회를 준 삼성의 정책에는 긍정적이다.

하지만 여성 유도원이 그리 쉬운 직업만은 아니다.

인원 배정 시 약간의 인력이 대기 상태가 된다 하여도 큰 손해는 아니니 휴식을 충분히 주어야 한다.

특히나 이곳 삼성 현장의 여성들은 정말 열심히 일한다.

그녀들이 쉰다고 돈 아깝다는 생각 말라는 말이다.

옥상에 올라간 나는 두 사람과 함께 부직포와 버블시트를 날랐다.

수평 이동이라 작은 핸드카를 이용해 1시간 만에 끝났다.

이제 할 일 없는 우리는 2층을 지원하나 이 역시 바로 마무리된다.

난 리프트 운행이 중지된 걸 보고 팀장이 있는 4층으로 갔으나 하스리 작업 후 나온 콘크리트 양이 적지 않다.

옮길 방법이 없어 리어카에 담은 채 두고 내려오니 벌써 일과가 끝난 것이다.

오전은 유도원, 오후는 간단한 작업으로 일을 마치니 조화롭게도 몸에 생기가 돈다.

정신노동과 육체노동의 겸비가 현장에서도 이뤄지기 때문이다.

여성들 문제는 내 영역이 아니라 넘어가지만 내가 유도원이 된 건 또 다른 신의 한 수이다.

아니 어쩌면 내 계획을 위한 신의 안배인지도 모른다.

돌아오는 차 안에서 전화 요금 청구를 보니 아무래도 이상하다.

아들이 대신 내주다 작년 9월부터 KT 메시지에 따라 내가 직접 내는데 청구가 장난이 아니고 더 이상한 건 송금처가 가상계좌란 것이다.

차 안에서 많은 충고를 받으나 정확하지 않아 내일이나 KT 대리점에 직접 가 보려 한다.

오늘은 이 후배가 한잔하자고 나를 기다리기 때문이다.

우리는 내 단골집인 상주 순대국으로 향했다.

그와의 대화는 불확실한 미래를 지닌 자들의 보편적인 내용이다.

약속도 못 하고 꿈만 그리지만 후배는 재미있어하고 흥미를 보이기까지 한다.

내 책이 성공해 흥할 확률이 20%밖에 안 됨에도 말이다.

한국 나이 50대 후반인 그도 나와 마찬가지로 노후는 걱정인 모양이다.

그래서인지 그는 나와 헤어지며 로또를 사러 간다.

어쩌면 그의 진솔한 관점에서 본 내 책의 성공 확률은 로또보다 못할지도 모른다.

5천 원을 주고 산 희망이 훨씬 구체적이기 때문이다.

현금이 들어오기에 불확실한 사업에 머리 쓸 일도, 고민도 없고 말이다.

하지만 미래를 하나하나 만들어 가는 기쁨은 없다.

내 마지노선은 노가다로 3천만 원 모아 발리에서 작은 식당을 하는 것이다.

노가다로 책 출판하고 커피를 팔며 또한 식당을 오픈할 계획이라?

참 대단하고 효율적이며 가성비 좋은 노가다이다.

25. 4월 21일 일요일 흐림. 열외 3

휴일이 되어 열외가 돌아오면 무슨 내용을 쓸까 고민한다.

오늘 한 일은 먹고 자고, 이상하게 많이 나온 전화 요금을 체크한 것뿐이다.

전화 요금은 유튜브를 많이 봐서라는데 완전히 이해된 것은 아니다.

아, 시장에서 두 팩에 5천 원짜리 딸기 사 온 것도 있다.

그 딸기 먹으며 새로 쓴 일기를 검토하려 했으나 바로 잠들고 말았다.

요즘 유도원 하면서 다시 체질이 바뀌는지 잠을 자도 피곤이 완전히 풀리지 않는다.

출판사에 원고를 넘긴 후 긴장이 풀어졌는지도 모른다.

잠에서 깬 나는 출판 계획에 대해 생각해 봤다.

다음 출판을 지금 쓰는 일기의 2부로 할지 다른 내용으로 할 것인지 말이다.

대기 중인 원고는 《필리핀 데카메론》과 《커피 헌터 다이어리》가 있다.

전자는 이미 완성되었고 재미있단 평을 받았지만 내용이 좀 야해 요즘 한국 여자들이 이해하기 어렵다.

후자는 일반인에게 생소한 커피에 관한 내용이고 한 번 더 원고를 정리해야 한다.

그 외도 다른 글이 있지만 영화가 목적이라 출판을 망설인다.

그 글들이 세상에 나오면 내 정체성에 대해 오해 소지가 다분하고 말이다.

우리나라는 생각보다 창작의 소재에서 자유롭지 않아 어쩌면 그대로 묻혀 버릴지도 모르는 아까운 글들이다.

내가 왜 일기 형식으로 글을 쓰는지도 생각해 봤다.

10년 전 처음 발표한 글 《CIVET COFFEE STORY》는 3년간의 내 일기를 편집한 내용이다.

그 글은 다큐에 내 사고가 접목되어 쉽게 풀어 갈 수 있었다.

하지만 두 번째 발표한 장편 소설은 사실을 기반으로 했음에도 사회성 결여된 나의 주관 때문에 표현에 애를 먹는다.

출판 후 계속 수정을 했고 지금도 하고 싶은 참으로 어려운 내 글이다.

이 소설을 쓰면서 간간이 짬 내어 쓴 글이 《필리핀 데카메론》이니 그 무게가 엄청나다는 것을 알 수 있다.
어쩌면 내가 최후에 다시 완성할 작품이 될지도 모른다.
이렇게 난 벌써 내 글의 무게에 짓눌려 왔고 또 그래서 내가 수필의 한 장르인 일기로 형식을 바꿨는지도 모른다.
내 일기는 형식과 소재가 자유로운 오래된 습관이기도 하다.

사실 일요일은 근처 공원이라도 가서 멍때리고 싶었다.
투잡, 스리잡으로 점철된 나를 세상에서 잠시 탈출시키고 싶은 것이다.
배낭여행 시 도시나 국경을 지나는 버스를 타면 그러하다.
과거와 떠나고 또 설렘으로 새로운 만남을 기다린다.
내가 유튜브를 이용해 쿠바 음악 〈하바나〉를 즐겨 듣는 이유이기도 하다.
요금이 비싸 앞으로 억제해야 할지도 모르지만 말이다.
어쨌든 인생은 여행인데 그중 가장 소탈한 배낭여행이 지금의 노가다와 비슷하다.
운이 나쁜 건지 지금은 한 현장에 머무르지만 말이다.
그나마 유도원이라는 새 직책과 환경이 노가다라는 여행의 흥미를 지속시킨다.

먹고살려고 일하면서 자존심을 위해 잘도 핑계를 댄다.
사실 커피도 안 팔리니 노가다는 내 생계 수단이자 미래를 위한 유일한 희망이다.

이는 배낭여행 다니며 고달프게 커피 산지를 찾는 것과 비슷하다 할 수도 있다.

노가다 출근할 시간이 다가오니 글을 마친다.

26. 4월 22일 월요일 맑음. 작업 23일 차

오늘 아침 식사는 집에서 가져온 샌드위치로 대신했다.

4개를 가져와 두 개는 바나나와 함께 먹고 마침 라면을 먹는 박 후배도 하나 주었다.

남은 샌드위치 하나와 다른 바나나는 비상용이다.

물론 커피와 크래커도 항상 주머니 속에 가지고 다니는데 이놈의 유도원 일은 언제 밥 먹을지도 모르기 때문이다.

작업복을 입고 점호를 받으면 바로 유도원으로 배정받는다.

같은 일의 반복이지만 미리 유도원복을 입지 않은 것은 소속감을 버리지 않으려는 것이다.

하지만 일의 경과를 보니 오전은 무조건 유도원으로 계속 근무할 것 같다.

일이 일찍 끝나 다시 노가다 잡부로 복귀하더라도 말이다.

유도원은 편한 직책이지만 일을 안 하니 몸이 약해지는 건지 반대로 정상이 되어 가는 건지 잘 모르겠다.

다시 하루 종일 힘든 노가다 잡부 일을 할 수 있을지도 걱정이고 말이다.

요즘 편해졌다고 어렵게 시작한 초심을 잃으면 안 된다.

유도원을 해 보니 직업과 양심에 대한 의문이 생겼다.
분명 안전에 문제가 있는데 내 일이 아니라고 넘어갈 수 있을까 하고 말이다.
오늘 벌어진 난간 근처에서의 작업은 사람은 물론 자재나 장비를 로프로 연결해야 만일의 사태에 대비할 수 있다.
특히 낙하물방지망이 없는 서쪽은 더욱 조심해야 함에도 장비는 묶었지만 무거운 철재 형강인 자재는 아무런 조치가 없었다.
화기 안전 담당인 나는 이를 보고해야 하나 잠시 고민했다.
물론 1층에서 통행을 제한하지만 사고는 뜻밖의 경우에서 나온다.
하지만 난 내가 맡은 직분에 충실하기로 했다.
범인을 만들어야 하는 검사나 무조건 무죄를 주장해야 하는 변호사처럼 말이다.
이 사회의 정의는 제도에 의한 것이라 관계자가 아닌 내가 나설 일은 하나도 없다.
그저 내 마음, 내 손안에서나 가능할 뿐이다.

이기심 가득한 내 일은 정확히 1시 38분에 무사히 끝났다.
서둘러 내려왔으나 식당이 문을 닫아 하나 남은 샌드위치와 바나나 그리고 컵라면을 먹으니 팀장이 전화로 창고 앞으로 가란다.
밥 먹고 쉬기는커녕 담배 한 대 피울 시간도 안 주면서 말이다.
나를 기다린 황 반장은 다른 근무자들처럼 왜 11시에 식사 안 했냐고 묻는다.

젠장, 위에서 불똥이 튀고 자재가 떨어질 수도 있는데 밥 먹는다는 이유로 지상에서 안전을 유도하는 사람이 아무도 없었던 것이다.

난 옥상 두 곳에서 용접을 했고 별도로 아크 절단기가 두 대나 돌아갔기에 자리를 비울 수 없었다고 설명하니 그는 그제야 고개를 끄덕인다.

만일 나보고 뭐라 했으면 어이없는 유도원 일을 그만두려고 반쯤은 결심한 상태였다.

하지만 그는 용접 중인 동쪽으로 빨리 가라는 말뿐이다.

동쪽은 토요일에 하던 대로 2층에서 용접을 하나 일은 거의 끝나 가고 있었다.

간단한 일이다 생각하고 마음을 놓는데 큰일이 벌어졌.

마지막 끝 처리 부분이 통로 위인데 불똥 모음 장치가 설치가 안 되어 바닥으로 용접 불똥이 비 오듯이 떨어진다.

난 서둘러 통로를 차단하고 지나는 사람들을 단속했다.

제대로 한 건 아니지만 위급한 대로 안전을 위한 신속한 대응이었다.

마침 지나가던 안전 요원이 소화기를 체크하더니 본인 안전이 우선이라 지시한다.

내가 몸을 사리면 다른 이의 안전을 책임질 수 없는데 말이다.

하지만 그의 미소로 보아 나의 대처는 괜찮았나 보다.

그때 온 황 반장과 안전 관리자까지 웃고 있으니 나는 인정받은 것이다.

나 혼자의 생각일지도 모르지만 말이다.

하지만 의문이 있는데 불똥이 튀는 걸 알면서도 2층은 용접 일을 계속했다는 것이다.

　아무리 일이 조금 남았어도 위험이 사라진 것은 아니다.

　더 이상한 건 나를 포함해 아무도 작업을 중지시키지 않았다는 것이다.

　난 위급함에 경황이 없었지만 옆에서 모든 걸 본 관리자들은 이를 문제 삼지도 않았다.

　안전을 위해 엄청난 인력을 투입한 삼성의 취지가 무색해진다.

　하긴 용접 불똥 튀어 봐야 내려오면서 식고 또 안전모까지 있으니 재수 없어 봐야 약간의 화상을 입는 정도이다.

　역시 문제는 너무 원칙적이고 민감한 나의 생각뿐이다.

　아, 너무 고지식하게 안전을 고집하는 삼성도 나처럼 문제이고 말이다.

　한국 건설 현장은 이래서 아직도 멀었다.

　어쨌든 또 하루를 보내고 난 일당을 챙긴다.

　이번 주는 명찬이와 만나 피자 먹기로 했는데 하루 쉬려니 일당이 아깝다.

　힘들 때는 억지로 핑계를 대어 쉬었지만 지금은 다르다.

　옥상에서 바다를 바라보며 일기를 쓰기도 하니 정말 유도원 하며 꿀 빨고 있는 것이다.

　동료들에게는 밥도 제대로 못 먹는다 하소연하면서 말이다.

　이런 모습을 보면 좀 능글맞아 나 스스로 놀라기도 한다.

　직업이, 아니 주어진 생활 환경이 타고났다 생각한 인성을 바꿀 수도 있는 것이다.

악하지만 않다면 좀 그런다고 나쁠 것도 없다는 게 내 생각이고 말이다.

그리고 몸은 편해도 눈은 피곤하니 이해하길 바란다.

27. 4월 23일 화요일 맑음. 작업 24일 차

오늘은 아예 현장 식사를 거를 준비를 하였다.

어제와 같이 샌드위치 4쪽과 바나나지만 햄이 추가되어 보다 실해졌다.

그리고 늦어질 점심에 대비해 간식을 챙기는 것도 잊지 않았다.

아침 식사 후 휴게실에서 떠오르는 태양을 보며 어제 명찬과 한 통화를 새겨 본다.

'노가다 다이어리'의 제목으로 시작한 서두는 이 책의 2부가 나오기 전 《커피 헌터 다이어리》와 《필리핀 데카메론》의 출판을 거론한다.

하지만 명찬은 커피에 관심 있는 사람은 소수라며 지금 편집 중인 '노가다 다이어리'가 훨씬 보편적이고 재미있다고 한다.

책을 이용해 커피를 팔려는 나는 좀 실망했지만 어쨌든 도움은 될 것이다.

몇 부가 팔릴지는 모르지만 최소 투자한 돈 이상은 뽑고 싶다.

그런데 출판사에서 보낸 내 글에 대한 교정 내용이 흥미롭다.

산문체로 서사시처럼 쓰는 내 글을 일반적인 소설처럼 이어 붙인 것이다.

물론 내가 쓴 글체를 무시하지 않고 선택을 기다린다.

난 오랜만에 내 글에 대한 비평가인 이 필규의 조언을 정면으로 무시했다.

그냥 내가 쓴 대로 출판하려는 것이다.

오늘은 모처럼 유도원 복장으로 조회에 참여한다.

그리고 우리 팀의 관리자인 황 반장하고도 직접 통화하기로 했다.

이는 내가 유도원으로 완전히 정착함을 의미하나 노가다의 미래는 아무도 모른다.

왜냐면 매주 화요일에 하는 아침 정기 교육 후 다시 노가다 잡부로 변신했기 때문이다.

오늘 일은 항상 했었던 팀장의 하스리 작업 데모도이다.

난간 주변 작업은 2인 1조가 원칙이라 그냥 서 있는 일이 대부분이다.

하지만 현장 도착하자마자 유도원복으로 갈아입고 바로 야적장으로 오라는 황 반장의 지시가 떨어졌다.

갑자기 일이 중지되자 팀장은 짜증을 낸다.

야적장은 자재 정리를 하고 있어 자발적으로 일을 지원했다.

유도복을 입었지만 아직 유도나 안전 업무가 시작된 것이 아니기 때문에 가능하다.

잠시 후 황 반장이 지게차를 가져왔고 나는 트럭에 항공마대를 싣는 작업을 돕는데 규정 위반이지만 회사 야적장이라 무시했다.

내 진짜 일은 지게차를 현장 밖에 있는 쓰레기 처리장으로 유도하는 것이다.

규정에 의하면 현장 내 특수 차량은 유도원 없이 움직일 수 없다.

하지만 야적장에서 김 반장은 나에게 쓰레기 버리는 일을 지원하라 소리쳐 지시한다.

일은 별거 아니지만 주변에 T/L 시험을 보느라 안전과 팀장이 있는데도 말이다.

그리고 그 모습을 본 팀장이 나를 불러 무슨 일인가 묻는다.

나는 별일 아니라 둘러댔지만 은연중 마음에 있던 어제의 안전 문제가 조금 어필되었다.

그는 문제 있으면 이름과 소속을 적어 신고하라 조언한다.

그러나 난 더 이상 아무런 행위를 하지 않을 것이다.

안전과는 경찰과 같고 아무리 잔소리해도 직영반장들은 나와 한 소속이다.

의리도 지켜야 하지만 회사가 용역 사무실에 전화해 나를 보내지 말라 하면 졸지에 실업자가 되는 것이다.

사회의 공공연한 부조리가 고발되지 않는 것처럼 나도 비슷한 처지가 되었다.

정의가 지켜지려면 그에 대한 신분 보장이 되어야 한다.

이후 난 아무 말 없이 여러 번 쓰레기장까지 지게차 유도를 했다.

다른 문제는 일을 시키는 자와 당하는 자의 관계이다.

여자가 유도원이면 아무 일도 안 시키나 잡부 출신인 나는 유도원을 해도 그냥 잡부이다.

어쩌면 그들은 인건비 절약을 위해 내가 두 가지 일을 스스로 하길 원할 것이다.

여기까지 생각이 들자 갑자기 이놈의 현장이 싫어졌다.

아무리 원청이 삼성이고 내가 유도원이라도 규정 무시하는 노가다 의식은 결코 변하지 않는다.

자존심 상한 나는 가진 돈과 출판 비용을 계산해 본다.

심각하게 언제 떠날 수 있나 고민하는데 황 반장이 갑자기 나를 부른다.

그는 작업모를 쓰레기 하치장에 두고 와 내 도움이 필요했다.

근데 이상하게 도움은 베푸는 자의 아량을 크게 만든다.

기꺼이 수고하니 그는 웃으며 나보고 밀폐 안전 교육 시험을 보라 한다.

그리고 그 미소가 내 마음을 풀어 준다.

오늘은 힘들었지만 그래도 유도원은 편한 직업이다.

밀폐 안전 교육이 어떤 효과를 줄지는 모르나 역시 도움이 될 것이다.

이 글을 쓰는 데도 새로운 아이템도 필요하고 말이다.

집에 가 공부하려는데 길목에서 박 반장이 한잔하자고 한다.

그는 얼마 전 현장 감원 때문에 팀장과 전화로 심하게 싸운 사람이다.

그냥 가려다 요즘 소원한 김 씨도 온다기에 한 자리를 차지하고 앉았다.

그리고 벌어진 팀장에 대한 불만들은 나를 당황케 한다.

오랜 노가다 경험자들의 평가는 이렇게 험악하나 나는 아직도 팀장 편이어야 했다.

아니 누구 편드는 게 아니고 노가다 현장에 적응하기 위해 저절로 그렇게 된 것이다.

작은 권력을 만든 나는 지금 반대편의 사람들과 함께 있다.
그러고 보니 노가다 판은 우리나라 정치 형태와 비슷하다.

난 밀폐 안전 관리 시험에 붙어 내 위치를 견고히 하련다.
책을 출판하기는 하지만 앞으로의 일은 아무도 모르고 나이는 먹어 가기 때문이다.
참고로 직영인 정 반장은 58년생이지만 아직도 회사 소속으로 일하고 있다.
가능하다면 내가 좀 더 노가다로 일하는 것도 고려해야 한다.
급하게 시작한 노가다가 장기 플랜이 되어 간다.
* 정 반장이 호적에는 60년생인 걸 나중에 알았다.

28. 4월 24일 수요일 비 온 후 맑음. 작업 25일 차

바람 부는 새벽 비는 모처럼 추위를 느끼게 한다.
인원은 6명조차 못 채워 동갑내기 조 영감을 억지로 끼워 넣어야 했다.
다른 차이는 박 후배 대신 오 군이 나온 것으로 일종의 로테이션이다.
갑자기 인원이 줄면 대부분 다른 곳으로 가나 미교육자는 갈 곳이 없다.
이런 상황을 대비하여 최소 현장 3~4곳은 교육을 받고 등록해야 한다.
그러지 못했던 나는 이곳에 오기 전 1달 반 동안 기다리며 일을 3번

밖에 못 나갔다.

　먼저 팀장을 믿고 한곳에 올인한 부작용이다.

　비를 맞고 조회를 시작하니 황 반장은 엉뚱한 소리를 한다.

　밀폐 교육 받기로 된 나를 제외하고 팀장을 거론한 것이다.

　물론 팀장은 시험에 자신 없다며 거절했지만 갑자기 황 반장의 눈치가 이상하다.

　그러거나 말거나 나는 팀장과 함께 엘리베이터 코아 바닥 청소 일을 했다.

　물에 잠겨 있고 위에서는 비가 내리는 열악한 환경이다.

　하지만 오랜만에 쓰는 근력은 몸의 생동감을 기억하게 한다.

　일은 콘크리트 잔해를 모으고 통에 담아 위로 올린 후 야적장으로 가져간다.

　물론 힘은 들지만 돈 버는 운동이라 생각하면 신이 난다.

　하지만 춥다고 옷 하나를 더하고 비옷까지 입은 덕분에 온몸이 땀에 젖었다.

　잘 나가던 일이 얼추 끝나 가다 안전 요원에게 적발되었다.

　지도 요인은 완강기 미설치와 마스크 미착용으로 그리 큰 문제는 아니다.

　마침 점심시간이 다 되어 오후에 마무리하기로 했다.

　일을 마친 후 야적장으로 가니 황 반장이 끝났는가 물어본다.

　그의 관심은 우리에게 다른 오더를 주고 싶은 것뿐이다.

　비 때문에 생긴 새로운 일은 옥상의 배수 작업으로 그리 힘든 건 아니다.

 우리는 리어카와 삽 등을 챙겨 일단 7층 흡연실에서 담배 한 대 피고 8층으로 간다.
 하지만 김 반장이 갑자기 나에게 다른 일을 시킨 것이다.
 팀장은 계단으로 가고 리어카를 끄는 나는 혼자 리프트로 향했기 때문이다.
 김 반장은 내가 지시받고 간다고 말했으나 막무가내로 마치 놀고 있는 잡부를 발견이라도 한 모양이다.
 나는 어떤 일이든 개의치 않으나 분명 황 반장의 지시를 받았고 팀장도 기다리고 있다.
 그런데 더 이상한 건 팀장이 내 전화를 안 받는다.
 항상 전화로 지시받는 그가 내 전화를 무시한 건 처음이다.

 여러 경황으로 봤을 때 난 어제 일을 기억해야 했다.
 내가 안전과 팀장과 대화한 내용이 어떤 방식이든 월드건영에 전달된 것이다.
 내용에는 부실한 안전 대책도 포함되었다고 본다.
 그리고 안전 팀장은 경찰과 같이 정확하지 않아도 어떤 일이 든 건수를 올리려 했을 것이다.
 좀 지나 봐야 자세히 알겠지만 감각 하나로 살아온 내 느낌은 무시할 수 없다.
 그들은 또 다른 불이익을 당하지 않으려고 나에게 제재를 가하는 중이다.
 유도원을 하던 내가 일이 힘들면 그만두지 않을까 하면서 말이다.

하지만 그들의 오산으로 타 현장에서 힘든 자재 정리까지 했던 나는 모처럼 몸을 신나게 풀었다.

식사도 집에서 싸 온 샌드위치로 때우면서 말이다.

결국 팀장은 전화를 받았고 나는 옥상으로 올라간다.

생각보다 비가 많이 왔는지 옥상은 물바다가 되어 형틀 작업에 지장이 있었다.

우리는 열심히 물을 리어카에 퍼 날라 버렸으나 잠시 후 팀장이 사라졌다.

그 대신 김 반장이 멀리서 혼자 일하는 나를 보고 있다.

그는 마치 내가 일 안 하고 놀면 지적하려는 것처럼 말이다.

하지만 나는 열심히 운동하는 것처럼 물 퍼내는 일을 했고 그 결과도 확실히 보여 주었다.

일을 마칠 무렵 팀장이 돌아올 때까지 말이다.

난 오늘 일이 상상 속의 소설 같은 이야기였으면 한다.

그냥 공교롭게도 일이 이상하게 꼬인 것뿐이다.

바람 부는 새벽 비 때문에 하나 더 입은 옷이 땀으로 다 젖은 것처럼 말이다.

하지만 다시 해가 떴고 젖은 옷도 말라 무사히 퇴근할 수 있었다.

그럼에도 상상이 사실이라면 모자란 내 사회성을 다시 생각해 봐야 한다.

안전을 무시한 노가다 근성을 직접 말해 개인적 불이익을 당하는 내 멍청함을 말이다.

그리고 그런 내용을 고발할 수 있는 제도를 만든 삼성이 갑자기 대단해 보인다.

내가 퇴출된다면 어떤 대안을 제시할지 궁금하지만 말이다.

29. 4월 25일 목요일 맑음. 작업 26일 차

오늘은 내가 유도원 일을 하는지 7명으로 일을 시작한다.

하지만 미리 지시받지 않은 나는 언제나처럼 작업복에 안전벨트를 착용하고 대기한다.

어제 무리를 했기에 좀 편하길 원하면서도 아직 건강한 몸이 자랑스럽다.

몸이 가벼운 이유는 식사를 간단히 했기 때문이 아닌가 한다.

이틀 전부터 현장 식당을 배제하고 내가 만든 샌드위치와 바나나만 먹었다.

역시 당뇨에는 쌀밥을 적게 먹는 게 최상의 대처이다.

자기 전 먹는 라면도 가급적 삼가야 하고 차라리 버터 바른 크래커나 과일 등을 먹어야 한다.

복장 등 모든 준비를 끝냈으나 점호까지 30분 이상 남았다.

하늘은 구름이 심상치 않으나 아직 비는 오지 않는다.

어찌 보면 안개 같기도 하니 인천 앞바다의 날씨는 예측하기 참 힘들다.

그 안개를 뚫고 민노총 가입 권유 연설이 들린다.

소리가 울려 내용을 알 수 없고 시끄럽기만 한데 간혹 유상 휴일이 거론된다.
5월은 어린이날, 석가탄신일 등 노는 날이 많다면서 말이다.
하지만 이곳 노동자의 대부분은 관심을 보이지 않았다.
나 같은 노가다 일용 잡부는 파리 목숨이라 대상이 아니고 회사에 소속된 기술자는 제대로 예우를 받는 모양이다.
내가 알 수 있는 건 하나도 없지만 느낌이 그렇다.

오늘 일은 예상대로 옥상 물 빼기 작업으로 시작한다.
인원은 모두 4명이나 내 일의 시작은 송풍기용 가솔린을 가져오는 것이다.
별도로 가솔린만 운반할 수 없게 되어 있으나 불법을 자행한다.
난 누가 볼까 자루에 연료통을 넣은 뒤 다른 물건으로 위장하여 운반했다.
하지만 연료를 주입한 김 반장은 통을 그대로 노출시킨다.
요즘 그는 나만 보면 항상 화를 내는데 이유 모를 콤플렉스가 내게 있는 듯하다.
어쩌면 그를 도울 때 한 행동이 화를 증폭시켰는지도 모른다.
파이프를 잡고 옮기는데 "요기로요."라고 한 것을 그게 어디냐고 그에게 핀잔준 것이다.
다시 한 그의 대답은 오른쪽이니 '요기요'는 틀린 게 확실하다.

현장에서 만난 사람 중에 말을 잘하는 사람은 거의 없다.
내가 많은 사람과 친한 건 아니지만 그래도 수십 명은 만났으니 어느 정도는 맞을 것이다. 일부만 제외하고 말이다.
  호텔 프런트에 근무한 박 후배나 최근 친해진 이 후배가 그러하다.
  박 후배는 내 말에 정확한 반론을 제기할 정도이고 이 후배는 모든 표현에 능수능란한데 교회를 다녀서 그런지도 모른다.
  그 외는 건설회사 다니다 경험 쌓으러 왔던 젊은 친구 규상이가 있다.
  한때 그와 대화하는 걸 좋아했었는데 요즘 잘 지내는지 모르겠다.

  말에 관하여 요즘 현장에서 흔해진 반말이 흥미롭다.
  개나 소나 다 반말지거리로 품격(?)은커녕 모두 양아치 집단처럼 보인다.
  노가다는 직접적인 상하 관계만 지시를 위한 반말이 가능하나 이조차 조심하고 나머지는 친근감의 정도에 따를 것이다.
  하지만 정서가 불안정한 사람에게 육체적 피로가 쌓이면 반말은 위험할 수도 있다.
  노가다가 무식한 집단이라 표현되는 건 거친 행동보다는 함부로 하는 말이 우선이다.
  재미있는 건 유도원 여자들도 남자들과 함께 상스럽게 반말을 하는데 그녀들은 당당해 보인다고 착각을 한다.
  내 눈길을 끈 건 정규 기술인, 아마 과장쯤 돼 보이는 여성의 현명함이다.
  그녀는 아랫사람에게 존대를 하나 그녀를 대하는 남자 부하 직원들은 진정으로 존중을 표하니 반말은 결코 인격을 만들지 않는다.

  오후 일은 이 후배와 목공 팀 자재 정리를 지원하였다.

일은 무난했으나 목공반장이 점심때 자리를 마주했기에 내 도시락에 대해 물어보다 배우자에 대한 이야기가 나왔다.

난 자세한 내용은 말할 수 없어 필리핀에 아내가 있다는 정도만 밝힌다.

그런데 반장은 자신도 같은 처지라며 뜬금없이 아내에게 함부로 돈 보내지 말라고 한다.

정확히는 모르나 피해를 입었던 게 아닌가 추측된다.

하지만 역시 의미 없이 표현이 충분치 않은 말이 문제이다.

그나마 다행인 것은 대화가 그 상태로 단절되어 쓸데없는 말을 줄일 수 있었다.

말이 많으면 온갖 쓰레기 같은 마음이 다 튀어나온다.

돌아오는 길에 명찬이와 메시지 교환을 했다.

보고 싶고 할 말도 많지만 내일 만남이 힘들어 다음 주를 기약했다.

다행인 것은 굳이 하루를 쉬지 않아도 되게끔 일한 후 저녁에 만날 것이다.

문제 된 병원은 근무 끝나고 서두르면 되니 내일은 꼭 가련다.

날짜를 체크하려 달력을 보니 5월은 정말 쉬는 날이 많다.

가끔 유도원 근무를 하고 휴일 반나절 일하면 무난히 보낼 따뜻한 5월이다.

시간도 많으니 두 번째 출판할 책을 준비하련다.

제3장 생각보다 바쁘게 돌아가는 유도원 일

30. 4월 26일 금요일 맑음. 작업 27일 차

새벽 1시 가슴이 답답하여 일어났다.

며칠 전부터 시작된 천식 때문인데 원인을 모르겠다.

먼지, 꽃가루 등 여러 가지 이유가 있으나 이번에 바꾼 새 담배하고도 연관이 있을지도 모른다.

니코틴 함량이 적어 전보다 더 자주 피우기 때문이다.

심하지는 않으나 숙면을 취하지 못해 노동으로 인한 피로가 풀리지 않는다.

이틀 연속 힘든 일을 한 여파로 온몸이 무거운데 말이다.

간신히 사무실에 출근하니 일 나갈 사람이 부족하다.

걱정하는 중 팀장은 6명을 데리고 나오라 전화로 지시한다.

지금 있는 인원은 3명뿐이나 다행히도 바로 김 철이 도착했다.

이 후배는 통화가 안 되고 결근이 전혀 없던 김 씨도 몸이 안 좋아 쉰단다.

2명이 부족한데 팀장이 사무실에서 간신히 인원을 채웠다.

하지만 나는 이 일을 나에게 맡긴 이유를 모르겠다.

사무실에서 출력 인원을 고르는 건 대단한 권한이지만 그에 따른 책임도 따르기 때문이다.

출력 인원 7명은 내가 유도원 일을 함을 의미한다.
오늘 콘크리트 타설이 있으니 당연한 추론이나 조회 시간에 아무도 나를 거론하지 않는다.
나는 팀장과 일행 2명을 더하여 타설 전 벽체 보양과 청소를 맡았다.
하지만 바로 동쪽 면의 화기 담당으로 오라는 지시를 받는다.
유도원복으로 갈아입고 소화기 두 개를 들고 갔으나 아무도 보이지 않아 기다려야 했다.
작업은 거의 다 된 3층 철판 거푸집의 용접 마무리였다.
일을 마치고 팀장에게 전화하니 교육장으로 오란다.
일하다 간 교육장은 나를 포함해 대부분이 졸지만 팀장은 고개를 세우고 의지를 보인다.
오전은 이렇게 흘러갔고 오후는 야적장에서 자재 정리를 한다.
팀장과 나는 자재 정리 전문이지만 다른 이들도 그들 나름 열심히 일한다.
확실히 직영반장의 지시를 받는 것보다 우리 스스로 하는 게 능률적일 수도 있다.
이는 출력을 통제하는 팀장의 권한 때문인데 월드건영은 가급적 직영반장들이 우리를 관리하도록 한다.
서로 장단점이 있어 현장마다 운영의 차이가 있을 뿐이다.
내가 관리한다면 안정적인 직영반장 체재를 선택한다.

일하면서 약간의 해프닝이 있었다.

팀장이 Skill이 필요하다며 가져오라 했는데 내가 못 알아들었다.

Skill은 서큘러쏘, 즉 원형 톱을 말하는 것으로 전기선 연결과 배터리로 하는 두 가지가 있다.

설명을 하고 창고로 갔으나 황 반장은 위험하다며 사용 허락을 안 한다.

내가 우리 팀장은 못 다루는 기계가 없고 나도 그 정도는 다룬다 하니 그때서야 허락하며 직접 장비를 챙겨 준다.

확실히 그들은 우리 용역 출신을 모든 면에서 한 수 아래로 보는 게 틀림없다.

나보고 유도원 시험에 붙으려면 10번을 봐야 할 것이라며 무시했듯이 말이다.

다시 말하지만 잡부는 별사람이 다 모여 있는 외인부대나 다름없어 학벌이나 경력이 직영반장들보다 높은 사람이 적지 않다.

대부분은 저학력에 인성도 그들보다 못하지만 말이다.

일을 마치고 돌아오는 길에 병원을 들러야 한다.

하지만 사무실에 같이 안 들어가면 별도로 돈을 받아야 하고 병원 일이 늦어진다면 7시까지인 사무실이 닫을 수도 있다.

결국 나는 최대한 빨리 움직이기로 했다.

돈 받은 후 샤워하고 옷 갈아입은 후 서둘러 병원으로 향한 것이다.

가는 길은 번화가를 지나야 하는데 금요일이라 사람이 넘쳐나 계속 지체된다.

병원 접수 마감 시간 5시 40분에 정확히 도착해 진료를 마친다.

평일에 시간을 못 내는 노가다는 병원이나 관공서, 은행 등의 일반 업무 보기가 힘들다.

그래서 나온 김에 가까운 곳에 있는 스마트폰 개통 매장도 방문했다.

이미 6시가 넘어 본사가 전화를 안 받기에 자세한 사항은 체크 못 하고 화요일 재방문을 예약했다.

다음 주 화요일은 근처에서 내려 업무 보고 사무실로 가련다.

한 달 전화 요금 17만 원은 결코 작은 돈이 아니다.

31. 4월 27일 토요일 맑음. 작업 28일 차

어제 병원에 다녀왔으나 새벽 천식은 계속되었다.

내가 원한 대로 벤토린을 처방했으면 간단한데 의사는 제대로 치료하고자 한다.

그는 자신의 치료 후 좋아져 가는 내 몸에 강한 자부심을 보인다.

그래서인지 의사는 오랜만에 금연에 관해서 말했다.

몸에 안 좋은 병 다 가지고 있으면서 담배까지 핀다고 말이다.

이는 진정으로 내 건강을 생각하는 충고로 필규나 명찬이도 마찬가지이다.

사실 나도 담배를 이길 자신이 없어 말보로 골드에서 보다 약한 던힐 파인컷으로 그리고 지금은 0.01mg 울트라 파인컷을 핀다.

결국 나는 장기적인 계획을 가지고 담배를 끊으려는 것이다.

하지만 금연은 할 일이 많아진다는 전제하일 뿐 책이 안 팔리고 돈도 못 번다면 습도 높은 발리에서 그냥 담배를 즐기며 살란다.

천 원짜리 한 갑에 10개비 들은 니코틴 5㎎짜리 로컬 말보로를 피면서 말이다.

하도 독해 하루에 5개비도 못 피는 강한 담배이다.

오늘 일은 스카이 유도원이나 기다리다 시간이 다 간다.

대상인 MS동 동측은 스카이를 놓을 자리가 없어 WWT동으로 옮겼으나 작업 허가서를 기다려야 했다.

답답하고 비능률적인 것 같지만 삼성만이 할 수 있는 안전제일의 원칙에 나는 100% 찬동한다.

사실 난 오래전 삼성이 내 파트너였으면 했다.

12년 전 《주간조선》에 내 기사가 소개된 후 카페베네에서 만나자고 했지만 그들 커피가 맛없다는 이유로 거절했고 삼성을 기다렸다.

그 당시 삼성 계열에서 '아티제'라는 커피 전문점 사업을 벌이던 참이고 어머니 지인이 그들과 나를 연결시키려 하던 중이었다.

하지만 고 이 건희 회장이 삼성은 먹거리 장사 안 한다고 한 후 병원으로 들어가 버렸기에 내 계획은 틀어졌다.

아쉽지만 내가 커피를 마스터하기 전인 옛날이야기이다.

옛 생각을 할 정도로 스카이 일은 단순했다.

WWT, 즉 오수처리장 3층 바닥의 거푸집 보강으로 목수 두 명이 스카이를 타고 600㎜ 유로폼으로 작업한다.

일단 높지 않아 목이 아프지 않았고 신선한 바람까지 분다.

어찌나 편한지 오늘 이날을 위해 유도원 시험에 붙은 것처럼 느껴졌다.

힘쓸 일도 없어 점심을 라면 하나로 때워도 전혀 걱정되지 않고 오히려 현장 주변을 돌아보는 여유도 생겼다.

내 옆에는 크레인이 있고 작은 여 유도원이 메가폰을 들고 사람들의 통행을 제한한다.

이상하게 들릴지 모르지만 난 제복 입은 그녀들이 매력적으로 보인다.

작업화에 붉은색 조끼 그리고 머리에 햇볕을 막기 위해 천을 두른 하이바를 쓴 그녀들 말이다.

그렇다고 성적인 것은 아니고 함께 막걸리나 마시며 대화하고 싶은 정도이다.

사람에 따라 섹시할 수도 있겠지만 내 관심 분야는 아니다.

매력적인 현장 여성을 묘사하자마자 내가 차별당한다.

직영 김 반장은 스카이가 1시부터 작업이라며 그 사이 나보고 팀장과 함께 8층의 철거 쓰레기를 치우란다.

리프트가 작동 안 되는 지금 시간은 15층 높이의 8층을 걸어 올라가야 한다.

단체로 담배 한 대 피고 일 준비하면 30분이 소요되고 1시까지 스카이로 돌아가야 하기에 옷도 갈아입어야 한다.

난 김 반장이 어떤 의미로 지시를 내린 건지 이해가 안 간다.

정말 급한 게 아니라면 참으로 악의적인 생각이다.

참고로 여자 유도원의 경우 1시까지 그냥 대기 상태로 있다.

그녀들이 쉬는 걸 뭐라는 게 아니라 맡은 한 가지 일에 충실하자는 거다.

불편한 지시는 목공 서 반장이 나타나면서 해프닝으로 끝났다.

스카이 작업이 12시에 시작하기 때문인데 무리해서 지시했던 김 반장은 머쓱해졌다.

내가 김 반장이라면 어떤 지시를 내렸을까 생각해 본다.

비슷했을까? 아니다. 경우에 따라 다르지만 전혀 능률 안 오르고 당하는 사람은 노예 취급 받는 기분이라 속만 상한다.

차라리 '좀 쉬고 일할 때 열심히 하세요'가 훨씬 낫다.

다시 스카이 위치로 돌아온 나는 공상의 나래를 편다.

오늘 날씨가 너무 좋고 내일도 마찬가지일 것이다.

오랜만에 나들이라도 하고 싶지만 특히 갈 곳이 없고 만날 사람도 없다.

어쩌면 떨어져 가는 커피를 새로 볶아야 할지도 모른다.

좁은 방 안이라 창문을 열어도 냄새, 아니 향기가 2~3일은 가지만 말이다.

커피 전문가도 지겨울 정도의 강한 향기는 뭘 의미할까?

이건 분명 팔리지도 않은 커피 자랑이 틀림없다.

일 끝나고 후배 이 ○학과 막걸리를 한잔했다.

자세한 이야기를 쓰지 않는 이유는 그와 나 사이에 장벽이 있기 때문이다.

살아온 모습이 서로 너무 달라 많은 시간이 필요할지, 아니면 거리가 계속 유지될지도 모른다.

노가다 판에서 만난 사람들 대부분이 이러하다.

어쨌든 토요일 하루를 무사히 마친다.

32. 4월 28일 일요일 맑음. 열외 4

휴식과 글쓰기 그리고 로스팅을 한 하루이다.
내가 연금이나 집이라도 한 채 있다면 가장 이상적인 노후의 모습이다.
하지만 이 나이에 살기 위해 노가다 일을 하니 일단은 비극이다.
의외로 책이 잘 팔려 커피 파는 데 도움이 된다면 결론으로 희극이 될 수도 있지만 말이다.
비극과 희극이 공존하는 인생은 사실 내가 원한 것이다.
인생은 결말을 모르는 연극과 같고 나는 대하드라마의 주인공처럼 지금까지 살아왔다.
그리고 장기 공연으로 피곤하지만 해피 엔딩을 향해 달려간다.
연극이 끝나면 무대 뒤로 사라지겠지만 말이다.

글을 쓰다 샤워 후 거울을 보니 내가 많이 늙었다.
쇄골이 부러졌던 왼쪽 어깨는 굽어 있고 글 쓴다고 혹사당하는 눈은 부어 있다.
허리와 다리는 뻣뻣하며 발은 변형되었고 말이다.
그나마 다행인 건 쓸데없는 지방이 많이 사라져 몸이 가벼운 것이다.
근육도 같이 사라져 아쉽지만 늙은이의 숙명이다.
난 요즘도 지나가는 사람, 특히 여성의 엉덩이를 보며 건강을 체크한다.
아무리 얼굴을 고치고 화장을 해도 엉덩이가 말랐으면 늙은 것이다.
남자도 거울 속에 보이는 축 처진 내 엉덩이 같다면 더 이상 새로운 계획은 포기해야 한다.

내 사례이니 남과 직접 비교가 안 될지도 모른다.

난 어느 정도 자리 잡으면 수영을 하고 싶다.

어려서부터 좋아했고 얼마 전까지도 했던 수영은 노화를 막아 준다.

혈액 순환만 계속 시켜도 신이 부여한 천명을 누릴 수 있으니 따뜻한 남쪽 나라에서 수영하며 산다면 금상첨화이다.

그런 기대와 함께 오늘은 시간을 재면서 커피를 볶았다.

비록 한 번이지만 먼젓번과는 다르게 좀 더 강하게 볶았으니 새로운 맛을 기대한다.

지난번 로스팅이 약하다는 건 아니고 내가 좋아하는 타입은 신맛 없이 진하고 고소한 풀 시티 레벨이다.

다시 정리하는 내 일기는 읽을 만하다.

호불호야 있겠지만 다행히도 소재가 끊이지 않고 느낌도 새롭다.

난 내 노가다 일기의 시리즈를 조심스레 구상해 본다.

하지만 계속 일하려면 나를 숨겨야 하는데 이름 적힌 하이바를 쓰는 현장에서 가능할지는 모르겠다.

저자는 예명인 '아담 유'를 쓰면 되지만 책을 읽은 누군가는 분명 눈치챌 것이다.

일단 책이 어느 정도는 팔려야 하니 나중에 생각하자.

2부가 나오기 전 《커피 헌터 다이어리》 출판도 고려하는데 이 일기가 끝나려면 별일 없어도 두 달 반이나 걸리기 때문이다.

당장 생활비 버는 게 우선인데 계획은 이렇게 앞서 나간다.

어쨌든 오랜만에 한가한 휴일이다.

날씨가 좋아 모처럼 산책을 나가려다 방구석에 처박힌다.

사실 의자에 장기간 앉아 있어 온몸이 무겁고 피곤하기 때문이다.

수요일인 5월 1일은 명찬이를 만나러 서울로 나가니 그때를 기다린다.

함께 먹을 피자도 그립지만 내가 좋아하는 친구와의 만남은 그 이상이다.

그가 혼자 걸은 지리산 둘레길에서 무슨 일이 있었을까 궁금하기도 하고 말이다.

기쁜 생각으로 글을 마무리하니 벌써 출근 시간이 다가온다.

난 서둘러 샤워하고 현장에서 먹을 샌드위치를 만든다.

33. 4월 29일 월요일 맑음. 작업 29일 차

고정으로 나오던 사람들이 안 나오기 시작한다.

모두 사정이 있겠지만 돈 아쉬운 것 없는 그들이 한편으론 부럽다.

목표인 월 250만 원 저축도 힘든 나는 하루도 쉴 수 없다.

한 달 수입 이상인 출판 비용 330만 원도 큰 부담이 되고 말이다.

책이 잘 팔린다면, 그래서 내 커피가 소개된다면 아무 문제 없지만 출판의 성공 여부는 아무도 모른다고 했다.

오늘 일은 EV 코아 인방 Cutting의 안전 관리이다.

두께 30㎝나 되는 PC옹벽을 2m 정도 잘라 내기에 안전을 위해 주변을 통제하는 것이다.

하지만 업자를 소개하는 황 반장의 말이 좀 이상하다.

물도 떠다 주고 해야 한다는데 뭘 더 해야 하는 것인가?

유도원이라 불리기도 하는 안전 관리원은 공사 전에는 작업을 도울 수 있지만 일이 시작되면 본연의 업무로 돌아가야 한다.

그리고 이 일은 직영 박 반장이 하던 일이나 오늘 그는 WWT동으로 갔다.

난 지금까지 그가 해 준 불필요한 서비스와 본연의 내 업무 사이에서 고민하게 된다.

내가 이 일을 그만둘 수도 있다는 생각을 하면서 말이다.

극단적인 생각을 한 이유는 커팅하러 온 업자가 내게 무리한 지시를 하기 때문이다.

난 유도원의 업무에 대해 말해 줬지만 그는 정말 안하무인이다.

그래 봐야 잡부 출신 아니냐 하는 생각은 변함이 없다.

싸우기 싫은 나는 점심시간을 이용해 그의 일을 도왔고 남이 보지 않아 가능했다.

일하는 거야 아무것도 아니기에 가급적 조용히 넘어가려는 것이다.

하지만 그는 안전 요원의 지시를 거부했다.

EV 코아는 파이프 난간이 설치되어 있고 그 아래는 30m가 넘는다.

일이 끝나 파이프 너머에 있는 서포트를 회수하는데 그는 아무런 안전 장비도 없었다.

규정에 의하면 난간 1m 이내 접근 시는 안전 고리를 걸게 되어 있다.

그에게 지시했으나 거부당한 안전 요원이 다시 나타났는데 안전 팀장(?)을 데려온 것이다.

그때 업자는 내가 지게차 운영을 안 도와준다고 소리쳤다.

"하지 마세요." 결과는 내 뒤에서 나왔다.

새로 온 안전 요원이 유도원은 아무것도 하면 안 된다며 규정을 말한다.

그리고 지게차에 붙어 있는 황 반장 사진과 업자의 얼굴을 대조하더니 허가증을 떼어 운행 정지를 시켜 버렸다.

모든 게 정당하지만 난 이로 인한 불이익을 걱정한다.

사실 수많은 허점이 존재하는 현장이지만 나 같은 일당쟁이는 제대로 보고할 수 없다.

현장 거래는 이권이 얽혀 있고 누군가에게 불이익이 된다면 나는 퇴출이 가능하다.

내가 바라는 건 일단 유도원으로 채용된 사람은 신변을 보장해야 한다.

물론 건수를 잡거나 일을 힘들게 하여 퇴출시킬 수는 있지만 어떤 경우든 당사자의 동의가 필요하다.

복잡한 건설 현장의 하청 구조에서 가능할지는 모르겠다.

다행히 보고를 들은 황 반장은 "그래요?" 하고 넘어가 준다.

유도원 일을 마치고 옥상 자재 정리를 지원한다.

일한 시간은 30분 남짓이라 몸풀기에는 부족했지만 땀은 적당히 났다.

사무실에서 일당 받고 이 후배와 한잔하니 김 철도 나왔다.

반가운 두 사람과 함께이나 대화 주제가 노가다일 뿐이다.

어쩌겠는가. 그들은 노가다고 나도 현재 이 직업에 몸담고 있으니 불평할 수 없다.

쓸쓸한 마음으로 돌아와 카톡을 보니 유도원 근황이 보인다.

오늘 레미콘 타설이 늦어 여러 명이 9시경에나 퇴근한 것이다.

연장 근무이나 어쨌든 힘들지 않은 유도원 일로 하루 30만 원을 넘게 번 것이다.

힘들지 않은 것은 여러 사람이 함께 하기 때문인데 내가 태영에서 신호수 할 때는 교대자가 없어 화장실도 갈 수 없었다.

하지만 여기는 삼성 현장이라 그렇게 무식하게 일 시키지는 않는다.

정확한 건 그들이 내일 출근하는지 보면 안다.

힘들게 9시까지 하면 정말 출근하는 것이 불가능하다.

34. 4월 30일 화요일 흐림. 작업 30일 차

모처럼 내가 원하는 대로 출력 인원이 구성되었다.

대부분 4시 40분도 안 되어 나왔고 조금 늦은 이 후배도 전화로 확인되었다.

난 동생들에게 기회를 주었고 그 보답도 받으려 한다.

어떤 형식이 될지는 모르나 책이 팔리기 시작하면 손이 필요하고 믿을 수도 있어야 한다.

그리고 노가다까지 할 정도면 뭐든 할 수 있다고 생각한다.

술을 너무 마셔 망가지지 않았다면 말이다.

오늘 일은 가장 편한 WWT동 스카이 유도원이다.

하지만 아무리 기다려도 스카이가 오지 않아 갑자기 지게차 유도원이 되었다.

스카이 작업 전 형틀용 자재를 옮기는 것이다.

유로폼과 파이프 등을 4회나 왕복했으니 거리가 상당했고 발에 통증을 느낄 때쯤 간신히 끝났다.

이후 스카이는 왔으나 이미 점심시간이 다 되어 WWT동 작업은 오후로 변경되었다.

요즘 식사는 내가 싸 간 샌드위치를 먹는다.

아침과 점심 모두이니 두 끼 식대 1만 2,100원으로 다른 물품을 구입한다.

참치 통조림과 크래커가 대부분이나 가끔 단맛 나는 과자도 산다.

이를 비닐 봉투에 넣어 점심 모임에 참석하니 황 반장이 지적한다.

현장에서는 음식을 못 먹기 때문인데 그냥 가져가는 건 문제없고 이번이 처음도 아니다.

직영반장들이 지적하는 건 본사 지시도 있지만 용역을 부리려는 습관이 우선한다.

약점을 잡아 기를 꺾어 말 잘 듣게 하려는 것이다.

별로 좋지 않아 보이나 한국은 어디서나 이런 방법이 만연되어 있다.

우리는 보통 이를 길들이기라 한다.

오후는 원래대로 WWT동 스카이 유도원으로 일한다.

하지만 2시가 넘어 야적장으로 차출되었다.

지게차 유도인 줄 알고 갔으나 쓰레기처럼 싸인 자재 정리가 일이다.

나 외 다른 남자 유도원들도 왔으니 갑자기 생긴 일이다.

열심히 일을 마치니 안전과 요원이 와서 유류 보관실 앞의 사진을 찍어 간다.

위험 물질 보관실 앞이 너무 복잡해 위험에 대처할 수 없었기에 치운 것이다.

다 좋은데 내 유도원복과 장갑은 걸레처럼 되어 버렸다.

난 직영 정 반장에게 옷을 갈아입을 수 있도록 미리 말할 것을 요구했다.

작업복과 유도복은 장갑부터 다르기 때문이다.

퇴근을 하니 사무실에서 근로자의 날 회식비를 준다.

나눠 갖지 말고 함께 식사하라는데 김 씨가 말도 없이 먼저 갔다.

팀장은 한 사람이라도 빠지면 안 된다며 돈을 나눠 주고 나머지는 커피믹스를 사기로 했다.

난 좋은 아이디어라 동의하면서 김 씨를 걱정했다.

말투에 문제가 있을 뿐 열심히 일하는 그는 어쩌면 너무 혹사당하고 있다.

내가 야적장에 갔을 때도 그는 그라인더로 철판을 자르고 있었다.

그리 어려운 일 아닌 것 같아도 위험하고 몸에 해로운 연기도 나기에 하루 종일 하면 견디기 힘들다.

어쩌면 오늘 그가 먼저 간 이유일지도 모른다.

모두 헤어지자 팀장 차를 타고 부평역으로 갔다.

엄청난 요금이 나오는 스마트폰을 교체하기 위해서이다.

한 달 요금이 십만 원 이상 나오니 어떤 조건이든 지금보다는 나을 것이다.

하지만 신청만 했을 뿐 시간이 이미 늦어 이틀 후 다시 오기로 했다.

난 집에 돌아와 출판사에서 보낸 교정본을 검토한다.

교정자는 생각보다 내 글을 꼼꼼히 읽었다.

다는 아니지만 표현이 어색한 부분을 찾을 정도니 말이다.

원래 어려운 내용이 아니니 무난하게 출판될 것 같다.

하지만 칸 바꾸며 쓰는 내 글은 쓸데없이 페이지가 늘어나고 시각적으로도 좋지 않아 이어 쓰기와 혼용하기로 했다.

내용에 따라 적절히 구성해야 하니 전체 글을 다시 읽는다.

그리고 이 행동은 내 글에 대한 새로운 느낌을 주었다.

노가다나 커피에 관한 내용이 생각보다 그다지 재미가 없다는 것이다.

스토리를 구성한 것도 아닌 그냥 일기이기 때문이다.

요즘 같은 시대에 누가 이런 평범한 글을 읽을까 궁금하다.

어쩌면 나는 65세 넘어서도 노가다 일을 계속할지도 모른다.

건강 검진을 모두 통과했고 유도원이기도 한 삼성로지스틱스 6단지 현장에서 말이다.

35. 5월 1일 수요일 맑음. 열외 5

새벽에 일어나 어제 하던 원고 교정을 계속한다.

보면 볼수록 내용이 너무 단순해 실망과 허무가 다시 한 번에 몰려온다.

이런 글이 책으로 잘 팔릴 것이란 기대는 어디서 나온 걸까?

난 분명 내가 만든 동화 속에서 놀고 있었다.

오늘은 친구들을 만나지만 이런 이야기는 꺼낼 수도 없다.

시간이 되어 약속 장소인 을지로3가로 나간다.

내가 일찍 도착했지만 명찬이와 필규는 이미 식당 안에 와 있었다.

유명하다고 하나 별다른 특징도 맛도 없는 그냥 우동집으로 일본간장에 생면을 넣고 한국 오뎅으로 마무리한 짝퉁이다.

원래 먹으려 했던 '타코'집이 손님이 많아 오래 기다려야 하기 때문인데 할 수 없이 나는 메밀국수를 먹었다.

약속대로 계산은 내가 했고 우리는 모처럼 명동 거리를 걷는다.

기분은 십 대이나 누가 봐도 우리는 할아버지 집단이다.

그나마 다행인 건 술 마시고 거리에서 목소리 올리지 않는다는 것이다.

난 요즘 지하철에서 술 냄새 나는 사람 옆에 앉기도 싫다.

늙으면 모든 걸 조심해야 하는데 오히려 남 눈치를 전혀 보지 않는다.

하지만 우리는 쥐 죽은 듯 거리를 활보했으니 누구에게도 욕을 먹지 않았다.

마지막에 본 길거리의 러시아 미녀에게 감탄한 걸 빼놓고 말이다.

그녀가 러시아에서 온 건지 확실히는 모르지만 외국 생활 많이 한 명찬과 나는 이구동성이었다.

식욕을 느낄 만큼 시간이 지나 타코를 먹기로 했다.

원래의 목적이었고 또한 유명하다는 그 맛이 궁금하기도 했다.

내가 오래전 보라카이에서 먹은 맛있던 타코를 기억하면서 말이다.

하지만 이번에 먹은 타코는 고기에 마요네즈와 치즈가 섞인 맛으로 내 기대와 많이 어긋났다.

물론 타코는 여러 종류가 있으니 선택의 문제일 수도 있다.

나의 솔직한 발언에 명찬은 화가 났는지 남다른 내 입맛을 탓한다.

입맛이라? 그렇다. 난 맛에 관해 까다롭다.

하지만 어떤 음식이든 고유의 맛이 있고 나는 그걸 충분히 즐길 수 있다.

밍밍한 냉면이나 느끼한 타코도 마찬가지지만 맛에 대한 평가는 다르다.

그보다 난 두 음식의 고객이 모두 젊은 사람들인 걸 주의한다.

스스로의 입맛보다는 남의 평판이 더 중요한 요즘 SNS 세대들 말이다.

이렇게 어이없는 문화 속에서 난 커피를 팔아야 한다.

음식의 맛을 떠나 친구와의 만남은 항상 즐겁다.

그 즐거움 중에 내가 왜 일기 속 배경 중 하나인 월드건영을 거론했는지 모르겠다.

일기의 특성상 그리 좋은 내용만도 아닌데 말이다.

내 이야기를 들은 필규가 〈더 리더: 책 읽어주는 남자〉라는 영화를 말한다.

나치에 협력하던 한 여인이 유태인의 책 속에 등장해 사회적으로 고

발당한 내용이다.

그런 상황이 그 당시 보편적이었음에도 불구하고 노출이 됐다는 이유로 말이다.

필규는 내가 두 가지 일을 한다고 쓴 일기 때문에 월드건영이 불이익을 당할 수도 있다는 것을 암시한 것이다.

하지만 그들이 인건비를 줄이려 남자 유도원에게 투잡을 시킨 건 당연하다.

현장 소장은 안전과 공기 그리고 공사비를 신경 써야 하고 황 반장은 자신의 업무에 충실했을 뿐이다.

그리고 삼성이 아닌 다른 현장은 외국인을 썼을 것이다.

투잡이라도 내가 고생했던 이전 현장에 비하면 너무 편해 불평은 사치이다.

사치를 부릴 수 있는 지금이 좋다는 말이다.

어쨌든 좋다. 책이 잘 팔려서 생기는 문제라면 말이다.

하지만 나와 반대로 두 친구는 오픈된 책이 가져올 효과를 말하고 있다.

매스컴의 도움으로 유명해졌다는 내용에 영화감독 홍 상수가 화를 낼 수도 있다며 말이다.

기회가 필요한 두 친구를 말하는데 염 상섭처럼 발가락 타령을 할까?

그가 자기 외의 상황에 관심이나 가졌으면 좋겠다.

친구들과 마지막 대화는 2차 출판에 대한 부분이다.

지금 교정 중인 《커피 헌터의 노가다 다이어리》가 6월 초면 출판되고 현재 쓰는 2부는 7월 초나 되어야 원고가 끝나기에 9월이나 출판될 것이다.

난 3개월이란 기간이 길어 중간에 《커피 헌터 다이어리》를 생각했다.

둘 다 커피 헌터로 시작하니 시너지 효과가 있고 내 본래 의도인 커피를 소개할 수도 있기 때문이다.

하지만 두 친구는 일단 책이 출판된 후를 보자며 만류한다.

난 어찌해야 할지 잘 몰라 일단 덮어 두기로 했다.

36. 5월 2일 목요일 맑음. 작업 31일 차

오랜만에 이 ○학이 나와 출력에 포함시켰다.

인원도 부족하지만 그간 그의 행적이 궁금하기 때문이다.

그는 사포질만 하는 공장에 다녔다는데 사실 확인은 어렵다.

하찮은 내용을 굳이 따질 필요도 없고 말이다.

오늘 일은 다시 편안한 형틀 작업 스카이 유도원이다.

하지만 피곤한지 갑자기 졸음이 쏟아진다.

잠 못 자고 현장에 나오면 차라리 육체적 노동이 뇌 기능을 활성화시켜 주니 가만히 있는 유도원이 항상 좋은 건 아니다.

잠을 깨기 위해 난 지나가는 여자들을 쳐다본다.

이제는 그녀들의 건강한 엉덩이가 아니라 씩씩하게 현장에서 일하는 모습이다.

현장 여성은 유도원뿐 아니라 청색 안전모를 쓴 관리자도 상당하고 직접 일하는 사람도 꽤 보인다.

그중 내가 좋아하는 한 여성이 있는데 캐릭터가 독특하다.

먼젓번에도 말했지만 작은 체구에도 당당하고 발걸음도 씩씩한데 마음에 드는 건 그녀의 표정이다.

차가운 듯, 하지만 미소를 잃지 않은 얼굴은 매력적이기까지 하다.

난 리프트 안에서 그녀가 남자 직원들의 존경을 받는 모습을 가까이서 본 적 있는데 내가 생각한 강함이 묻어 나온다.

물론 다른 여성들도 열심히 하겠지만 자세히 본 경우는 드물다.

일한 내용으로만 보면 우리 팀 여성 유도원들도 비슷하다.

연장 근무로 밤늦게까지 일하고 다음 날 다시 출근하니 대단해 보이나 내막은 자세히 모른다.

어쨌든 술 마시고 결근하는 남자보다 확실히 현실적이다.

그래도 다행인 것은 동생 김 철이 더 이상 술 안 마시고 일 열심히 나오는 것이다.

다른 동생인 이 후배는 금전적으로 여유가 있어 안 나온다기에 신경 끄기로 했다.

그러나 여유 있는 자의 노가다도 꼭 부정적인 것은 아니다.

오히려 노후를 위해 권장하고 싶은 일자리이기도 하다.

현장에서 만난 사람들과 술자리 하느라 건강을 망치지만 않는다면 말이다.

일주일에 2~3번 하는 노가다는 운동도 될 수 있다.

어느 현장에서도 환영받지는 못하지만 봄가을은 항상 일손이 부족하기에 큰 문제는 없다.

하지만 건설 경기 축소로 현장이 줄어들면 계속 일하기 힘들지도 모른다.

일 마치고 새로 주문한 전화기를 찾으러 갔다.
큰 특징은 없으나 전화 요금이 거의 확정이라 월 4만 원 미만이고 데이터 사용량이 6기가라는데 충분한지는 사용해 봐야 한다.
어쨌든 지금보다는 나을 것이고 내가 쓰던 전화기도 계속 쓸 수 있어 좋다.
유심 카드만 넣으면 외국에서 또는 사진 저장용으로 이용이 가능하다.
눈에 띈 것은 전화를 개통시켜 준 젊은이의 능력이다.
수치를 적지 않고 기억하며 스마트폰을 사용하는 손놀림도 상당하다.
돈 벌어 이런 젊은 비서 하나 두면 남은 삶이 편할 것 같은데 현실은 너무 멀다.
얼마 전까지 우리나라 커피 문화를 바꾸겠다고 말한 내가 말이다.
돈 없는 나는 자꾸 초라해지고 마음도 약해진다.
매일 아침 떠오르는 강렬한 태양의 충전이 없었다면 진작 힘을 잃었을지도 모른다.
그렇다고 포기하지는 않겠지만 즐거운 고행이 아니란 거다.
먹고살기 위해 하는 노가다는 정말 고역일 뿐이다.

전화기 개통 후 집에 돌아오니 9시가 다 되었다.
좀 자고 밀린 일기를 쓰니 또 잠이 부족하다.
일기가 밀릴 경우 간단히 정리를 해 놓기도 하지만 감흥이 부족하고 중요한 내용을 잊기도 해 가급적 바로 쓴다.
잠 부족한 내일, 아니 잠시 후의 출근이 걱정된다.

37. 5월 3일 금요일 맑음. 작업 32일 차

오늘 이 후배와 이 ○학이 안 나왔다.

출력 인원이 걱정되는 것이 아니라 일에 소홀한 그들이 내 마음을 상하게 한다. 노가다는 정녕 돈 떨어지면 나오는 인생의 막장인가 해서 말이다.

아침에 태양이 나를 비추지 않았다면 화낼 뻔했다.

분위기나 공정으로 보면 현장 일이 생각보다 얼마 안 남았다.

5월 말이 한계이거나 길어야 6월 초로 예상된다.

그렇다면 이 글 2부의 페이지 수도, 돈도 부족하기에 다른 현장을 다녀야 하지만 확정된 것은 아니다.

어느 현장이든 추가 공사나 설계 변경은 있기 때문이다.

오늘 일은 화기 안전 관리자로 시작하여 레미콘 타설 유도원으로 연결된다.

잠이 부족한 내 몸이 피곤했기에 다행으로 생각했다.

어쨌든 유도원은 노가다 현장 일보다는 육체적으로 쉬운 게 사실이다.

가끔 일을 지원해 달라는 소리가 많아 고민하지만 규정상으로는 할 수 없게 되어 있다.

동료들 일이라 내가 자발적으로 하는 경우를 제외하면 말이다.

왜 이런 말을 하냐면 여자 유도원인 경우 아무것도 안 바라면서 남자가 가면 마음이 바뀌기 때문이다.

똑같은 돈 받고 일하는데 남자는 온갖 일을 다 하고 여자는 유도원 일만 본다.

  심지어 그늘에서 앉아 송장만 받는 경우도 있다.

  지나가는 레미콘을 못 봐 다시 돌려야 하는 해프닝을 벌이기도 한다.

  물론 다 그런 건 아니고 극히 일부지만 말이다.

  이제 나도 유도원 일 외는 안 도와주기로 했다.

  그럴 필요도 없고 배려가 이상한 책임이 되기 때문이다.

  굳이 여자 유도원을 비교한 건 그녀들은 힘든 일을 하거나 무거운 짐을 들지 않기 때문이다.

  그런 이유로 어떤 경우에도 그녀들의 복장은 늘 깨끗하다.

  일을 하기에 상대적으로 더러운 내 유도원 복장은 자주 빨아야 하고 말이다.

  차라리 옷을 갈아입고 작업용 장갑을 낀다면 일해도 좋지만 유도복 입고 일하는 건 모순된 모습이다.

  그동안 안 보인 3명의 여성 유도원 소식도 들었다.

  그녀들은 다른 동에서 일하고 있다고 한다.

  월드건영 일이 줄어서인지 스스로 나간 건지는 모르나 잘 있다니 다행이다.

  현재 여자 셋에 남자 넷이 우리 팀 유도원 구성이고 이 중 여자 두 명만 전용이다.

  나머지는 필요시 순서대로 나가고 남은 시간은 직영 일을 한다.

  어렵지 않은 일을 끝내고 김 씨와 막걸리를 한잔한다.

본명을 안 쓰는 이유는 본인이 원하지 않기 때문이지만 반대로 글 속의 많은 이름을 삭제했다.

누군가는 갈수록 회의를 느껴 일부러 본명을 지운 것이다.

난 그들을 관찰하고 평가하기에 좋은 말만 쓸 수 없기 때문이니 누구의 잘못도 아니다.

노가다는 그들의 인생이 있고 난 영원한 이방인이다.

진짜 문제는 출력 인원이 준다는 것이다.

기존의 7명에서 내일은 5명이 되었으니 앞으로도 줄 것이다.

정말 현장이 끝나 가는지는 모르지만 현재 할 일이 없는 것도 사실이다.

하지만 내일 돌려보내야 하는 누군가는 이미 정해졌다.

작은 권력을 지닌 내가 갑자기 정권의 허수아비 하수인이 된 느낌이다.

출력 인원을 내가 선택하는 것은 아니지만 말이다.

38. 5월 4일 토요일 맑음. 작업 33일 차

나 외 3명만 출력을 하자 기다렸던 두 명은 벙찐 표정이 되었다.

내가 소식을 전하자 밖에서 기다리던 팀장은 "다음번에 나가면 되지."라고 덤덤히 말하고 만다.

그는 아마도 데마찌 맞은 적이 한 번도 없었을 것이고 그래서 새벽에 나왔다 돌아가는 서러움을 모를 수도 있다.

돈이 하나도 없어 나온 경우라면 보다 심각하고 말이다.

오늘 일은 WWT동 2층 청소부터 시작한다.
그런데 이상한 건 별로 더럽지 않아 할 일이 없다는 것이다.
정말 이번 현장은 일이 끝나 가는지도 모른다.
조금 남은 정리나 청소는 4명의 직영이면 충분하기에 용역은 사라질 수도 있다.
난 가능하다면 5월 말까지는 이 현장에서 보내고 싶다.
그리고 실업 급여에 부족한 한 달은 다른 현장에서 일하고 더불어 내 일기의 2부도 그곳에서 완성된다.
처음 계획하고는 차이 나지만 한 치 앞도 예측 못 하는 노가다 일정이기에 할 수 없다.
어느 현장이든 마무리할 수 있다면 다행인 것이다.
하지만 그 이후에 대한 걱정도 앞선다.
5월 말까지 일하고 집세와 출판비 내면 남은 돈은 4백만 원 정도일 것이다.
6월에도 일 다닐 수 있다면 6백만 원까지는 모을 수 있고 그 이후 6개월은 실업 급여를 받을 수 있다.
그렇게 아무리 아끼고 모아도 1천만 원이 모일 뿐이다.

하지만 책이 조금이라도 팔린다면 문제가 해결될 수도 있다.
먼저 5백 부가 팔리면 책값이 얼마인지 모르나 내가 낸 출판 비용은 회수된다.
그 이후는 인세가 10~13% 정도일 것이고 추가 판매량은 최소 3천

부를 기대한다.

그럼 대략 5백만 원 정도 수입이 생기고 2부도 출판하면 수입이 모두 1천만 원 이상이다.

운이 좋아 1만 부가 팔리면 모든 게 다 풀리지만 말이다.

하지만 책이 잘 팔릴지는 하늘도 모른다 했고 기대가 크면 실망도 크기에 내게 중요한 건 확신이다.

난 어떻게든 현장에서 살아남기 위해 오늘도 최선을 다한다.

현장에 남는 방법의 첫 번째는 견디는 것이다.

일이 줄어 인원이 감소해도 끝까지 나가면 다음 현장인 삼성바이오로직스 6단지와 연결된다.

매일이 아니라 한 주에 서너 번 필요한 경우만 나가도 말이다.

문제는 차량을 소유한 팀장이 이런 일을 용납하겠는가이다.

그는 하루도 쉬지 않고 현장에 나오길 바라니 두고 봐야 한다.

다른 현장에 가도 상관없지만 혹시라도 모든 일이 안 좋을 경우도 생각한다.

이 현장, 즉 삼성바이오로직스 현장이 계속된다면 내 나이를 떠나 수년간 일을 보장하기 때문이다.

어쩌면 내 일기가 정말 시리즈로 나올 수도 있다.

오후 일은 야적장의 파이프 정리를 하나 날이 덥다.

기온보다 상대적으로 강렬한 태양이 필리핀을 연상시키는데 사실 아직은 아니다.

정말 뜨거워 일을 못 하면 그게 필리핀과 비슷한 것이다.

지금 5월이니 태양이 머리 위에 떠 있는 필리핀은 더위가 최고조에 달아 있는 상태이다.

더위를 생각하다 크리스와 유진이 잘 있는지 걱정되지만 무소식이 희소식이고 그들도 내가 바쁜지는 알고 있다.

더운 날 일하니 갑자기 시원한 막걸리가 당긴다.

사실 요즘 막걸리는 옛날과 달리 많은 게 섞인 혼합 알코올 음료이다.

그저 식사하며 반주 정도로 즐길 만해서 한 병이면 적당하다.

하지만 같이 마시는 이 ○학이 더 마시기를 원해 나는 먼저 나와 버렸다.

이미 한 병 반을 마셨기에 취기가 돌기 때문이다.

남들은 알딸딸한 기분을 즐긴다는데 난 맑은 정신이 좋다.

술이 나를 도울 수 있는 건 마음에 여유를 주고 뭉친 근육을 풀어 주는 정도이다.

그렇다고 남이 술 마시는 걸 뭐라 하지 않는다.

어차피 각자의 삶이 다르기에 나를 해치지 않으면 마약이나 놀음을 해도 상관하지 않는다. 함께 사업은 못 하지만 말이다.

내일은 일요일이라 쉬고 모레는 비가 와서 쉰다.

일거리가 없다는 말인데 문제는 그다음 날도 비가 오면 계속 쉴 수도 있다고 한다.

이제 없는 일거리 핑계로 인건비를 절약하려는 모습이 보인다.

하지만 그래도 우리 눈치를 보니 차라리 다행이다.

월드건영은 다음 일을 위해 경험 많은 우리 팀이 필요한 것이다. 아니면 말고지만 말이다.

39. 5월 5일 일요일 맑음. 열외 6

일을 안 해도 새벽에 일어나는 건 똑같다.
나의 글쓰기는 삶의 일부라 주제가 커피냐, 노가다냐 아니면 순수한 일기냐에 따라 달라질 뿐이다.
교정되어 온 원고를 수정하는데 생각보다 많은 시간이 걸렸다.
A4에 쓴 글이 책 안에 들어가니 모양이 이상했기 때문이다.
그 모양을 잡으려면 다시 읽으면서 대화하는 방식으로 중요성에 따라 Enter를 눌러야 한다.
다시 쓰면서 쓸데없이 반복되는 말도 삭제했다.
400이 넘던 페이지 수가 교정자가 원하는 370으로 되었다.
교정자는 여러 면에서 충고를 했는데 일반적 체크를 넘어 상당히 디테일한 부분도 있어 놀라게 한다.
물론 그가 이해 못 하는 부분이 있고 실수도 하지만 아주 미미하다.
이런 교정자가 보편적인지 지금까지 내가 재수가 없던 건지는 모르겠지만 다음에 출판할 글도 기대된다.

비가 계속 내려 시장 외 다른 곳을 갈 엄두도 못 냈다.
사실 글 쓰는 사람은 의자를 떠나 자주 환경을 바꿔야 머리가 맑아진다.
집중도 필요하지만 하체의 혈액 순환이 안 되면 고정관념이 생기기 때문이다.

각자가 다르겠지만 난 최소 두 시간에 한 번은 다른 일을 한다.

하루 열 시간 이상 글을 쓰려면 말이다.

라면을 먹으려는데 고시텔의 김치가 떨어졌다.

마트에서 사 온 모닝빵에 참치샐러드를 넣어 먹지만 가끔은 염분 섭취를 해야 한다.

그래서 라면은 김치 잘 안 먹는 나에게 밸런스를 만들어 주는 음식이다.

남들은 밑반찬 사서 밥을 잘도 먹는데 나는 김치도 잘 안 먹으니 진정한 한국 사람은 아닌 것 같다.

반찬 가게에 진열된 벌건 색 음식을 멀리하니 말이다.

내가 은근히 일본인을 닮았다고 들은 건 어려서부터였다.

그리고 나이를 먹을수록 한 번도 안 가 본 나라인 일본인과 유사성이 너무 많아 놀랄 정도였다.

오죽했으면 어머니가 일본인과 바람나 나를 만든 줄 알았다.

65년 전이니 일본인이 한국에 많이 왔을 때이고 어머니 친구가 여행사 간부였기에 추정을 해 본 것이다.

사실 난 어머니에게 단도직입적으로 나의 정체성에 대해 물은 적 있다.

돌아온 건 "넌 내 아들이야."라는 대답뿐이다.

난 한때 내 친부일지도 모르는 일본인에 대해 상상해 봤지만 이내 그만두었다.

내 진짜 부친의 오른쪽 무릎 위의 점이 내게도 있기 때문이다.

이런 현상은 필리핀 아들 유진에게도 나왔다.

친모를 100% 닮은 유진을 내 아들로 보는 사람은 거의 없지만 무릎 위의 점은 확실하다. 다만 너무 크고 흐려서 진위가 조금 흔들릴 뿐이다.

글 쓰다 별생각을 다 하는 건 내가 한국인과 어울리기 힘들기 때문이다.

글이나 영화로 접한 일본인이 내게 보다 친숙하게 다가온다.

물론 주인공 정도 수준이지 모두는 아니다.

그런데 이 세상 많은 이들이 자신의 친부를 제대로 모르고 살아간다면 충격일까?

필리핀 아내 크리스의 7남매는 모두 얼굴과 성격이 전혀 다르다.

아무도 자세한 대답을 안 하지만 의혹이 생긴다.

재미있는 건 모계 사회라 그런지 자주 보이는 그런 내용을 전혀 개의치 않고 산다는 것이다.

유교 사상 가득했던 한국은 그나마 다행이라 볼 수 있다.

어쨌든 고지식하게 종족 유지에 관심이 많다면 DNA 검사를 권유한다.

아니면 발가락이 닮은 것으로 만족하고 살든지 말이다.

헛소리하고 있는데 유도원 단톡방에서 내일 출근할 사람을 찾는 연락이 왔다.

1분도 안 되어 박 ○○이 신청을 했고 조금 있다 최 ○○도 물어본다.

박 ○○는 그늘에서 송장을 받다 레미콘 차를 놓치기도 하는 그 유도원이다.

실수가 잦지만 세련됨과 미모로 모든 걸 커버한다.

최 ○○는 키 작은 귀여운 여성인데 적지 않은 나이에도 현장 일에 상당히 적극적이다.

그녀들이 서둘러 신청한 이유는 내일은 휴일이니 2시까지 일하고 일당을 받아 그런가 보다.

난 가끔 많은 남자들이 여자들에게 밀리는 이유를 알 것 같다.

배부르고 등 따뜻하면 현실적이지 못한 게 시원치 않은 남자의 특성이다.

휴일이라 쉬고, 비가 와서 내키지 않고, 가끔은 한 잔 빨아 그냥 쉰다.

한국 여자들이 나서는 건 강인하며 모든 걸 책임지는 진정한 남자가 사라졌기 때문이다.

다행히도 이 현장은 전사 같은 남자들이 많이 보인다.

40. 5월 6일 월요일 비. 열외 7

주야로 계속 글을 검토하여 간신히 저녁 무렵 끝냈다.

글은 집중해야 잘 보이기에 이틀 연속 쉰 것이 큰 도움이 되었다.

출판사로 원고를 넘기고 나니 팀장이 내일 출근을 통보한다.

난 이미 단톡방에서 명일 할 일이 정해져 있는데 그가 출근을 통보하는 이유를 모르겠다.

자신이 모든 걸 결정하는 것처럼 보이려는 것 같고 말이다.

사실 그는 전형적인 노가다인데 그렇다고 고지식한 건 아니다.

잔머리가 난무하는 현세에서 적당한 눈치로 용케 자신의 입지를 다지고 있다.

만일 팀장이라는 위치만 아니면 대우받기 어려울 것이다.

모든 게 무탈한데 돈이 늘지 않아 걱정이다.
벌써 6일이나 지났으나 이번 달은 쉬는 날이 많아 적자이다.
전화 요금 내고 먹고 싶은 것 마음대로 샀기 때문이다.
정신 건강을 위해 좋지만 한편으로는 나태해진 것 같다.
와신상담의 뜻을 다시 새겨야 하지만 안락한 침대 위에서 과일이나 먹는 나는 허접한 욕망이 대신할 뿐이다.
일기를 쓰며 하루하루를 돌이키는 내가 이러니 타성에 젖은 일반 사람들을 뭐라고 할 필요는 없다.
이 후배가 항상 하는 말인 '긍정적인 태도'가 기억난다.
벼랑 끝에 서 있는 나와 집과 가정이 있어 그나마 피할 곳이 있는 그와는 차이가 있지만 말이다.

어쨌든 나는 1부를 끝냈고 지금은 2부를 쓰고 있다.
다행인 것은 다시 보니 생각보다 내용이 독특하여 어느 정도는 팔릴 수도 있다는 생각이 든 것이다.
일단 3천 부 정도 팔리면 입소문이 나서 대박도 가능하다.
눈에 띄지 않아 소리 없이 묻힐 수도 있고 말이다.
이제 난 막연한 긍정의 삶으로 돌아간다.
하지만 기대가 크면 실망도 크고 재수 없어 잘 지켜 온 멘털이라도 나가면 더 이상 대책이 없다.

그래서 현실로 돌아온 나는 다시 돈 모을 생각을 한다.

다음 주말까지 열심히 하면 집세 내고 출판비 일부를 다시 보낼 수 있으며 5월이 지나기 전 나머지도 준비될 것이다.

비상금 4백만 원은 남겨 놓고 말이다.

열심히는 하나 노가다하며 돈 모으기는 참으로 어렵다.

41. 5월 7일 화요일 비. 작업 34일 차

비는 계속 오나 현장 일은 항상 바쁘다.

하지만 일 같지도 않은 옥상 파라펫 공사는 늘어지고 WWT동도 여전히 진도가 안 나간다.

처음 왔을 때 데크 콘크리트 타설을 다섯 번에 나눠 하는 게 조금 이상했지만 겨울이라 그런 줄 알았다.

오늘 레미콘 4대 물량으로 하루 종일 치는 걸 보기 전까지는 말이다.

도대체 시간과 인력을 잡아먹는 삼성의 의도는 무엇인가.

워낙 고가의 장비들이 현장 내 설치되니 늘어나는 인건비 따위는 안중에도 없는 것인가?

그럼 쓸데없이 시간을 끄는 이유는 무엇인가?

공기를 단축한다고 PC공법을 썼는데 내가 보기에는 오히려 늦어진 원인 같다.

아니면 내가 경험하지 못한 최고 수준의 시설이라 철저히 시공하려고 조심하는 것일 수도 있다.

이 현장에 최대한 오래 있어 많은 걸 보고 싶다.

오늘은 팀장이 운전만 해 주고 바로 들어갔다.
집에 보일러가 터졌다는데 그게 아니고 방바닥이 누수된 것 같다.
우리말 표현은 끝까지 들어 봐야 하는데 현장은 그 정도가 더 심하다.
난 아직도 현장에서 정확한 표현을 쓰는 경우를 보지 못했다.
월드건영의 사무실 직원들도 그러니 지식의 차이는 아니고 말의 내용이 단순한 현장 탓일 것이다.
하지만 테이블 리프트, 영어로 T/L이라 부르는 이 장비를 렌탈이라 부르는 이유는 모르겠다. 그저 몸체에 ○○렌탈이라 써져 있어 그런가?
다른 현장은 공식적으로 사용하기도 하니 잘못된 용어가 고착화된 것이다.
다행히 이 현장은 많은 사람이 정확한 표현을 쓴다.

일의 시작은 예고된 유도원이 아니라 냉장창고 내 부직포를 개는 일이다.
오랜만에 하는 이 일은 허리는 아프나 재미있기도 하다.
잡부 일이 좋은 것은 뭐든 한 가지가 오래 지속되지 않는다는 것이다.
산더미처럼 자재를 쌓아 놓고 며칠을 정리하면 몸과 마음의 진이 다 빠진다.
하루 종일 서 있든지 남의 눈치 보면서 쉬는 유도원도 마찬가지이다.
한 시간 남짓 일한 우리는 휴식 후 다른 곳으로 갔다.
이 역시 냉장창고나 벽체에 비닐 보양을 한다.
석고보드로 된 벽체와 단열재 사이의 틈을 콘크리트로 채운다는데 난 이해 못 하는 공법이다.
어쩌면 내가 잘못 들었는지도 모른다.

일을 하던 중 다시 유도원 일 지시가 사무실로부터 왔다.

예정에 없던 파라펫 타설의 지상 부분 통행 제안이다.

시간은 많이 남았으나 담배를 피우고 싶었던 나는 좀 일찌감치 빠져나왔다. 그래 봐야 5~10분이지만 말이다.

비 오는 날 외부에서의 유도원 일은 상당히 낭만적이다.

일부러 봄비를 맞으며 걸어 본 적 있는가?

노래도 있지만 내가 젊었을 때는 자주 보곤 했는데 대부분 여자였다.

난 그런 여성을 보면 어떻게든 말을 걸곤 했다.

술 한잔 해도 좋았는데 그럴 용기는 없었고 말이다.

어찌 보면 억눌려 살던 그 당시의 여자들이 진짜 용감했는지 모른다.

역사 속에도 최후의 순간에는 여자들이 나선다.

요즘 여자들이 자주 나서는 걸 보면 현시점의 대한민국이 문제가 있나 보다.

하지만 우리 현장의 여자 유도원은 비를 피해 천막 아래 있다.

나보고 비를 피하라 손짓하는 그녀들은 내가 비 맞는 이유를 알지 못한다.

내가 말없이 자리를 비우니 황 반장이 화를 냈다고 한다.

그가 퇴출까지 거론하여 이 후배가 급히 내게 전화해 알게 된 사실이다.

아무리 보고 없이 일해도 사무실 지시받고 일하는 사람을 뭐라 하면 안 된다.

그리고 보니 유도원 일을 하면 보고하기 바쁘다.

조용히 일만 하려던 내가 보고란 수렁에 빠져 하루 종일 전화기 들고 산다.

분명 이는 내가 원하던 노가다가 아니다.

피곤할 때 편한 건 좋았지만 난 운동도 필요하다.

난 사무실에 전화해 유도원 안 하면 안 되냐 말했고 황 반장으로부터 나의 퇴출도 거론되었다고 했다.

대답은 조 부장이 나설 것이니 걱정 말고 일하라 한다.

조 부장은 소장 다음의 2인자로 현장에서는 강력한 실세이다.

회사 경험이 많은 나는 그들이 공사비 절감을 위해 애쓰고 있다는 사실을 바로 깨달았고 두 가지 일을 하는 나는 필수 요원이다.

갑자기 그만둔 3명의 여자 유도원이 생각났다.

그들은 인건비 절감을 위해 정리, 또는 타 회사로 이적된 것이다.

황 부장과의 관계는 내가 보고하는 것으로 일단락됐다.

그는 내 기분을 풀어 주려 했는지 가장 편한 일로 쉬게도 해 준다.

난 이제 철밥통 자리를 차지하고 있는 것이다.

내일은 다시 가장 편한 T/L 유도원 일을 배정받았고 말이다.

하루하루 아슬하지만 재미도 있는 노가다, 아니 유도원의 일상이다.

집에 돌아와 명찬이와 긴 시간 통화했다.

어제 자다 일어나 한 통화가 부족하기도 했지만 할 말이 있어서인데 방금 고아원을 나온 젊은이가 돈이 있음에도 자살한 기사를 보았기 때문이다.

어찌 보면 좌절한 젊은이나 희망을 잃은 퇴직자에게 꿈을 줄 수 있는 내 일기이다.

지금 나보다 처절한 현실을 가진 사람은 얼마 되지 않는다.

그런 내가 용기를 잃지 않고 끝까지 운명과 싸우는 모습은 누군가는 봐야 하고 또 그래서 힘을 내야 한다.

난 내 책이 대박 날 것이라 말했는데 희망이기도 하다.

나를 위해서가 아니라 세상에 작은 메시지를 보내기 위해서라도 말이다.

제4장 작업 거부로 퇴출되었다가 다시 돌아오다

42. 5월 8일 수요일 흐림. 작업 35일 차

오랜만에 맑은 공기 사이로 해가 붉게 떠오른다.

현장에 도착하기 전 바다를 좌우에 두고 보는 해는 마치 작은 섬에 사는 느낌을 준다.

오래전 리조트를 했던 필리핀의 보라카이가 그립다.

좋은 추억만 있는 건 아니지만 천혜의 자연환경은 이 세상 최고의 수준의 그림 중 하나일 것이다.

남들 신혼여행이나 오는 이런 곳에서 배 타고 돌아다니며 5년이나 살았으니 꿈같은 삶이라 할 수도 있다.

먼저 말한 적 있지만 난 1차 버킷 리스트가 끝난 사람이라 당장 죽어도 큰 여한이 없다.

그런 내가 2차 버킷 리스트를 시도하고 있는 중이다.

이미 끝난 1년 동안의 동남아 커피 투어가 이에 포함되고 올 9월에 끝나는 노가다 경험 1년도 들어 있다.

나머지는 내 책의 베스트셀러, 내 커피의 대중화 그리고 내가 쓴 시나리오로 드라마나 영화 만들기 등이 남아 있다.

사실은 이보다 많은데 당장 실현 가능한 것만 추린 것이다.
난 모든 실행을 일기로 써서 책으로 낼 계획이다.
신이 허락한다면 죽을 때까지 말이다.

오늘 일은 굴절식 T/L 관리라 유도복으로 시작한다.
하지만 바로 변경되어 밖에 주차된 스카이를 안으로 유도부터 해야 한다.
9시경 1차로 일을 마치고 스카이 기사가 화장실을 가기에 안내도 해줄 겸 따라갔다.
어제 배를 차게 해서인지 내 속도 화장실이 필요했다.
그리고 담배 한 대 피는데 박 ○○ 이모가 8층으로 오라는 황 반장의 메시지를 전한다.
내가 황 반장에게 자리를 뜨면 안 될 것 같다 했으나 박 이모가 자신이 대신한다고 한다.
서둘러 옷 갈아입고 올라간 8층은 레미콘 타설 시 넘친 콘크리트가 여기저기 쌓여 있었다.
열심히 삽질하고 있는데 스카이 작업이 난리가 났다.
유도원 없이 작업하다 안전 팀에게 지적받아 작업은 중지되었고 소장 외 관리자들이 교육을 받는다고 한다.
스카이에 T/L 그리고 콘크리트 타설까지 하고 있어 유도원이 3명이나 있어야 하는 것이다.
일부 인부는 내게 화를 내기도 했지만 해프닝으로 끝났고 덕분에 나의 입지는 전보다 높아졌다.
나 혼자의 생각인지는 모르나 일단은 유도원 업무에 보다 충실해질 것으로 보인다.

  유도원 하다 시간 조금 난다고 다시 잡부 일 하는 사람에게 책임을 물을 수 없기 때문이다.

  이후 스카이를 보며 유도원이 많은 이유를 생각해 본다.
  모든 장비는 유도원 없이 이동 및 운행이 불가능하고 위반 시는 CCTV로 보고 있는 것처럼 바로 안전 요원들이 나타난다.
  삼성은 안전을 위해 1%의 가능성만 있어도 돈을 아끼지 않는다.
  정말 근로자를 위함인지 아니면 자사의 이미지 때문인지 모르지만 나쁘지는 않다.
  다만 나이 먹은 남자들을 더 배려했으면 하는 바람이다.
  어떤 이유인지 유도원의 대부분이 여성이기 때문이다.

  유도원이 힘든 직업은 아니지만 만만한 일도 아니다.
  육체노동은 아니지만 주위를 계속 살펴야 하는 등 정신적 피로가 있고 지게차 유도를 할 때는 장시간을 걷기도 한다.
  하지만 대부분은 서서 감시하는 꿀보직임은 틀림없다.
  직영 잡부 출신인 나처럼 수시로 육체노동을 겸하지만 않는다면 말이다.
  어찌 보면 난 유도원이 아니라 그 일을 할 자격이 있는 직영 잡부에 불과하다.
  그것도 바로 잘릴 수 있는 파리 목숨 용역 출신이고 말이다.
  월드건영은 일당 받고 일하는 노가다 잡부에게 너무 많은 것을 바란다.

물론 일은 가능하나 어떤 대가든 주었으면 좋겠다.

어쨌든 오늘 또 하루가 무사히 지나갔다.
이상하게 간들간들하면서도 내 입지는 변화가 없다.
처음 퇴출된 태명건설 현장 일할 때와 지금의 상황이 비슷한데도 말이다.
확실히 작년과 올해는 운세가 다른 것 같다.
신은 아니고 귀신은 더욱 아닌 그저 올해의 운세에 기대는 내가 한심하나 사실이 그런 걸 어찌해야 하나.
아무것도 모르는 인간의 미약함은 정말 끝이 없다.

43. 5월 9일 목요일 맑음. 작업 36일 차

오늘 조회 시간에 소장이 말하면서 나만 쳐다본다.
어제 문제되었던 유도원 업무는 말없이 자리 비운 내 과실로 보고된 것이니 어느 사회든 진실은 왜곡되든지 아니면 그냥 묻히고 만다.
그리고 피해자인 일당쟁이 노가다 잡부도 입을 다문다.
내가 잘못했다면 일 시킨 사람의 책임도 크지만 모두를 위해 조용히 넘어가려는 것이다.
어쨌든 이제부터 나는 최소한 똥개처럼 부려지는 개잡부를 벗어난 것이다.
하지만 어제 일이 신변에 어떤 영향이 있을까 고려해 본다.
얼마 남지 않은 현장 같지만 8월 착공하는 6단지가 연결되면 1년이 넘어간다.

그리고 난 나가라 할 때까지 버티어야 한다.

오늘 일은 WWT동 철근 단부 공사 안전 관리이다.

하지만 시작은 지게차와 철근 실은 트럭을 현장 안으로 유도하고 철근 하역과 크레인 양중 작업으로 연결된다.

보고된 내용보다 부수적인 일로 대부분을 때우는데 좀 피곤하지만 제대로 일하는 모습이라 긍정적으로 본다.

사실 너무 규제가 많아 일이 속도가 안 나고 일부 일꾼들도 이를 핑계로 쉬기도 하니 시공사 입장에서는 죽을 맛일 것이다.

난 이런 상상도 못 할 시스템이 왜 생겼나 생각해 본다.

거론되는 건 크게 3가지로 보안, 안전 그리고 유도원이다.

먼저 카메라에 스티커를 붙인 보안은 건물 내 장치물이 들어오면서 이해가 간다.

아직 극히 일부지만 매우 중요해 보이는 시설을 보면 그들이 보안을 철저히 하는 건 당연하다.

처음 내가 이 현장을 접했을 땐 골조뿐이었기에 이해가 안 간 것이다.

다음은 기본에 충실한 안전 원칙에도 불구하고 감독이 너무 철저해 일이 정상적으로 가능한가를 생각하게 한다.

이곳 규정을 무시하고 다른 곳처럼 최소한의 안전만 신경 쓴다면 공사는 두 배 이상 빨라지고 인건비도 절감되었을 것이다.

하지만 몸에 익은 나는 저절로 안전에 유의하게 되었다.

그리고 이는 골조 공사에만 해당되는 말이다.

나머지는 빨간색 옷의 유도원으로 내용이 길다.
이들은 스카이와 지게차 그리고 크레인과 T/L을 유도하고 화기 등 안전 관리를 한다.
골조를 맡은 월드건영은 레미콘을 유도하고 펌프카로 타설하기도 하지만 나머지 업체는 모두 비슷하다.
난 이 유도원이 왜 여자로만 구성되었나 생각해 봤다.
그녀들은 마이크 잡고 사이렌 울리며 안전을 위해 장비와 거리도 확실히 두지만 위험한 건 마찬가지이다.
얼마 전 타 현장에서 막 교육 끝낸 여성 신호수가 죽기도 했으니 말이다.
각설하고 여자 유도원은 여성가족부의 권고가 아닌가 생각해 본다.
과거 현장 직영이나 반장이 했던 일을 여성들에게 넘겨주면서 많은 일자리를 창출했으니 대단한 발전이다.
그것도 교육까지 시켜 전문성을 띠면서 말이다.

일이 끝난 후 이 후배와 조 영감 그리고 성호와 함께 술자리를 했다.
각자 소주, 맥주, 막걸리로 한 병씩 마시는 이상한 자리였으나 무난한 대화 후 바로 파했다.
이제 술 한 병만 마시는 게 동료들에게 전염된 것 같은데 내일 일을 위해서는 이 정도가 적당하다.
막걸리 한잔 마시니 술이 피곤한 마음을 달래 준다.

44. 5월 10일 금요일 맑음. 작업 37일 차

대부분이 나오지 않은 이상한 날이다.

12명을 오라 했는데 신입 1명을 포함하여 5명뿐이다.

현장 일은 여기 저기 흩어져 있어 결코 적지 않았음에도 말이다.

원인은 금요일 문을 여는 경마장으로 논의되나 이 후배는 술 때문으로 나와 한잔 마신 게 발동이 걸려 2차가 진행되었다고 한다.

이는 분명 내 책임으로 술 조절 못 하는 그의 금주 의지를 너무 높게 보았다.

마약을 끊으려는 자에게 약을 준 셈이다.

오래전 아들 상호의 컴퓨터 게임 습관을 고쳐 준 적 있다.

한동안 지낸 보라카이와 마닐라에서는 자유로웠지만 내가 커피를 연구했던 필리핀 오지는 인터넷도 잘 안되는 곳이다.

게다가 내가 여러 날씩 집을 나가 있었으니 아들은 라면만 끓여 먹으며 게임에 몰두한 모양이다.

난 아들의 삶의 방식에 어떤 간섭도 하지 않으나 게임은 중독성이 있다.

결국 매를 들었는데 그가 실수로 사향고양이를 죽인 이후 두 번째이다.

하지만 난 컴퓨터 게임을 하지 말라고는 안 한다.

그 당시 나도 스타를 즐겼고 정말 재미있기 때문인데 내가 원한 건 스스로 멈출 수 있어야 한다는 것이다.

난 이 후배가 술 조절에 성공하길 기원한다.

오늘 신입이 한 명 왔는데 앞으로 계속 나올 것 같다.

한동안 데마찌 난 사람들의 특성이기도 하다.

사실 한 명 더 있었는데 휴대폰이 없어 교육을 받을 수 없었다고 한다.

정확한 내용은 모르지만 체격이 건장했던 그 역시 돈에 절실했고 열심히 하려는 의지를 보였었다.

하지만 내 느낌으로는 분명 얼마 전 교도소에서 출감한 사람이 틀림없다.

노가다는 정말 막장까지 온 여러 종류의 사람이 모인다.

그중 고정 일을 못 하고 용역 사무실에 남아 있는 사람들은 대부분이 사회의 최하층이고 말이다.

하루 벌어 하루 산다는 일용 노무자는 그들을 말한다.

대부분의 노가다는 시급 2만 원짜리 고정직이다.

적은 인원임에도 우리는 많은 일을 했다.

너무 일을 잘해 많은 사람이 필요 없다는 걸 보여 주는 건 결코 좋지 않지만 말이다.

어쨌든 날씨도 좋아 태양은 따사롭고 싱그러운 바람까지 분다.

몸이 풀린 나는 모처럼 육체의 파워를 50% 이상 가동시켜 본다.

김 반장이 짜증나게 일 시키지만 않았어도 그 수치는 계속 높아졌을 것이다.

난 가끔 이렇게 내 육체의 가능성을 확인하고 싶어진다.

앞으로 일하기 좋은 날이 많으니 가능할 것이다.

하지만 김 반장에 의한 일의 제동은 계속되었다.

일에 대한 지시가 아니라 행동 하나하나 거론하며 똥개, 아니 오래전 흑인 노예 부리듯 한다.

정글에서 사냥을 하는 등 극한 생존에 특화된 이들을 문화가 다르다는 이유로 동물 취급 한 게 강대국 미국의 초석이 되었다.

유럽도 제국의 미명 아래 다른 나라를 침략하는 게 정당화된 적 있으니 못된 건 마찬가지이다.

이제야 정신 차린 유럽은 그나마 괜찮지만 미국은 아직도 제국이다.

그리고 그런 미국을 모델로 하는 한국의 빈부 차이는 점점 커질 것이니 오래 살 내 앞날도 갑갑하다.

한국에서 계속 살려면 어느 정도 경제적 능력을 발휘해야 자유로울 것이다.

노예 취급을 받은 나는 일을 거칠게 하기 시작한다.

둘이서 전달해야 하는 일이 거부되어 혼자하게 된 나는 자재를 빠르게 던져 효율을 냈지만 이는 불만을 표하는 방법 중 하나이다.

팀장은 이를 의식했는지 나 대신 일을 맡았으나 일하는 속도를 줄여 나의 의지에 호응한다.

모두 시키는 대로 일하는 중이니 채찍질당할 일이 없다.

다만 모처럼 적극적으로 일하려다 제동이 걸리니 짜증이 났을 뿐이다.

우리는 일하는 기분도 못 내는 노가다 잡부가 맞다.

그럼에도 날씨가 너무 좋아 하늘을 본다.

놀기도 좋겠지만 선선하고 싱그러운 바람까지 불어 노가다 일 하기도 좋다.

갑자기 내가 자유롭다면 어떤 일을 하고 있을까 상상을 해 본다.

아마 글 쓰다 요리하고, 커피 볶다 쇼핑하고 그럴 것이다.
굳이 한국이 아니라 어느 곳에 살든지 말이다.

집에 돌아와 구글을 검색하다 에디슨에 관한 글을 본다.
남과 보는 시각이 다르고, 사회성이 떨어지며, '왜 그럴까?'라는 의문으로 시작하는 관찰력은 내 특성이기도 하다.
근데 에디슨이 그랬다며 이런 현상을 문명을 바꾼 위대한 자폐증의 하나로 치부한다.
수많은 자폐증 환자에게 위로가 되겠지만 어쨌든 신의 창조물로 본다면 이는 불량품이다.
그 불량품이 제시한 아이디어를 인간이 이용함으로써 신이 계획한 세상을 개발이라는 미명하에 망가뜨리고 있다.
이 현상은 누구 잘못일까? 신인가, 피조물인가?

오랜만에 육체노동을 하니 진정한 피곤을 느낀다.
가끔은 이렇게 일해야 요즘 유도원으로 허약해진 내 몸이 회복 될 것 같다.
내일도 유도원 일이 없으니 운동을 마무리하련다.

45. 5월 11일 토요일 비. 작업 38일 차

오늘은 9명을 불렀는데 6명만 간다.
다행히도 이 후배가 다시 나와 일단은 마음을 놓았다.

그는 부인에게 푸대접받고 다시는 평일에 술 안 마신다고 맹세를 했단다.

부인은 밥 안 차려 준 게 가장 큰 어필이고 그는 이를 중히 여기니 잘 어울리는 부창부수이다.

다른 동생 김 철도 이랬으면 좋겠는데 입장이 좀 다르다.

개인적인 내용이라 말할 수 없지만 그는 생각보다 심각하게 속상한 일이 있다.

어떤 경우에도 해결법이 안 되는 술이지만 말이다.

오랜만에 팀장과 한 조가 되어 일한다.

한가함에 극을 달리는 하스리(철거) 일은 내 몸과 마음을 회복시키지만 난 좀 더 강한 일로 내 근육을 긴장시키고 싶었다.

유도원 일은 운동 부족이라 다쳤던 오른쪽 어깨가 자꾸 약해지기 때문이다.

이해가 안 가겠지만 어깨로 피가 몰려 끊어진 인대 주변의 근육이 발달해야 일을 계속할 수 있다.

다행히도 이 현장은 문제없으나 다른 현장에서 어깨를 많이 쓰는 자재 정리를 할 수도 있기 때문이다.

이번 현장은 한 달 정도 남았고 그다음 일인 6단지가 8월 착공이라는데 연결될지는 아무도 모른다.

팀장은 시공사가 롯데라 월드건영이 하청 일을 딸지도 불확실하단다.

결정은 위에서 하지만 흐르는 정보를 취합해 추정하는 건 아랫사람들 몫이다.

애니메이션 〈알리타〉에 나오는 상상 속의 공중 도시와 그들의 쓰레기로 먹고사는 빈민들의 도시가 연상된다.

 오후가 되자 비가 내리기 시작한다.
 아직 일은 안 끝났지만 팀장은 2시에 마무리할 것을 지시한다.
 그는 항상 열심히 일하지만 가끔 필요한 만큼의 휴식을 스스로 취한다.
 오늘이 그렇고 난 그에 맞춰 준비하면 되는 것이다.
 그렇다고 팀장이 남의 눈치를 전혀 안 보는 것은 아니고 적당한 시간 조절과 액션으로 아무도 눈치채지 못할 뿐이다.
 다만 관록 있는 황 반장만이 가끔 코멘트를 하나 그때뿐이고 대부분 그냥 넘어간다.
 팀장은 일뿐 아니라 노가다가 생활화까지 된 사람이 맞다.
 노가다의 달인이라고나 할까.

 나는 이 현장이 끝나는 시점을 고려해야 한다.
 얼핏 보기에 한 달이 남았고 잘해야 6월 말이다.
 지금까지 작업이 137일이니 실업 급여 신청이 가능한 일수 182일에 45일 남았다.
 그리고 이 글의 2부가 끝나려면 최소 두 달은 더 있어야 한다.
 두 가지 다 내 책이 팔린다는 전제를 배제하고서이니 미래를 위해서는 중요한 계산이다.
 만일 책이 안 팔리면 한동안 노가다를 계속해야 되니 말이다.
 하지만 다가오는 느낌은 그리 나쁘지 않다.
 이 후배가 계산동에 농장이 있다 하고 부인은 커피숍을 하고 싶다며 바리스타 학원에 등록했단다.

　나를 의식했는지는 모르나 난 아무 말도 하지 않았다.

　뭔가 확실한 게 있지 않은 지금은 기다려야 한다.

　책이 팔린다면 그런 곳에 커피 공장 및 판매소를 만들 수 있어 금상첨화지만 결정된 것은 하나도 없다.

　그리고 난 짧은 기간의 만남으론 아무도 믿지 않는다.

　특히 의도된 말은 내게 혼란을 줄 뿐이다.

　과거 수원에서 큰돈을 벌 때가 생각난다.

　일이 되려면 좋은 사람을 만나라. 그들이 내 사업을 위해 온갖 것을 가져온다.

　이번에도 그런 느낌이 드나 좀 더 기다려 보련다.

　항상 말하듯이 안 되면 말고 말이다.

　내일은 일요일이니 떨어져 가는 커피나 볶아야겠다.

　기계가 시원치 않아 신경 써야 하는데 자만이 우선해 계속 실패한다.

　대충 볶아도 맛있기는 하지만 말이다.

46. 5월 12일 일요일 맑음. 열외 8

　한가한 일요일은 뭐든지 할 수 있으나 난 글을 쓴다.

　물론 빨래부터 한 후 어제 배달 온 훈제 연어로 샐러드를 만들어 먹으면서 말이다.

　연어를 먹는 건 맛있기도 하지만 필리핀 추억을 상징한다.

6~7kg짜리 냉동 연어를 사서 살덩이는 랩으로 포장해 보관하고 뱃살과 머리, 그리고 껍질은 '시니강'으로 요리했었다.

시니강은 시큼한 필리핀 요리로 온 가족이 즐기던 음식이다.

살덩이는 회를 떠서 포도주와 함께 마시고 가끔 아들 유진을 위해 스테이크도 만들었다.

한마디로 연어는 버릴 게 하나도 없는 귀한 생선이다.

커피를 볶았으나 글 쓴다고 소홀해 태우고 말았다.

거의 숯이 되어 커피에서 나온 진이 검은 핏물처럼 뚜껑에 흘러 붙어 버렸다.

진 빠진 커피는 심심했으나 정말 깨끗해 새로운 경험이다.

나의 긍정적 마인드는 실패를 두려워하지 않는다.

하지만 두 번째 로스팅은 조금은 주의해서 적당히 되었다.

두 가지를 섞으니 신맛과 커피 본연의 맛이 조화되어 마시기 적당할 것 같다.

지금 느낄 수 있는 건 커피 향뿐이지만 난 확신한다.

오늘은 무조건 시간을 내서 산보를 한다고 했으나 마트에서 빵을 사 온 게 전부이고 이후 옥상에 다녀온 것뿐이다.

과일은 먹을 만한 게, 아니 싼 게 없어 그냥 바나나만 샀다.

집에 있으면 달달한 과일이 먹고 싶으나 지금은 혈당 조절을 위해 억지로 참는 중이다.

아무래도 풀리지 않은 발바닥이 마음에 걸리는데 당뇨 탓이 아닌가 싶다.

지금 내 몸의 문제는 오른쪽 어깨와 발바닥뿐이다.

지난 일기 수정을 마무리한 후 자려다 오늘 일기 안 쓴 걸 알고 다시 일어났다.
내일 아침 쓸 수도 있으나 새로 볶은 커피를 맛보고 도시락도 싸야 한다.
그런데 다시 생각하니 다이소에서 물병을 안 사 왔다.
현장에서 일하다 깨진 물병을 대신할 놈이 필요한데 말이다.
커피 없는 샐러드 빵은 먹을 수 없으니 도시락도 포기하련다.
일찍 일어날 일 없으니 이제 시간이 넉넉해졌다.
난 마지막 5월만 남은 달력을 좀 더 만들기로 했다.
6, 7월이 포함된 달력을 그려 벽에 붙이려는 것이고 올해 일 시작한 2월부터 그래 왔다.

지난 일기를 검토하다 홍상수가 거론된 걸 보았다.
나쁜 의미는 없으나 오해의 소지가 많은 부분을 삭제한다.
난 일기에 욕도 안 하고 가급적 나쁜 표현을 안 쓰지만 특정한 경우 가끔은 나답지 않은 결과도 나온다.
내가 가장 싫어하는 남을 기만하는 경우를 보면 말이다.
적당히 지면을 수정하고 다시 채웠으나 하루 종일 키보드 치는 것만으로 어깨가 아파 온다.
시간을 보니 벌써 9시 25분이라 잘 때도 되었다.
자기 전 내일 일을 생각해 보니 출판사 표지에 대한 답변이 올 것이다.
책에서 가장 중요한 건 아이러니하게 표지이다.

47. 5월 13일 월요일 맑음. 작업 39일 차

오늘은 모처럼 9명이나 일을 나왔다.

팀장이 별도로 연락을 했는지 오랜만에 박 반장도 보인다.

하지만 팀장은 내 아침 인사를 받지 않았다.

토요일 내가 한 말 중 '우리 둘이 함께해'란 말이 마음에 안 들었나 보다.

그는 진짜 팀장이 된 것이 자신의 능력이라 생각하고 계약 없는 동맹을 일방적으로 파기하고 있다.

그것도 내 눈치를 보면서 눈에 띄게 조금씩 말이다.

이런 모습은 과거 건달 세계나 교도소에서 보였으나 요즘은 사회 저변에 확대되어 있다.

유튜브를 보면 서열을 확실히 정하는 여초 사회에서 만연한다고 말한다.

모든 게 오랫동안 외국 생활을 한 나에게는 낯설게 다가온다.

일하는 도중 이 후배가 목소리를 올렸다.

먼젓번 길 찾는 문제로 조 씨의 선택을 깔아뭉개더니 오늘은 비슷한 고집을 부린다.

이 느낌은 얼마 전 결별한 보령에서와 비슷하다.

분명 내 의견에 100% 찬성하던 박 사장이 갑자기 태도가 변했다.

누군지는 모르지만 주위에서 쓸데없는 조언을 한 것이다.

아내가 바리스타 학원을 등록했다 하고 농장이 300평 된다 말한 이 후배도 이와 비슷하다.

내 커피 판매를 위해 좋은 조건이나 꼭 필요한 것은 아니다.
하지만 그는 나와의 연관을 생각하며 자신의 입지를 세우고 싶어 하는 것으로 보인다.
내 상상일 뿐 사실이 아닐 수도 있지만 말이다.
갑자기 아무것도 모르면서 모든 걸 자기 마음대로 해 사업 망하게 한 베트남의 수정이가 생각난다.
그녀 덕에 힘들어도 모든 걸 혼자 해야 이룰 수 있다는 걸 깨달았다.
이 세상에 믿을 사람은 하나도 없다.
서로 간의 신뢰는 시간과 공을 들여 조금씩 만들어 가는 것이다.

날씨도 더웠지만 정신적인 스트레스로 하루가 힘들었다.
육체노동자는 대부분의 시간을 가만히 앉아 있다는 이유로 정신노동자를 가볍게 생각해서는 안 된다.
글 쓰는 사람 뇌에서 쓰는 에너지양이 중노동을 하는 육체에 전혀 밀리지 않기 때문이다.
하지만 난 이를 전혀 이해 못 하는 노가다 판에 있다.
내가 글을 쓰고 커피를 연구하며 남은 인생을 설계하느라 엄청난 에너지를 쓴다는 사실이 아무 의미도 없는 세상에서 말이다.
갑자기 이놈의 노가다 잡부 인생이 싫어진다.

집에 오니 출판사에서 메시지가 와 있다.
편집자와 통화도 했으나 별문제는 없고 그 대신 책 소개와 출판사 서평을 써야 한단다.
늘 하던 대로 커피를 마신 후 정신을 모으고 한 번에 썼다.

남이 보기에 성의 없을지 모르나 오래 생각한다고 글이 나아질 것도 없다.

그러고 보니 내 커피는 정말 마음을 진정시키는 효과가 있다.

사향 효과인데 그래서 커피를 현장에 안 가져온 오늘 매우 힘든 하루를 보낸 것이다.

이 사실을 알리기만 해도 엄청난 광고 효과가 있겠지만 난 서두르지 않는다.

때가 되면 모든 건 운명대로 될 것이다.

잠시 후 일 나가면 이 글에서는 작업 40일 차가 된다.

현장 일이 139번째가 되니 일한 지 182일이 지나야 탈 수 있다는 실업 급여까지 43일 남는다.

계산해 보니 6월 말에 일을 끝낸다면 지금 쓰는 일기의 2부도 어느 정도 끝나고 1부의 판매도 윤곽이 보일 것이다.

잘 팔리면 다행이지만 안 팔린다는 가정하에 미래를 생각해 본다.

먼저 어중간하게 팔린다면 실업 급여 받으며 지금까지 써 온 모든 책을 하나씩 출판할 수 있다.

최소한 출판 비용은 건지고 스테디셀러로 조금씩 팔려도 노후 생활에 도움이 된다.

근데 책이 전혀 안 팔리면 앞으로 나는 어떻게 될까?

생각하기도 싫지만 가능성이 있기에 친구들은 1부의 판매 결과를 보고 다음 책을 출판하자고 한다.

하지만 난 판매가 적어도 내 삶의 기록으로 계속 책을 출판할 것이다.

이 경우 나는 노가다로 보다 많은 자본을 만들어야 한다.

돈이 궁해 임시로 시작한 노가다가 갑자기 내 인생에서 너무 많은 비중을 차지하고 있다.
나는 최고 수준의 발효커피 전문가인데 말이다.

다시 노가다를 계속해야 할지도 모르는 원점으로 돌아왔다.
일이 가능한 내년까지 일할 수도 있지만 최소한 노가다 시작한 지 1년이 되는 9월까지는 해야 한다.
운명이야 항상 변하지만 초심은 잃지 말자.
다 온 것 같던 천로역경은 생각보다 멀리 있으니 말이다.

48. 5월 14일 화요일 맑음. 작업 40일 차

해 뜨는 시간이 확실히 빨라졌다.
뜨는 태양을 보며 각오를 다지는 날도 얼마 안 남았을지 모른다.
가정을 하는 건 현장은 모든 게 확실하지 않기 때문이고 잡부인 우리가 알 수도 없다.
다만 마무리 공정과 남은 자재 등을 보면서 추정할 뿐이다.
팀장과 나의 결론은 현장의 끝은 6월 말이다.
이제 한 달 반 남은 현장의 마무리를 위해 열심히 달려야 한다.

마무리는 현장도 중요하지만 사람도 마찬가지이다.
너무 상대와 가까웠거나 말이 앞선 경우가 있다면 적당히 물을 타야 뒤탈이 없다.

그 대상은 노가다 현장에서 만난 모든 사람이다.

눈치로 보는 그들 간의 선입견은 사실을 근거로 한 객관적 판단을 넘어서기 때문이다.

이를 보면 분명 직업에는 귀천이 있고 그 최하층을 달리는 노가다이다.

한마디로 노가다는 상종 못 할 것들이 대부분이란 말이다.

감정에 쌓여 오늘 말하는 노가다는 모든 걸 시원치 않은 자기 기준으로 생각하는 자를 말한다.

생각과 행동이 저급하여 공존할 수 없고 신뢰할 수도 없다.

내 천로역경의 마지막 길은 결국 사람과의 마찰이다.

특히 믿었던 사람의 이유 없는 변화는 실망감을 넘어 배신감도 느낀다.

이 같은 결과가 노가다뿐이 아닐 것이니 갑자기 한국에서 살기가 싫어진다.

왜 내가 한국을 떠났는지를 다시 기억하는 순간이다.

어쨌든 난 오늘도 최선을 다해 현장에 적응한다.

오늘 한 일은 어제 펌프로 다 빼지 못한 물을 수동으로 뺀 것이다.

짧고 작은 용량의 손 펌프로 수십 통 이상의 물을 혼자 퍼냈으니 결코 적은 양은 아니다.

일을 열심히 하는 이유는 나의 오래된 습관이기도 하다.

평생 일을 해 오면서 적당히 하여 안 좋은 끝을 수없이 보았으니 그에 대한 반발인지도 모른다.

오늘도 적당히 하란 말을 들었으나 다행히도 끝은 내 결정이다.

적당히는 며칠 전 볶은 커피 맛에서도 차이가 난다.

한 번은 너무 태웠고 다른 건 너무 로스팅이 약해 내가 원한 맛이 안 난다.

내가 마시면 그만이지만 상품이라면 버려야 한다.

이 현장도 마찬가지로 돈 받고 지어 주는 남의 건물은 대충하면 안 된다.

콘크리트 타설 전 거푸집 안에 물이 가득 있음에도 그냥 친다면 강도에 문제가 생긴다.

이번은 내가 모두 제거했지만 다른 경우도 있을 것이다.

철근 청소 한다고 강도에 전혀 관계없는 반생이나 결속선 줍는 것도 마찬가지이다.

차라리 이어 치는 부분의 슬러지를 완전히 제거하는 것이 중요한데 잘 안 보인다고 가끔은 넘어가기도 한다.

아무리 설계를 잘하고 시방서를 완벽하게 작성해도 현장 결과는 의외로 잡부의 비중이 크니 아이러니하다.

여기서 잡부는 관리자인 직영반장들을 포함한다.

최고라는 삼성이 이러니 다른 건설사는 어떨까 궁금해진다.

일이 끝나고 차 안에서 출판사 교정 담당에게 전화했다.

편집이 끝나 내가 최종 검토할 시간이 언제인지 궁금하기 때문이다.

필요하다면 검사를 위해 밤을 새울 각오도 하고 있다.

어쨌든 표지는 목요일 그리고 편집은 이번 주 안으로 나온다 하니 기다릴 것이다.

내일은 부처님 오신 날로 도시락을 싸야 한다.

마트에서 빵을 안 팔아 일부러 파리바게뜨까지 가서 사야 했다.

집세도 내야 하기에 가는 길에 들렀지만 굳이 10쪽에 3,400원 하는 빵을 사고 싶지는 않다.

현장에서 판다면 샐러드만 가져가 만들면 되는데 말이다.

한 끼 식사비 6,050원도 이상하지만 이 현장의 아침 식사는 정말 다이어트식이라 내 건강에 도움이 안 된다.

사실 오늘 아침은 새벽 두 시에 먹은 300g의 훈제 연어가 대신했으니 점심때까지 전혀 문제가 없다.

하지만 1kg에 27,700원은 식사 대용으로는 너무 비싸다.

계속 같은 걸 먹으니 좀 느끼하고 말이다.

49. 5월 15일 수요일 비. 작업 41일 차

새벽에 시작한 천식이 아침을 넘어서도 멈추지 않는다.

더하여 아침부터 땀이 나 옷이 모두 젖어 체온이 떨어진다.

결국 젖은 옷을 갈아입었으나 찬 바람과 함께 내리는 비는 가슴을 더욱 차갑게 식혀 하루 종일 잦은 기침을 동반했다.

참으로 오랜만에 맞이하는 천식으로 나는 무력해졌다.

갑자기 전사에서 탈영병의 마음이 되어 버렸다.

돌아갈 곳 없는 병사는 죽을 때까지 싸우지만 돌아갈 따뜻한 집과 가정이 있다면 탈영병이 될 수도 있다.

물론 성냥팔이 소녀처럼 모든 건 상상 속이나 난 지긋지긋한 현실을 떠나고 싶어 한다.

잠시지만 그들이 서로 아낄 수 있다는 내 생각은 착각이었다.

사회의 최하층이자 약자지만 그들 속에도 서로 잡아먹는 약육강식은 분명히 존재한다.

남을 부려야 조금이라도 자신을 돌볼 수 있으니 노가다 현장에서는 의리 같은 건 전혀 없다.

난 반복되는 기침으로 퇴근 시간인 2시를 채우지 못했다.

돌아가는 차 안에서 난 병원장을 원망한다.

얼마 전 내가 요구한 벤토린만 있어도 이렇게까지 허무하게 당하진 않았을 것이기 때문이다.

그는 내 증세를 감기로 보았고 나 또한 심각하게 말하지 않았다.

사실 그를 탓할 것도 없이 모든 건 내 자만이다.

아우들에게 실망을 느낀 것도 다 내 착각이 시발점이고 말이다.

집에 돌아온 나는 '지르텍'을 찾아 복용했다.

일종의 항히스타민제로 알레르기에 바로 효과가 있는 약이다.

하지만 하루 종일 한 기침은 폐에 충격을 주었기에 담배는 삼가고 몸을 따뜻이 한 채 영양식을 먹는다.

자연 치유는 최고의 의술이나 조심하지 않으면 최악의 결과가 나오기도 한다.

이를 방지하려면 내 커피를 진하게 마셔야 한다.

믿거나 말거나 사향의 효과이다.

자다 깨다를 반복하고 그때마다 호흡이 조금씩 좋아진다.

새벽이 되자 몰라볼 정도가 되었으나 난 방심하지 않고 뜨거운 물 샤워로 마무리한다.

이제 천식의 후유증은 사라졌으니 날이 밝으면 병원에 가 약을 타 오면 된다.

어떤 약이 될지는 모르지만 의사와 충분히 상의하련다.

먼젓번처럼 대충 말해 오진하지 않게 말이다.

50. 5월 16일 목요일 맑음. 열외 9

어떤 핑계건 하루를 쉰다는 건 행복하다.

가끔 안 나오는 사람들이 이해되지만 내가 그들을 닮아 갈까 우려도 된다.

이번 달은 아직 15일 남았고 일할 수 있는 날도 13일이니 수입을 합치면 170만 원이 넘는다.

창고를 야적장으로 옮기는 게 25일이니 정말로 5월 말경 일이 끝날 수도 있다.

이제 책이 팔려야 하는 이유가 하나 늘어났다.

하지만 난 아직도 친구에게 부탁하지 않고 있다.

명찬이가 알아서 한다고 했지만 그 내용을 물어보지조차 않고 있는 것이다.

출판이 얼마 안 남은 시점에 나는 내 자존심과 현실적 필요 사이에서 고민하고 있다.

  도와줘 봐야 신간 가판에 진열되는 것이고 책이 괜찮으면 당연한 순서이기도 하다.

  얼마나 오래 진열되는지는 모르지만 말이다.

  설사 도움을 받았다 치더라도 책이 안 팔리면 그런 망신이 없을 것이다.

  갑자기 부정적인 건 다시 내 글이 재미없어졌기 때문이다.

  변하는 커피 맛처럼 글도 집중 여하에 따라 그 색이 변하니 정말 인간은 나부터가 너무도 변덕스럽다.

  유튜브에서 본 내용은 모나리자가 5천억 원이라는데 그림이 좋은 건지 지금까지 알려진 대가인지 모르겠다.

  살아생전 그림 한 점 못 팔다 죽은 고흐가 요즘 비싸게 팔리는 건 상술이고 말이다.

  내가 글을 많이 써 놓고 죽으면 저작권을 산 누군가가 나를 띄움으로써 돈을 벌 수도 있다는 말이다.

  어찌 보면 종교가 흥한 원리와 비슷하니 인간은 참으로 못된 동물이다.

  그래서 지구를 지배하는지도 모르지만 말이다.

  명찬이와 통화를 했으나 위의 내용은 전혀 없었다.

  그 대신 이번 공사의 허점에 관해 말했는데 그런 내용은 많이 까야 한다며 그는 즐거워했다.

  지금까지의 나의 경험으로 본다면 부실로 인한 사고는 이미 예견되나 문제는 이런 내용이 덮어지는 것이다.

예를 들어 무너진 삼풍백화점의 경우도 기술자들 사이에서는 이미 예상하고 있었다.

사고 전 건설 기술인 교육에서 들은 이야기로는 최상층에 있는 수영장이 아무리 보수를 해도 계속 물이 새는 것이다.

이는 이미 건물이 갈라지기 시작해 방수가 안 되는 것이나 아무도 이에 대해 입을 열지는 않았다.

요즘처럼 말 많은 세상이라면 벌써 이슈가 되고도 남았지만 말이다.

하지만 모순되고 감춰지는 게 건설뿐인가.

내가 관련된 도의 지방 활성화 자금으로 5천억 원이 책정되었다며 이를 빼먹으려 혈안이 된 자들은 지금도 방법을 찾고 있다.

다른 건 몰라도 내가 직접 관여된 비닐하우스에서 커피 키우는 사람들 대부분이 이에 해당된다.

내 이름을 이용해 필리핀에서 땅을 팔던 자와 상통하니 내가 어찌 그들과 계속 같이할 수 있었겠는가.

진짜로 연구비가 필요한 나는 한 푼도 받은 적이 없고 말이다.

난 사회성이 부족한 게 아니라 그냥 고지식할 뿐이다.

엿 같은 사회를 탓하다 시간이 되어 병원에 갔다.

엑스레이까지 찍었으나 나의 폐는 너무 깨끗하고 폐의 기능도 정상 범위에 속하니 담배 이야기는 쏙 들어갔다.

그 외의 검사로는 과거 축농증 증세가 조금 있었다고 한다.

난 담배가 필요한 이유를 설명하고 글이 끝나는 한 달 반 후에는 끊을 거라 했더니 의사는 축하해 준다.

담배가 아니라 글을 써서 이번에 출판이 되는 사실 말이다.

결국 어떤 약도 추가 처방 없이 내가 의도한 대로 천식약만 받았으나 벤토린이 아닌 새로운 약이다.

강력하나 필요시 흡입하는 벤토린 대신 하루 2회 미리 흡입하는 보다 비싼 수입 약 '심비코트'이다.

병원을 다녀온 후 글을 쓰다 돈 받으러 사무실로 나갔다.

5시경 차가 도착했으나 아무도 인사를 안 한다.

노가다는 조금이라도 필요 없다면 먼저 고개 숙일 이유가 없다고 보는데 정말 바보짓이다.

어찌 보면 교도소의 수용자들과 처세가 비슷한데 이들은 갇혀 있는 게 아니라 돈 벌러 나왔다.

난 이제 형님이라 부르는 게 친밀감이나 존중의 표시가 아니라 집단을 형성해 주도권을 잡으려는 행위임을 알았다.

그리고 내가 이미 하고 있음에도 지시하듯 다시 말하는 태도도 이해했다.

그는 자신이 나를 지배하고 있다고 믿는 것이다.

참으로 대단하고 한심한 그들의 생각에 어이가 없지만 난 그냥 웃고 만다.

그들이 변하든 어떻게 생각하든 내가 계속 일하는 것과는 별로 상관없기 때문이다.

아무나 시키는 대로 일하는 잡부들이 별짓 다 한다.

새로 받은 약은 효과가 바로 있었다.

의사 말대로 기관지를 확장시켜 조금씩 폐를 정화시켜 나간다.

1병이 120회 사용이고 하루 두 번씩 한 번에 2회를 흡입하니 두 병으로 두 달은 갈 것이다.

한동안 잠 못 이루게 하던 천식이 결국 해결되니 낮에 숙면을 취할 수 있었다.

그래서인지 오늘은 12시가 넘었는데도 잠 못 이루고 있다.

다른 날 같으면 지금 일어날 시간인데 말이다.

내일을 위해, 아니 오늘을 위해 조금이라도 자야 한다.

51. 5월 17일 금요일 맑음. 작업 42일 차

하루 일을 안 나갔음에도 모든 것이 낯설다.

노가다가 하루하루 먹고사는 직업이란 게 실감이 난다.

내가 없는 동안 김 씨가 목소리를 올리고 나와 동갑인 조 씨가 내 역할을 하고 있다.

팀장은 나이 먹은 사람을 부리는 맛에 길들여졌나 보다.

하지만 내가 돌아왔기에 모든 건 원래대로 되었다.

오늘 일은 WWT동, 오수 처리장 청소이다.

먼젓번 콘크리트 타설 시 흐른 슬러지를 열심히 청소한 게 시각적 효과가 있었나 보다.

일의 지시는 먼저처럼 과장급인 사무실 직원이 직접 한다.

그런데 항상 엄격하던 안전 관리가 무시되었다.

거대한 탱크 안에 들어가면 안전 고리를 걸어야 하는데 아무도 개의치 않는다.

우리뿐 아니라 이미 작업을 하고 있던 인부들도 마찬가지이다.

온몸을 보호 장비로 뒤집어쓴 FRP 작업자들 말이다.

난 삼성 반도체 현장에서 일어난 사망 사고를 떠올린다.

아무리 삼성이 안전을 중요시해도 하청업체나 인부들이 말을 안 들으면 소용없다.

하지만 을의 선택도 갑인 삼성E&A의 책임이다.

문제는 지금 FRP 작업을 시작하는 것이다.

그리고 우리는 그들을 위해 청소를 해야 하는데 FRP 작업자가 그라인더로 표면을 갈라고 지시한다.

FRP, 즉 유리섬유 강화 플라스틱으로 그라인더를 쓰면 미세한 유해 물질이 엄청 나온다.

법적으로는 모르지만 내가 직접 경험한 바에 의하면 그렇다.

보라카이에서 지인의 FRP 보트를 수리해 주었는데 기관지는 물론 눈과 피부에도 심각한 영향을 미쳤다.

그런 이유로 팀장이 그라인더를 작동시키자 난 바로 그 자리를 떠났다.

사실 이틀 전 천식도 전날 이곳에서 일한 이유 때문으로 의심하고 있었기 때문이다.

밖에 나온 나는 황 반장에게 설명했고 그는 알아들었다.

난 다행이라 생각하며 야적장에서 일하는데 팀장이 와서 내일 나오지 말라면서 화를 낸다.

 난 팀장에게 그럴 권한이 없다 하고 내 말에 동의한 황 반장을 거론했다.

 어쨌든 그는 잡부가 일을 거부하면 안 된다 하였고 난 위험하니 팀장도 하지 말란 말만 반복한다.

 하지만 나 대신 이 후배가 교체되어 작업은 계속되었다.

 정말 이해할 수 없는 처사이나 그 뒤를 모르니 일단 내 손에서는 벗어났다.

 난 바로 유도원 임무를 배정받아 펌프카로 달려간다.

 이상한 분위기는 계속되었다.

 내 임무가 원래 하던 자리인 중간 유도원이 아닌 펌프카 주변의 통제이다.

 그것도 예외적으로 사무실 직원이 나와 직접 지시한다.

 펜스가 쳐져 있어 아무도 접근하지 못하는 펌프카 주변을 말이다.

 어쨌든 난 임무에 충실했고 늦은 점심 식사에도 불구하고 서둘러 TBM에 참석했다.

 하지만 나를 본 황 반장은 빨리 유도원으로 복귀하라는데 그 눈치가 또 어색하다.

 마치 다른 사람들과 분리시키고 싶은 모습이다.

 그는 내가 일이 얼추 끝났다 하니 이번에는 8층 가서 일을 도우라 지시한다.

 그런데 이상한 건 직영반장들이 8층에 모두 모인 것이다.

 나만의 착각일 수도 있으나 그리 중요하지 않은 콘크리트 잔여물 청소에 반장들이 모두 모인 것은 이례적이다.

  하지만 난 다시 유도원 업무에 배정되었다.
  오후는 WWT동 타설이 예정되어 있었으나 원래 나는 전혀 배정이 없는 상태였다.
  더욱 이상한 건 여성 유도원이 나보고 "마음대로 하세요."라고 한 것이다.
  보통은 자신이 내 위치를 지정해 주었는데 말이다.
  임무가 끝나고 돌아오는 차 안에서 난 한마디도 하지 않았다.
  누가 이 내용을 알고 있나 궁금했지만 다른 동료들은 모르는 눈치이다.
  다만 분명 문제가 있음에도 팀장이 입을 다물고 있는 모습이 조금 이상했다.
  어쨌든 나는 일당 받고 고시텔로 돌아왔다.
  출판사에서 보낸 2차 교정을 검토해야 하는데 얼마 후 잠이 들었다.
  심리적인 피로가 육체노동을 넘어서는 하루였다.

52. 5월 18일 토요일 맑음. 열외 10

  새벽에 원고 교정을 검토하나 역시 시간이 많이 걸린다.
  그리고 정신노동은 정말 에너지를 많이 소비시켜 도시락도 포기하고 간신히 커피만 챙겨 나섰다.
  팀장 말대로 사무실에서 기다리니 모두 6명이 되었다.

차를 타기 전 팀장과 어색함은 대화로 풀었다.

대화 내용은 어제와 마찬가지로, 잡부는 시키는 대로 해야 한다는 팀장과 위험하면 거부해야 한다는 나는 융화되지 않았다.

그동안의 의리 때문인지 목소리를 낮추기는 했지만 말이다.

차는 출발했고 조식 후 현장에서 조회를 기다리는데 갑자기 사무실에서 전화가 왔다.

나 때문에 6명 모두 퇴출될 거라는 이 사장의 화풀이이다.

아무리 생각해도 참으로 이상한 결론이다.

작업 지시 거부면 당사자만 퇴출하면 되는데 전 인원을 거론한다.

그가 거짓말할 일 없으니 월드건영에서 전달받은 모양이다.

내 느낌은 위험한 작업 지시가 거부당하자 서둘러 은폐하려는 의도처럼 보인다.

그렇다. 이 현장은 삼성이고 부당 작업에 대한 거부권이 장려되는 곳이다.

그들은 혹시라도 삼성에 보고되는 걸 두려워했는지 모른다.

솔직히 모두가 특수복을 입고 근무하는 완전 밀폐 구조 안에서 FRP를 그라인더로 갈게 한 건 미친 짓이다.

그리고 책임자인 황 반장은 위험성을 인정하였고 말이다.

내 상상일 수도 있으나 관계된 누군가 감정적으로 월권행위를 한 것이 분명하다.

어쨌든 나는 조회 중인 일꾼들의 뒷모습을 보며 가방을 메고 정문을 나선다.

퇴출되어 돌아가는 길은 의혹이 난무한다.

이 결정에 누가 어디까지 관여되어 있는지 전혀 알 수 없기 때문이다.
사무실에 도착하면 알 수 있을까 했으나 문이 잠겨 있다.
난 고시텔로 돌아와 교정된 일기 검토를 마무리한다.

내 일기는 생각보다 수필에 가깝지만 그 양이 상당하다.
어제 3시간 그리고 새벽에 1시간을 읽었으나 다시 5~6시간이 더 소요되었다.
아무리 정독을 했어도 10시간이나 읽었으니 너무 긴 게 아닌가 생각된다.
380페이지 가까이 되니 웬만한 장편 소설 분량이다.
하지만 명찬이도 그렇고 교정 담당도 괜찮다 하니 그대로 내기로 했다.
교정 담당자의 귀찮음도 고려했지만 난 그의 인격을 믿는다.
그가 교정하는 성의를 보면 그의 성품이 곧은 걸 알 수 있기 때문이다.

동료들이 돌아올 시간이 되자 난 작업화를 받으러 나갔다.
서둘러 나오느라 마대 자루에 넣고 안 가져온 것이다.
작업화를 가져온 김 철은 앞으로 못 볼지도 몰라 한잔하고 싶었으나 그는 내게 말 걸지 않는다.
미리 내용을 지시받은 것처럼 무표정하고 말이다.
시장에서 돼지고기를 사서 돌아오니 조 씨가 전화를 해 아무도 돈을 못 받았다고 한다.
사장과 사장 형이 싸우고 난리 났다는데 표현이 좀 이상하다.
원래 그가 엉뚱한 소리를 잘하니 믿을 건 없지만 확인하고 싶은 생각도 없다.

  내용이 진실이든 가식이든 나하고는 이미 끝난 관계이다.

  사무실뿐 아니라 형님 동생 하던 자들도 마찬가지이니 참으로 불쌍한 노가다 인생이다.

  재미있는 건 이틀 전 벌써 더 이상 노가다하기 싫어졌다고 선언한 나이다.

  결과를 예측한 건 아니고 그런 느낌이 강하게 밀려왔다.

  사실 오늘 아침에도 온몸에 힘이 하나도 없었다.

  어젯밤 교정을 검토했다고 하나 잠은 9시에 들었는데 말이다.

  난 정말 이상하게 내가 원하는 대로 되는데 이번 출판도 그랬으면 좋겠다.

  내가 원하는 건 1만 부 이상의 판매를 말한다.

  노가다 일은 끝났으나 일기는 계속된다.

  남은 돈은 출판비를 제외하면 딱 두 달 살 수 있는 정도이다.

  너무 비관적이나 난 최악의 상황도 고려해 기초 수급을 다시 생각한다.

  책이 잘 팔릴 수도 있고 얼마 안 팔려도 책을 읽은 일부는 투자자가 될 수도 있는데 말이다.

  어쨌든 망가진 몸과 마음을 회복하는 것도 노가다 일기에 포함된다.

  제목처럼 커피 관련 일도 계속하고 말이다.

  일단 필 만큼 핀 담배를 끊은 후 《커피 헌터 다이어리》를 손보려 한다.

  그리고 시간 많으니 천천히 하나씩 출판될 책을 기다리자.

이제 정상(?)적인 내 삶으로 돌아갈 시간이다.

53. 5월 19일 일요일 맑음. 열외 11

새벽 알람을 무시하고 아침까지 잔다.
아침이래 봐야 5시 전이니 역시 새벽이지만 해는 바로 떠오른다.
먼저 한 일은 책 소개와 출판사 서평을 수정했다.
어제 사태로 보면 노가다가 어떤 경우에도 해피 엔딩이 아닐 수도 있다는 내용을 첨가한 것이다.
다음은 부당한 작업 지시와 해고를 고발하려 했으나 찾은 곳이 없어 《한겨레》 신문사에 투고했다.
유튜브를 보니 작년에 시공한 삼성바이오로직스 4단지 현장의 문제점이 검색된다.
지금은 개선된 화장실과 주차장이 대두되었으나 큰 이슈는 아니었다.
그 대신 4개월 전 추락사한 반도체 현장이 돋보인다.
하지만 일반 뉴스에는 어디에도 삼성을 까는 경우는 없고 오히려 극찬하고 있으니 결국 파워 게임인가 보다.

난 대기업의 국내 사업 확장에는 별로 관심이 없다.
그들이 삼성이든 외국 회사든 한국 인력을 쓰고 똑같이 세금은 낼 것이기 때문이다.
이는 삼성 등 대기업이 외국에서 현지 공장 차리는 것과 마찬가지이다.

그들은 기업을 위해 가장 좋은 조건을 찾는 것뿐이다.

2000년대 초 법인세 감면으로 대량의 외국 기업을 유치해 경제 발전에 성공한 아일랜드가 생각난다.

다 알고 있는 사실이지만 그 당시 한국 정치인들은 두바이로만 몰려갔다.

눈에 보이는 것이 전부인 한국 정치인들 말이다.

아침 먹고 옥상에서 2개 있는 작업화를 닦았다.

언제 다시 쓸지 모르지만 일단은 정비 후 보관하려 한다.

방으로 오니 어제 통화하려 했던 필규가 전화했다.

지금 출판하려는 책의 분량이 너무 많은 건 아닌지 확인하려는 것이다.

역시 문학박사인 필규는 원고지 장수로 글의 분량을 본다.

덕분에 난 문서 분량 찾는 걸 배웠지만 중요한 건 아니다.

필규는 원고지로 1,000~1,100장 정도가 적당하다고 했다.

양을 정하고 글을 쓰는 건 아니지만 내가 쓴 건 일기라 얼마든지 그 양을 조절할 수 있다.

작업 일수 99일이 아니라 80일 정도로 줄일 수 있단 말이다.

하지만 다시 봐도 끝나는 시점이 중요하다.

명찬이와 냉면을 먹으며 제목을 거론하고 러시아 케이크를 먹으며 앞날을 상의했기 때문이다.

그래서 글은 원래대로 출판하기로 했다.

시간이 여유 있자 그동안 못 한 화장실 청소를 한다.
변기는 물론 벽과 바닥에 낀 곰팡이까지 모두 깨끗이 했다.
바쁘다는 핑계로 한 시간도 안 되는 일을 미루고 또 미룬 것이다.
또 뭘 할까 생각하다 일단은 쉬기로 했다.
갑작스러운 퇴출은 멘털이 강한 나에게도 충격으로 다가온다.
노가다 일을 안 하면 계획한 만큼 돈이 충분하지 않기 때문이고 일기의 2부도 끝나려면 아직 멀었다.

한동안 마음을 가라앉히자 명찬이가 전화했다.
그가 교회 가는 일요일은 방해를 안 하려고 전화도 삼가는데 말이다.
특별한 내용은 없으나 그의 말은 항상 명쾌해 내게 힘을 준다.
최후의 결론은 눈앞에 두 개비 남은 담배를 끊기로 한 것이고 그는 매우 반긴다.
사실 난 담배를 즐기는 편이나 글을 쓸 때를 제외하면 안 피워도 그만이다.
아, 배낭여행 중 위대한 자연 앞에서는 가끔 핀다.
인간의 경지를 벗어나 자연의 신을 영접하려는 아메리카 인디언들처럼 말이다.
아주 독한 인도네시아 로컬 말보로의 4㎎ 니코틴이면 가능하다.
필터가 없어 담뱃진에 입술이 부르트지만 말이다.

돈을 아껴야 하니 아무것도 살 수 없었다.
고시텔은 밥과 김치가 나오기에 돼지고기 만 원어치만 사면 3~4일 음식으로 충분하다.

잘게 썬 돼지고기에 양파와 마늘, 고추 등을 넣고 볶듯이 요리하면 밥과 환상적이다.

좀 크게 썬 돼지고기로 김치찌개를 끓이면 또 다른 즐거움이고 말이다.

돈은 아끼면 얼마든지 생활이 가능하나 정신적으로는 궁핍하다.

그래도 노가다를 하면 돈을 벌어서 먹고 싶은 과일도 살 수 있으니 모든 면에서 일단은 풍요롭다.

젠장. 결론은 노가다를 지속해야 하는 것인가?

노동은 신성하지만 최소한 한국 건설 현장에서는 그렇지 않다.

사실 내 계획은 이번 달 말까지라도 일을 하는 것이었다.

대략 2주 정도지만 200만 원의 추가 수입이 생기면 한 달 이상이 여유롭다.

6월 초 책이 나올 것이고 앞날은 아무도 모르지만 만일의 경우를 대비해 다른 현장도 생각하고 있다.

서로 경쟁 관계인 용역 사무소가 인력에 관한 정보를 교환하지 않은 게 천만다행이다.

어찌 보면 노가다도 그리 자유로운 직업은 아니다.

* 용역 사무실도 지역에 따라 블랙리스트가 공유됨을 나중에 알았다.

내일이 없는 나는 그래도 일찍 잠이 들었다.

새벽 잠결로 심장에 피가 도는 걸 느끼면서 말이다.

담배를 안 핀 대가로 영양이 공급되는 심장은 약간 가려움을 느끼는데 회복되는 징조이다.

담배를 핀다면 숙면은 필히 지켜야 하는 요소 중 하나이다.

긴 호흡과 땀을 내는 것도 중요한데 공기가 차갑고 탁한 한국에서는 힘든 일이다.

내가 즐기는 흡연은 따뜻한 남쪽 나라 바닷가에서나 어울린다.

54. 5월 20일 월요일 맑음. 열외 12

일을 안 나가니 금연과의 싸움이 시작되었다.

경제적 여유가 없는 사람은 사실 갑작스러운 금연이 어렵다.

돈이 많아야 자신을 돌볼 수 있으니 아이러니하다.

하지만 돈을 아껴야 하고 내 글에 대한 교정 검토도 끝났기에 일단 시도하는 것이다.

운동을 하려 했지만 아직은 내키지 않아 계획만 세웠다.

먼저 통장 잔고를 확인한 후 근로 장려금 신청하고 기초 수급 받는 날을 계산해야 일정이 나온다.

돈이 여유 있으면 제주도나 동해안을 다녀오고 싶으나 아직은 모든 게 불확실하다.

지금 가능한 일은 돈을 아끼고 건강을 챙기는 것이다.

금연을 하니 단맛이 자주 당긴다.

찰떡파이와 바나나를 모두 먹고 현장에서 먹다 남은 사탕과 캐러멜까지 찾아 먹었다.

하지만 천식약이 없이도 확실히 호흡이 좋아졌다.

이제 나는 완전히 금연할 생각으로 아무것도 안 하고 무료하게 시간을 보낸다.

최소 3일만 버티면 그다음은 쉽게 넘어가기 때문이다.

별로 할 일이 없다면 충분히 가능하다.

침대에서 뒹굴고 있는데 팀장에게서 전화가 왔다.

황 반장이 OK 했다며 내일 다시 일 나오라는데 믿을 수 없는 사실이다.

다시 추론을 해 보니 사무실에 나를 해고하라 어필한 자는 분명 월권을 한 것이다.

그날 황 반장은 있지도 않았고 그는 나의 작업 거부에 대해 이해하여 화내지도 않았었기 때문이다.

긍정적으로 보면 그렇지만 재출력에 대한 다른 느낌도 든다.

오늘 아침 유도원 단톡방에 내가 현장에서 쓴 글이 6월 초 책으로 나온다고 했다.

누군가는 자신의 회사가 노출되는 이런 내용을 꺼릴 수도 있고 그것도 퇴출된 사람이 쓴 글이라면 더욱 신경 쓰인다.

얼마 남지 않은 현장이기에 끝까지 무난히 넘어가야 서로에게 좋을 것이다.

그냥 나의 상상일 수도 있지만 말이다.

혹시나 한 나는 다시 단톡방을 보니 내일 일이 많아 모든 유도원의 일정이 잡혀 있다.

어쩌면 유도원인 내가 필요해서인지도 모른다.

다시 현장 일 나가는 건 많은 걸 의미한다.

지금 겨우 겨우 A4 100페이지, 원고지 600장인 내 글을 지속할 수 있고 경제적으로도 안정이 된다.

6월 말까지 일한다면 실업 급여를 신청할 수도 있고 회사 말대로 5월 말 끝난다면 다른 현장에서 좀 더 일하면 된다.

그럼 나는 지금 쓰는 삼성에서의 일에 다른 현장 일을 더하여 책의 2부를 끝낼 수 있다.

어쨌든 이상하게 온 위험한 순간은 역시 이상하게 풀렸다.

이쯤 되면 이번에 나를 돕고 있는 뭔가를 내가 믿고 있다는 게 실감이 날 것이다.

내 어깨의 청룡 문신 때문인지 모르지만 말이다.

다시 전투에 참가하는 전사처럼 아드레날린이 돈다.

전화기를 충전하고 작업화를 준비하며 내일 먹을 도시락을 위해 빵과 바나나도 샀다.

근데 교정 담당 이 주희 씨로부터 전화가 와 있었다.

다시 쓴 책 소개와 출판사 서평 때문으로 일은 간단히 마무리하니 아마 마지막 교정 상담일 것이다.

난 그에게 필규가 말한 너무 긴 내 글에 대해 물었으나 읽기 쉬운 내용이라 문제없다고 한다.

그런데 이해는 가면서도 너무 쉬운 글이란 게 마음에 걸린다.

어쩌면 별 볼 일 없는 노인네의 주책이 될 수도 있다.

* 나중에 들은 말은 가독성이 좋다는 뜻이란다.

사실 처음 일기를 쓸 때는 이슈를 포함시키려 했다.

자본주의로부터 핍박받는 노동자나 현장의 모순 그리고 용역 사무실의 병폐 등을 거론하면서 말이다.

지금 일하는 현장이 업계 최고인 삼성이니 꼬투리 잡기 좋은 최고의 대상임은 말할 것도 없고 말이다.

하지만 내가 원했던 결론은 노가다로 번 돈으로 다시 살아가는 것이고 지금까지는 그런대로 잘해 왔다.

어처구니없는 이번 일이 생기기 전까지는 말이다.

그리고 내 나이가 되면 세상살이에 대한 관한 대부분의 일을 이해할 수 있다.

기업이든 개인이든 가끔 실수도 하지만 이후 개선된다면 그리 나쁜 건 아닌 것이다.

삼성이 그렇고 얼마 전까지 화낸 월드건영도 그렇다.

그들의 본마음은 아직 모르지만 말이다.

제5장 순탄하게 보내는 잡부 유도원의 투잡 일상

55. 5월 21일 화요일 흐림. 작업 43일 차

겨우 3일 일을 안 했지만 묘하게 낯선 느낌이 든다.

말 없는 동료들이 그 골을 더 깊이 만드나 다행히 김 철이 다가왔다. 그는 처음 느낌대로 시골스러운 착한 동생이다.

하지만 진짜 반가움은 유도원 교육장에서 벌어졌다.

평소 좀 세련됐다 느꼈던 박 ○○ 이모가 다가와 코앞에 얼굴을 대고 반가움을 표한다.

다른 이모는 책 나오면 꼭 사 보겠다 말하기도 한다.

난 사건과의 연관을 넘어 유도원 여성들의 이런 적극성이 너무 좋다.

글을 쓴다는 것 하나로 삭막한 노가다 세상에서 지적 능력이 있는 우성 인자가 된 것이다.

그녀들에게 배우자의 선택을 맡겼으면 인류는 보다 진화했을 것이다.

여성들이 얽매여 있던 조선 말기가 한민족 최대의 수난 시기였음을 잊으면 안 된다.

인위적으로 시원치 않은 DNA까지 유지시킬 필요는 없는 것이다.

소설《멋진 신세계》처럼 알코올에 적신 감마족도 필요할지 모르지만 사실은 알파족도 단순한 일을 즐길 수 있다.
굳이 마약과 같은 '소마'도 필요 없이 말이다.

갑자기 열등의 기준이 의심스러워졌다.
적자생존의 의미는 시대에 따라 달라졌는데 지금은 경제력이 우선이라 본다.
사회성 없는 나는 인간 세상의 최우선 퇴출 대상이다.
그런 내가 이미 수많은 인자를 세상에 뿌렸다는 건 과거의 영광이 있어서이다.
난 몰락한 귀족의 후예처럼 그들의 삶을 지켜볼 것이다.
그러고 보니 여성에 대한 우성 인자의 기준이 글에서 제외되었다.
고전 《박씨 부인전》의 주인공이 엄청난 능력에도 불구하고 마지막에 나오는 외형적 변화가 없었다면 어떤 선택을 받았을까 궁금하다.
성형하고 몸매 관리 한 여성이 사회적으로 우대받을지는 모르나 인자가 변하는 건 아니다.
그럼에도 수컷은 그녀들에게 눈이 돌아가는 게 본능이다.
모르는 게 아니라 알고도 그러니 인간은 정말 단순하고 유치하기 짝이 없는 동물이다.

내 글에 대한 교정이 끝나니 헛소리가 다 나온다.
각설하고 노가다하러 나왔으니 본연의 업무에 집중해야 한다.
일의 시작은 잡스러웠지만 난 바로 콘크리트 타설 지원 유도원으로 차출된다.
차량 동선이 길어서라는데 사실은 별로 할 일이 없다.

근데 옆에서 크레인 유도를 하던 이모가 다가와 인사하며 사탕을 준다.

난 기억도 안 나지만 그녀는 나를 알고 있다.

유도원 시험에 한 번에 합격한 것까지이니 수백 명이나 되는 이 현장 유도원들은 별도의 정보망이 있나 보다.

확실히 대한민국 여성들은 남자와 차별되는 우수성이 있다.

가끔은 너무 독자적인 행보를 보이기도 하지만 말이다.

별것 아닌 내 업무가 계속 연장되어 간다.

처음 6대였던 레미콘이 물량 산출 미스로 15대가 되더니 결국 22대까지 늘어났다.

퇴근 시간인 4시에 레미콘 3~4대 물량이 끝났으니 연장 근무는 확실한데 언제 끝날지는 모르겠다.

레미콘 타설은 경우에 따라 한 시간에 한 대를 칠 수도 있기 때문이다.

6시가 되자 마감을 보는지 레미콘 차량들이 한 번에 몰려왔다.

난 틈을 내서 가방 속의 샌드위치와 바나나를 가져왔다.

언제 끝날지 모르기에 일단 빈속을 채워야 한다.

시간이 지나자 야근자들도 사라지고 어둠이 오기 시작한다.

수천 명이 일하던 현장에 불과 수십 명만 눈에 보인다.

안 보이는 곳에서 일하는 사람도 있겠지만 어쨌든 현장은 적막감이 돌고 있다.

하지만 직영 중 젊은 한 사람이 다가와 시간 때우는 내용을 말한다.

콘크리트 타설이 끝나면 이후 피니셔라는 일종의 미장 기계를 돌리는데 12시가 넘어야 마무리가 된단다.

그 말은 단순 연장 근무가 아니라 철야 작업이 인정되어 3일 치 일당을 받는 것이다.

일하는 게 아니라 옆에서 지켜보는 것만으로 목돈을 받으니 엄청난 혜택이 틀림없다.

그의 수입은 정확히 모르지만 대기업 임금을 넘어설 것이다.

이렇게 현장은 눈에 잘 보이지 않은 속칭 꿀 빠는 보직이 적지 않다.

9시에 일이 끝나니 11시가 다 되어 집에 돌아왔다.

난 샤워도 안 하고 잠이 들었는데 이유는 몸에 자극을 주기 싫어서이다.

어차피 새벽 3시면 일어나고 또 하루 종일 서 있기만 해 땀도 그리 나지 않았기 때문이다.

하지만 쉬울 것 같은 유도원은 생각보다 힘든 직업이다.

육체 피로에 정신적 노동까지 더하니 아무나 할 수 있는 것도 아니다.

어쩌면 안전에 대한 삼성의 판단과 대한민국 여성의 능력이 환상적인 매치가 되었다 볼 수 있다.

누구의 아이디어인지는 모르지만 축복받을 일이다.

56. 5월 22일 수요일 맑음. 작업 44일 차

출근하자마자 어제의 야근에 대한 평가를 기다린다.

난 내용을 유도원 단톡방에 보고했으나 황 반장은 자신에게 물어보지 않았다고 화를 낸다.

그러면서 레미콘 차량이 추월하다 적발된 것을 거론한다.

난 분명 레미콘도 유도해야 되는가를 담당에게 물었지만 쓸네없는 선례를 만들지 말자는 대답뿐이었다.

그럼 방향 지시만 한 나는 무죄이나 천천히 가라는 말도 해야 했었다.

별것 아닌 이 내용을 이유로 나는 유도원 업무에서 퇴출되었다.

황 반장은 삼성 안전 팀에서 원한다는데 누구나 써먹는 그런 거짓말은 믿지 않는다.

아마 자신에게 보고 없이 야근해 화가 났을 것이다.

어쨌든 난 잡부로 복귀한 것이나 느낌은 좀 이상하다.

나를 정리하려는 수순인지도 모르기 때문이다.

작업 거부가 아닌 다른 꼬투리를 잡아 해고해야 문제가 없기 때문인데 내가 너무 비약하는 건 아닌지 모르겠다.

기술자 수천 명이 일하는 위대한 삼성 현장에서 일개 잡부의 가치가 있기나 한지 모르고 말이다.

하지만 난 적당히 몸을 쓰는 이곳 현장 일이 좋다.

계속하면 피로가 누적되기는 하지만 못 견딜 정도는 아니다.

그리고 일하다 필요한 장비를 찾으려 이동도 하니 자동으로 쉬는 시간이 된다.

단체로 담배 피고 쉬는 시간 말고도 말이다.

오늘도 야적장에서 송풍기에 연료 채우고 청소기 찾아 현장으로 가는데 다시 전화가 왔다.

어제 하던 콘크리트 타설 유도원으로 근무하란 지시이다.

사실 방금 전 철근 단부 작업을 지원하라는 다른 지시도 있었으나 황 반장과의 통화 후 캔슬되었다.

  하지만 이번 전화는 사무실에서 온 것이고 이미 황 반장과 협의되었다 한다.

  펌프카로 가는 길에 만난 황 반장이 웃으며 "이번에는 좀 잘해요."라고 하는 걸 보니 그는 잘나가는 내가 좀 이상한가 보다.

  얼마나 계속할지 모르지만 난 유도원 일에 적극적이 되어 간다.

  사실 내가 실수를 자주 한 것 같지만 유도원 한 지 한 달이 조금 넘었고 이것저것 잡탕으로 해서 경험이 쌓이지 않았다.

  사회성 떨어지는 나의 고지식함은 적당히 눈치 보기와는 거리가 있고 말이다.

  확실히 현장 일은 논리적인 생각이 많으면 안 된다.

  그놈의 눈치와 잔머리는 학교와 군대 그리고 직장도 마찬가지더니 다 늙어 하는 노가다까지 지배하고 있다.

  난 역시 혼자서 하는 일이 적성에 맞다.

  글 쓰고 커피를 연구하는 건 아무도 간섭 못 하니 말이다.

  덕분에 먹고살기 힘들어 노가다나 하고 있지만 내 천직이다.

  먼저 한 일은 현장 내 차량의 서행으로 안전을 위해 중요한 일이기에 여러 번 강조되었다.

  그런데 속도를 내는 차에게 영어로 "Slowly"라고 외친 것이다.

  바로 한국말로 수정했지만 다시 생각해도 웃겼는데 더 이상한 것은 아무도 이런 실수를 모른다.

  어쨌든 오전과 오후로 나눠진 일은 무사히 진행되었다.

내가 맡은 자리가 너무 혼잡하고 또 지하로 전기선을 깔고 있어 가까이 가면 안 되는 포클레인이 눈앞에서 작업함에도 말이다.

어쩌면 나는 실제로 위험해야 최선을 다하는지도 모른다.

어제 별로 할 일 없이 레미콘 차량을 유도한 것과 다르게 담배 피는 것조차 조심한 오늘이다.

레미콘 차가 다 들어오자 송장을 받던 박 이모가 들어왔다.

그런데 나보고 일단 쉬라더니 바로 전화해 지게차를 유도해 달라고 한다.

퇴근 시간이 다 되었지만 그녀와 좋은 관계를 위해 해 준다.

일 끝나고 다시 펌프카로 돌아와 이제는 정말 가야 한다고 하니 그녀는 왜 그리 퇴근에 집착하냐 말한다.

시간이 돈인 일당쟁이 노가다 잡부에게 말이다.

한 소리 하려다 그냥 "팀원들이 기다린다." 하고 끝을 맺었다.

생각해 보니 연장 근무를 밥 먹듯 하는 그녀는 차를 가지고 다닐 것이다.

브랜드로 휘감은 그녀는 노가다계의 잘나가는 커리어 우먼이고 얼굴도 예뻐서 남자 직원들에게 인기도 좋다.

사무실에 돌아와 일당을 받으니 40만 원을 넘어간다.

기분 좋게 나서니 김 씨, 박 반장 그리고 조 씨가 한잔한다고 모여 있어 나도 참여한다.

장소는 단골집이 아닌 근처에 새로 생긴 순대 전문집이다.

음식은 깔끔하고 특히 순대는 먹을 만했다.

술이 한 잔씩 돌자 조 씨가 팀장에게 받은 출근 메시지를 보여 주는데 나와 박 반장이 빠져 있다.

김 씨는 개인 사정으로 내일 쉬기에 해당 사항이 없고 말이다.

더 이상한 건 인원이 줄어드는데도 교육받을 신입을 데려간다는 것이다.

아까 차 안에서 팀장에게 걸려 온 전화의 당사자인 것 같은데 요즘 일이 없어 모두 난리다.

하지만 이런 일은 예상이 된 것이고 지금 일 없이 노는 사람은 자업자득이다.

문제는 잘 나오던 기존의 팀원을 버리고 팀장 마음대로 사람을 바꿀 수는 없는 것이다.

다시 일 나오는 박 반장도 그렇지만 유도원으로 이중 일을 하는 나는 필수 요원이다.

술자리는 갑자기 성토장이 되었고 나는 목소리를 올렸으나 정확한 팀장의 의도는 확인해야 한다.

그가 횡설수설하는 조 씨를 이용해 팀원들을 떠보는 것일 수도 있기 때문이다.

결론은 이번 주까지는 두고 보기로 했다.

이날 술값 55,000원은 애매한 상황의 내가 냈다.

57. 5월 23일 목요일 맑음. 작업 45일 차

사무실에서 대기하는 사람이 모두 7명이나 되었다.

팀장을 포함하면 8명이니 황 반장 주문보다 한 명이 많은 것이다.

얼마 전만 해도 사람이 부족해 일 나오게 좋은 말로 설득도 했는데 일이 없으니 갑자기 몰려든다.

일당쟁이 노가다가 젊은이들 취업 경쟁처럼 되어 버렸다.

나이 먹어 노는 사람들에게 일 소개하려 했던 내가 경쟁에서 밀릴 수도 있는 것이다.

한때 내가 좋아했던 조선족이나 몽골 친구들에게 늙고 경험 없는 내가 밀린 것처럼 말이다.

하지만 팀장은 어색했는지 나와 박 반장 모두 타라고 한다.

술 아직 덜 깬 박 반장은 돌아갔지만 나는 무사하다.

만일 나를 제외시켰으면 정말 한 소리 하려던 참이었다.

차가 출발하자 팀장은 출력 인원을 로테이션 하려 했다고 설명하는데 눈치가 좀 이상하다.

그는 아무래도 정치를 하듯 자신의 입지를 다지고 있다.

어쨌거나 하루는 또 시작되었고 야적장에서 일하던 나는 바로 유도원으로 근무한다.

난 이제 정식이 아닌 황 반장 직속으로 필요에 따라 지원하는 땜빵용 유도원이 된 것이다.

사무실에서 나를 쓰려면 먼저 황 반장의 허가를 득해야 하나 차라리 나의 위치는 보다 견고해졌다.

난 황 반장이 유도원 시험 보게 한 이유를 이제야 알았다.

그는 마음대로 다룰 수 있는 자기 전속의 유도원이 필요한 것이었다.

내용을 눈치챈 팀장도 변하기 시작했다.

별것 아닌 일을 계속 심부름시키며 내 눈치를 보는 것이다.

내가 아직 자기 밑인지 확인하는 모습에 나는 그를 안심시켜 준다.

이제 그와의 3차 동맹이 형성되는 순간이다.

정확한 내용은 내일까지 가 봐야 알겠지만 내 느낌은 틀림없다.

별것 아닌 것 같은 노가다 세계가 정치권과 똑같이 파벌이 형성되고 종종 분란도 있다.

정말 사람 사는 모습인데 순진하게 열심히 일만 해서는 착취만 당할 것이다.

노가다는 일이 힘든 게 아니라 사람과의 관계가 더 어렵다는 경상도 사나이 김 후배의 말이 맞다.

얼마 전 일 시작한 그는 나를 형님이라 부른다.

노가다 경력 15년 된 자의 의도이니 좀 더 두고 봐야 한다.

오늘이 작업 45일 차이니 먼저 99일을 더하면 벌써 144일을 현장에서 일한 것이다.

6개월간 실업 수당 받으려면 일한 날로 182일을 채워야 하니 앞으로 38일만 더 하면 된다.

이번 달에 8일 그리고 6월에 20일 정도 일하면 7월 중순이면 끝난다.

날짜를 여유 있게 잡은 것은 책을 출판한 후 상황이 어떻게 될지 모르기 때문이다.

필요에 따라 만 1년이 되는 9월까지 일할 수도 있고 말이다.

기분이 풀린 나는 시장에서 바나나와 자몽을 샀다.

바나나야 매일 먹는 거지만 필리핀에서 포멜로라 부르는 자몽은 나의 최애 기호품의 하나이다.

물론 시장에서 산 것은 중국산이고 품종도 좀 다르지만 맛과 향은 오래전 필리핀의 그놈과 비슷했다.

그냥 달기만 한 오렌지보다 깊은 향이 우선하는 포멜로 말이다.

별것 아닌 싸구려 과일 하나가 내 기분을 좌우한다.

이틀 연속으로 무리를 하니 피곤이 몰려온다.

모처럼 3일이나 쉬어 몸과 마음이 깨끗해졌던 게 아깝다.

담배도 36시간이나 끊었는데 지금은 긴장이 되어서인지 오히려 더 피고 있다.

하지만 일이 끝나면 담배를 다시 끊을 것이다.

심하던 천식이 담배 안 피는 동안 모두 치유된 게 강력한 이유이다.

지금 피는 것은 단지 졸리면 일을 못 하기 때문이다.

실제로 금연을 하면 3일 정도는 몽롱하고 일주일은 집중이 전혀 안 된다.

일이 없어 푹 쉴 수 있다면 아무 일도 아니지만 말이다.

58. 5월 24일 금요일 흐림. 작업 46일 차

오늘은 8명이 나와 모두 출력했다.

어제 결근한 김 씨가 나왔지만 박 반장이 지금까지 술 마시고 안 나왔기 때문이다.

뭔 말인지 이해 안 가겠지만 이틀 전 나와 마시기 시작한 술을 말한다.

이유는 모르지만 그는 알코올 중독을 넘어 영화 〈라스베가스를 떠나며〉의 주인공처럼 거의 자살 수준이다.

한번 망가진 인생을 노가다하며 회복하기는 정말 어려운가 보다.

하지만 오랜만에 일 나온 박 후배는 정말 잘 지낸다.

주말은 가족과 함께 그리고 일요일은 산에서 명상을 즐기는 그의 장기 결근은 보다 나은 수입을 위한 것이다.

그가 가끔 하는 조적 데모도는 하루 일당이 20만 원이다.

수수료와 세금도 없으니 지금 용역에서 받는 돈보다 훨씬 많은 것이다.

막일인 노가다도 다 자기 하기 나름이다.

박 후배는 나에게 출판에 관해 물었다.

관심인지 그냥 인사인지 모르지만 호텔 프런트 경력에서 나온 손님에 대한 서비스 정신이다.

내가 그를 커피숍 담당으로 점찍은 이유이기도 하다.

어서 빨리 책이 나오고 판매에 대한 좋은 결과도 있었으면 좋겠다.

박 후배가 나와 일할지는 미지수이지만 말이다.

반면 이 후배는 계속 나를 회피하고 나도 그를 쳐다보지도 않는다.

사소한 일에 대한 높은 목소리와 쓸데없는 고집이 얼마나 유해한 건지 그는 알아야 한다.

오늘도 그는 야적장에서 천막을 덮는 방법을 놓고 책임자인 김 씨와 설전을 벌인다.

그 목소리가 하도 커 멀리 있던 내가 질릴 정도이니 이후 김 씨가 그를 어떻게 생각할지 의문이다.

사회성 없는 내가 걱정할 정도이니 말이다.

반면 김 씨는 요즘 가급적 목소리를 자제하는데 나의 영향이 아닌가 싶다.

남을 무시하는 건 자신의 정신 건강에 안 좋고 배려는 반대로 본인의 자부심을 갖게 만든다는 내 말 말이다.

스스로의 깨달음일 수도 있지만 계속 유지했으면 한다.

인성에 관한 문제점은 노가다 잡부만이 아니다.

사실 난 오늘 현장에 오자마자 사람들 장갑만 쳐다봤다.

어제 데크 플레이트를 나를 때 박 과장이 인부에게 지급된 절삭용 장갑을 거론했기 때문이다.

철선이 섞여 있어 손이 베이지 않는 이 장갑은 날카로운 자재를 만지는 작업자에게 꼭 필요하다.

하지만 대부분의 관리 직원이 사용하고 심지어 일을 전혀 하지 않는 유도원들도 끼고 있었다.

그들이 돈 주고 구입하지는 않았을 것이고 말이다.

수천 원짜리 불량 리벳이 타이타닉호를 침몰시켰듯 문제는 사소한 것으로부터 나온다.

첫날 교육 시간에 본 영상에서 나온 말이다.

오늘 나는 유도원 일이 없어 모처럼 노가다를 한다.

똑같은 일당이나 하나는 일을 하면서 다른 하나는 운동하면서 돈을 받는 것이다.

물론 전자는 유도원이고 후자는 막노동이다.

사지를 움직이고 땀을 흘리니 내 몸에 좋고 기분도 좋다.

일하다 적당히 쉬면서 담소도 나누고 말이다.

특히 오늘 일한 야적장은 천막 안에서 몰래 담배를 피우기에 적당한 스릴도 있다.

일이야 황 반장 오고갈 때마다 변해 있는 모습만 보여 주면 된다.

정말로 개기는 자들이 아니라면 오히려 일은 성과가 있다.

일부러 천천히 해야 할 정도로 말이다.

하지만 해프닝도 있었으니 바퀴에 걸린 고정용 벨트를 풀려는 직영 박 반장이 지게차 후면의 밑으로 간 것이다.

뒤를 못 보는 지게차가 후진한다면 사망할 수도 있는 상태이다.

다행히 소리쳐 사고는 막았지만 정말 위험한 순간이었다.

사실 이래서 유도원이 꼭 필요한데 박 반장도 유도원이니 아이러니하다.

난 그가 왜 그리 지게차에 몰두했는지 분석해 본다.

5월 말 직영반장 계약 연장을 앞두고 있는 그는 지게차를 운전하고 있던 황 반장의 신임이 필요했다.

현장 경험 적은 그는 맹목적인 과잉 충성을 한 것이다.

이는 내가 작업을 거부한 WWT동 사건과 유사하다.

나는 즉시 거부했지만 지시를 따르는 게 몸에 익은 팀장은 기꺼이 작업을 감수한다.

하지만 무조건 시키는 대로 일하면 위험할 수도 있다.

얼마든지 희극적 요소가 있는 노가다가 어처구니없는 이유로 가끔은 이렇게 비극이 될 수도 있다.

일 마치기 전 나는 안전 담당 박 과장에게 차출되었다.

노출된 철근 마구리에 캡을 씌우는 일을 했는데 그는 얼굴이 알려진 내가 편했나 보다.

덕분에 오늘 일의 마무리는 무난하게 끝났다.

혹자는 현장을 돌아다녀야 지루하지 않다는데 한 현장에 계속 나오는 것도 장점이 많다.

현장과 진행되는 일을 알기에 좀 더 편하고 말이다.

일 마치고 고시텔로 돌아오니 수정된 책의 표지가 이메일로 와 있었다.

썩 마음에 들지는 않지만 특별히 바라는 부분도 없다.

난 책 표지를 요란하게 꾸미는 걸 싫어하는 구세대이다.

성형이나 화장한 여자를 싫어하듯 말이다.

하지만 요즘 젊은이들이 좋아하는 걸 굳이 말리지도 않는다.

내 책도 마찬가지로 표지를 꾸며도 안 꾸며도 상관하지 않고 말이다.

책 출판에 많은 걸 기대하는 사람치고는 상당히 대범하나 원래 내 기질이 그렇다.

자기 전에 커피 500g을 볶았다.

내 기사를 본 이모들이 시벳커피를 마시고 싶어 하는데 그녀들이 커피 맛을 아는지는 모르겠다.

　바리스타가 커피에 상당한 조예를 가진 것으로 아는 평범한 수준이니 말이다.

　내가 남들에게 공짜 커피를 주는 건 그저 천성이다.

　커피는 210도에 맞춰 20분 이상을 볶으니 내가 원했던 색과 광택에 조금은 비슷해진다.

　냉각기가 없어 대나무 쟁반에 원두를 내린 후 손풍기로 천천히 식히지만 큰 문제는 없다.

　어느 정도 뜸 들이기도 자동으로 되고 말이다.

　천상의 커피가 노가다 판의 공짜 커피가 되어 간다.

　아무려면 어떤가? 난 그녀들이 내 커피를 마시고 잠시라도 행복했으면 좋겠다.

　탑골 공원에서 노인들에게 무료 시음을 하려 생각했으니 내가 원했던 이상이기도 하다.

　퇴출되었다 다시 시작한 한 주가 거의 지나갔다.

　하루 연장 근무를 했으니 수입은 평상시와 같으나 유도원 일은 공식적으로 제외되었다.

　편한 것 같아도 내 체질에 맞지 않으니 가끔 하면 된다.

　난 몸을 움직이는 적당한 육체노동이 필요하다.

　그러고 보니 요즘의 나는 마치 직장에 다니듯 자연스럽게 노가다를 하고 있다.

　아마 나를 제외하곤 대부분의 사람들이 현장에서 일하는 게 생업이라 느낄 것이다.

젊고 무리 없이 일하면 1년, 아니 수년을 할 수도 있다.

내가 현장 일을 한동안 어렵게 느꼈던 것은 인력을 관리하는 사람들 때문이다.

자신의 이익을 원하는 안 팀장이나 그에게 아부하는 박 씨처럼 옛날 방식으로 사람을 막 다루면 그렇게 된다.

항상 화내듯 말하는 직영 김 반장은 자신의 성품 때문으로 보인다.

친해진다면 어떻게 나올까 궁금하지만 한 번도 웃은 적이 없으니 그럴 가치를 전혀 못 느끼는 사람이다.

어찌 보면 반장들의 역할 분담일 수도 있지만 말이다.

오늘 일당을 받으면 다시 백만 원을 입금할 수 있다.

일단 작은 목적 하나를 또 완성한 것이다.

이렇게 한 주만 지나면 안정권에 접어드니 기쁜 마음으로 다시 일 나갈 준비를 한다.

난 대부분의 일기를 새벽에 쓰기에 시간이 된 것이다.

문득 달력을 보니 책이 출판되는 주가 다가온다.

다음 주 편집자와 일정에 관해 통화하겠지만 비슷할 것이다.

기대가 크면 실망도 크다고 항상 말하지만 이번에는 느낌이 좀 다르다.

생각지도 못한 퇴출까지 되었기에 입장이 바뀐 것이다.

사실 지난주에 있었던 내 입장의 변화는 약간의 긴장을 주기에 그리 나쁘지는 않았다.

너무 자주 있으면 안 되는 일이지만 말이다.

59. 5월 25일 토요일 흐림. 작업 47일 차

레미콘 타설이 있는 오늘도 나는 유도원 일이 없다.

혹시나 하여 유도원용 바람막이 재킷을 입은 나는 육체노동으로 온 몸이 땀에 젖었으나 의외로 개운하다.

적당히 흘린 땀은 노폐물을 배출하고 체온이 보호된 내 몸은 혈액 순환이 왕성하다.

내가 노가다를 시작한 후 몰라보게 몸이 좋아진 작년 10월과 비슷하다.

비밀이지만 이 덕에 난 아침마다 남성성이 살아난다.

그런데 요즘 직영 정 반장이 잔소리가 심해졌다.

일당 받는 잡부는 직영과 용역으로 구분되는데 사람이 자주 바뀌면 일이 안 되기에 일부는 회사에서 직접 관리하는 것이다.

군대로 보면 말 잘 듣는 사령관의 친위대라 볼 수 있다.

하지만 역사에서 보듯 친위대는 온갖 혜택 다 누리면서 막상 일할 때는 큰 도움이 안 된다.

오늘도 정 반장과 용해는 계단 청소 하나 제대로 못 해 빌빌거리고 있다.

팀장과 조 씨 그리고 내가 버블시트 깔고 난 후 주변 정리를 마칠 때까지 말이다.

결국 대부분의 계단 청소 일은 지원 나온 나와 조 씨가 했고 팀장 혼자 외부를 청소했다.

일에는 아무 도움도 안 되는 직영이 야간 등 좋은 수입은 독차지하지만 이는 최소한 인맥이 있어야 가능하다.
　이런 악습은 많이 사라졌으나 노가다 현장은 아직도 있다.
　나도 은근히 바라지만 말이다.

　열심히 일한 후의 점심은 일반인이 모르는 별미이다.
　메뉴야 단순한 냉국수와 감자고로케지만 난 모처럼 즐기는 식사를 했다.
　근데 항상 지니고 다니던 내 커피병이 사라졌다.
　커피도 아깝지만 날이 무더운 오후는 냉수가 필요하기에 너무도 아쉬운 순간이다.
　땀을 많이 흘린 나는 물과 정제 소금이 필수 요소이다.
　다행히 얼음 공급소가 야적장 가까이 있어 수시로 물을 마실 수 있었다.

　오후 일은 현장에서 쓰고 남은 자재를 리어카를 이용해 야적장으로 옮기는 일이다.
　김 후배와 나는 자재를 나르고 팀장은 청소를 한다.
　리어카는 2인 1조로 움직여야 하기에 서둘렀으나 그 양이 장난이 아니다.
　어느 정도 계산을 했으나 추가로 발견된 것까지 있어 퇴근 시간까지 바쁘게 움직인다.
　하지만 지게차 유도를 위해 온 박 이모는 한편에 앉아 있다.
　그녀가 굳이 일할 필요는 없지만 남자 유도원, 아니 월요일 커피를 주기로 한 다른 박 이모는 최대한 일을 돕기 때문이다.

난 지금 남녀의 형평성에 대해 말하는 게 아니라 개개인의 차이를 말하는 것이다.

그녀가 계속된 유도원 연장 근무로 피곤한 것은 알고 있지만 그만큼 소득도 높으니 감수해야 한다.

하지만 나는 그녀가 결근한 걸 한 번도 본 적이 없다.

그녀의 업무를 다른 이가 대체하는데 전혀 문제가 없음에도 말이다.

이를 보면 유도원도 치열한 생존 경쟁의 하나이다.

팀장과의 관계는 말없이 개선되어 간다.

오늘 일 하나만 봐도 내가 알아서 할 수 있는 일이 적지 않고 남들도 인정하기 때문이다.

내가 유도원 일을 했기에 '힘든 일을 꺼릴 것이다'라는 생각은 오산이다.

특히나 날이 더워지면 내 능력은 배가되는 것이다.

난 사실 남들이 처지기 시작한다는 무더운 6월을 기다리고 있다.

장마 오기 전의 끔찍한 날씨는 내가 살아온 필리핀과 유사하기 때문이다.

한국인 중 누가 섭씨 46도에서 살아 봤을까 궁금하다.

오늘은 한 시간 일찍 끝나는 주말이다.

남들은 한잔하겠지만 할 일 많은 나는 새로운 한 주를 준비하는 시간이기도 하다.

일단 쉬면서 생각한 휴일 계획은 글쓰기로 결론 났다.

물론 일상의 마무리와 준비가 포함되지만 특별한 일은 없다.

그 대신 현장 일 없는 휴일은 열외를 써야 하고 이는 스토리를 미리 구상해야 한다.

잠시 생각한 결과 오래전 구상한 9인 위원회가 떠오른다.

12년 전 시벳커피 개발 성공 후 행해질 거대한 사업을 위해 미리 필요한 조직을 준비한 것이다.

그리고 가능성은 낮지만 그 꿈은 아직도 사라지지 않았다.

내일 이 내용을 다시 기억해 보려 한다.

60. 5월 26일 일요일 비. 열외 13

일요일을 기다리는 건 휴식보다는 열외를 위함이다.

현장 일은 경험 못 한 영역에 계속 접근하지만 실제로 느끼는 건 그 안에 살아가는 인간들이다.

우리가 막노동꾼, 또는 일용직이라 불렀던 자들이 생각보다 소득이 높고 수준도 상당하기 때문이다.

이제 나의 관심은 계획대로 근로일 182일을 넘기고 이후에도 일을 지속할 수 있는가이다.

하지만 출판된 책이 잘 팔린다면 내용이 달라진다.

오늘은 지난 일기를 검토하고 일할 준비를 했다.

준비라야 쿠팡에서 식품 구매하고 세탁물을 정리하였으며 ATM기에 입금한 정도이다.

그동안 번 돈은 5백만 원 정도이나 밀린 집세와 이미 지불한 출판비를 제외하고 2백만 원을 저금했다.

생각보다 돈이 적은 이유는 필요한 만큼 썼기 때문이다.

먹을 것, 입을 것 아끼지 않았고 동료에게 가끔 술을 샀으니 품위 유지도 한 셈이다.

그 외에 오늘 하나 더 한 건 모처럼 아픈 어깨를 위해 아령으로 운동을 했다.

통증은 오지만 억지로 근육을 풀지 않으면 뭉치기 때문이다.

현장에서 많이 쓰는 하체는 그냥 쉬면 된다.

오랜만에 9인 위원회에 대해 생각해 본다.

12년 전 시벳커피 연구가 끝나고 거대한 사업으로 변할 가능성에 대비했다.

돈이란 사람에게 끝없는 욕심을 주기에 난 모든 권한을 남에게 위임하려고 9인 위원회를 구상했다.

물론 초대 위원장은 내가 하지만 운영, 회계, 판매, 생산 등을 조직에서 관리하여 어느 정도 자리 잡으면 난 그냥 명예직이다.

이 계획은 내가 물욕을 떠날 수 있는 가장 현명한 방법이라 생각했다.

하지만 좀 더 살아 보니 잘못된 판단이었다.

사업을 실패해서가 아니라 성공을 가정했을 때를 말하는 것이다.

나도 못하는 금욕을 위원회를 구성함으로써 누가 대신할 수 있다는 망상은 버려야 한다.

이상적인 사회주의가 결국 망한 것처럼 How가 아니라 Who가 중요하기 때문이다.

난 한국 사회에서 도덕적으로 청렴한 사람을 아직 보지 못했다.

고 노무현 대통령 정도면 가능할지도 모르지만 그 정도로 대통령이 될 만큼 청렴은 희귀한 경우이다.

나와 노 대통령과의 인연은 좋은 결과는 분명 아니다.

사실 모기지론을 중지시킨 그의 정책 때문에 잘나가던 개발 사업이 망했으나 한 번도 원망한 적은 없다.

안 그랬으면 2008년 일어난 미국발 금융 위기가 한국에서 먼저 일어났을 것이다.

내가 사업하던 그 당시는 땅만 있으면 감정가의 80%까지도 대출을 해 주어 개나 소나 다 건물을 지었다.

건축에 문외한이던 수원 건달들까지 은행 돈으로 건물을 올렸으니 말이다.

그런 이유인지 모 은행 동수원 지점장은 자살까지 했다.

갑자기 사업을 거론하는 건 모든 걸 미리 준비하는 내 성격 때문이다.

책이 잘 팔린다면, 그래서 돈이 들어오고 더하여 투자자까지 모이는데 준비가 안 되었다면 갑자기 혼란이 올 것이다.

하지만 난 사업을 위한 모든 준비가 되어 있고 심지어 돈을 번 후 새로 할 사업 구상도 끝냈으니 이 정도면 병이다.

이런 생각을 말하긴 처음이지만 난 50년 전부터 그래 왔다.

초등학생이 집 장수가 집 짓는 걸 보며 미래를 구상했다면 믿겠는가?

난 아직도 그 모습이 기억에 선명하다.

각설하고 구체적으로 말하면 먼저 커피숍을 오픈하고 '토라자 커피'

를 수입해 볶은 커피를 대량으로 쿠팡에서 판매한다.

책과 더불어 광고하면 커피는 맛있으니 금방 소문이 날 것이고 이후 원두 공급 업자로 영역을 확대한다.

커피 공급은 생각보다 큰 사업이라 모든 생산 시스템이 갖춰지는 데 시간이 좀 걸린다.

하지만 비슷한 시점에 직매장도 운영하여 시벳커피(코피루왁)를 판매하면 그 수입은 엄청날 것이다.

이제 돈 들어오는 소리가 들리기 시작한다.

내용이 끝이 없으니 역시 각설하고 가능성을 타진해 본다.

《커피 헌터의 노가다 다이어리》성공은 1만 부 이상의 판매로 보는데 실현 가능성은 20% 미만이다.

하지만 추가 출판한 《커피 헌터 다이어리》가 시너지를 주고 《커피 헌터의 노가다 다이어리 2부》를 합치면 50% 이상이 된다.

그래도 안 되면 마지막 비장의 카드인 《필리핀 데카메론》을 출판할 것이고 이제 가능성은 70%까지 올라간다.

과거 책 하나면 가능한 내용이 무려 4권을 출판해야, 그것도 운이 좋아야 한다니 한탄이 나온다.

그렇다고 내가 싫어하는 유튜브를 할 수도 없고 말이다.

이런 계획이 있음에도 난 계속 일할 수 있는가를 따지고 있다.

내가 3,000만 원이 필요한 이유는 마지노선이기 때문이다.

책의 출판으로 원하는 바가 안 되면 난 그 돈을 위해 내년까지 노가다를 계속 해야 한다.

못 할 것도 없지만 시간과 정열이 아까울 것 같다.

모든 일에 담담한 내가 책이 잘 팔리길 기원하는 이유이다.

분명 늙어 돈 욕심내는 주책은 아니지만 가끔은 나도 남들처럼 변하고 싶기는 하다.

일기를 마칠 무렵 《한겨레》 신문사로부터 연락이 왔다.

내가 그들에게 신고한 위험한 작업 지시와 부당 해고에 대한 자료를 얻고 싶어 한다.

난 복귀했다고 답변했으나 같은 일이 반복되면 다시 신고하겠다고 했다.

삼성은 만만한 곳이 아니라는 말을 하면서 말이다.

어찌 보면 내가 르포 기자가 된 느낌이나 나쁘지 않았다.

또 워낙 인지도가 높은 사업이라 일하다 보면 사회성 있는 문제가 나올 수도 있고 말이다.

61. 5월 27일 월요일 흐림. 작업 48일 차

6명을 불렀으나 한 명이 안 나와 5명이 출력한다.

나온 지 얼마 되지 않았다는 이유로 제외된 김 후배만 아깝게 되었으나 푹 쉰다고 보면 된다.

하지만 이런 경우 아무도 아쉬워하지 않는다.

노가다는 노동을 제공하고 돈을 받는 거래이기에 출력에서 제외된 건 무급 휴가나 같다.

노가다가 생활화된 대부분의 사람이 같은 생각일 것이다.

난 출근하자마자 커피를 줄 박 이모부터 찾았다.
며칠 전 새로 볶았고 아직 맛도 보지 않은 종교적 예물과 같은 내 커피를 주기 위해서이다.
그녀는 내 메시지를 받고 창고로 커피를 받으러 왔다.
그런데 고맙다는 말을 하지 않는다.
난 하루 종일 기다렸으나 그녀는 커피에 대해 한마디도 하지 않았다.
어이없는 나는 노가다란 남자뿐 아니라 여자도 변화시킨다고 믿어 의심치 않는다.
그녀의 성격인지 모르지만 대부분이 이러하다.

오늘 첫 일로 옥상에 고인 물을 퍼내야 했다.
나는 리어카에 담아 버리는 걸 좋아하지만 팀장은 크레인에 쓰는 슬링벨트를 이용한다.
벨트는 효율적이나 좁은 공간에서는 그리 유용하지 않았다.
근데 직영 정 반장이 자꾸 소리를 지른다.
며칠 전 나에게 거짓말까지 하며 일을 시켰고 토요일은 힘든 일도 나에게 미룬 그가 말이다.
한번 잘해 주면 만만히 보고 머슴 다루듯이 하려는 저질스러운 발상이 나온 것이다.
노가다 잡부야 시키는 대로 일하지만 모욕적이어서는 안 되고 욕은 절대 금물이다.
결국 나는 터져 나왔고 "내가 노예냐?" 하고 소리쳤다.

화낸 후 내가 말한 게 맞는지 다시 생각 못 할 정도로 흥분한 건 아니다.

하지만 문제가 있으면 절대 그냥 넘어가면 안 된다.

군말 없이 일을 잘해 주면 좀 더 부리려는 게 노가다 세계의 고질적 병폐이기 때문이다.

자본주의 사회에선 다른 세계도 비슷하겠지만 말이다.

커피와 큰 목소리에 스스로 기분은 상했지만 일은 한다.

실업 급여까지 남은 35일과 일당을 생각하면 다시 힘이 나기 때문이다.

출력 시 로테이션 하는 걸 고려했고 내가 먼저 솔선수범 보이려 했다가 만 것은 오로지 돈 때문이다.

주 5일 일하면 몸은 편하지만 한 달에 4일, 즉 52만 원이 사라진다.

고정으로 나가는 월세, 식비, 전화비 등을 고려하면 결코 무시할 수 없는 액수이다.

그러고 보니 노가다 일당은 생활비로는 그리 넉넉지 않다.

육체뿐 아니라 정신적 고통까지 더하니 노가다로 생계를 유지한다면 끔찍한 직업이 틀림없다.

그냥 목적을 위한 단기 직업이나 노후 자금을 보태는 정도가 맞을 것이다.

난 노가다 일당 20만 원이 적당하다 생각한다.

물론 수수료 10%는 떼지만 사대 보험은 회사와 반씩 부담해 낮췄으면 한다.

그래서 실수령액이 17만 원 정도면 주 5일 근무라도 월 수령액이 350만 원이 넘어가니 적당할 것이다.

이는 타 업종이나 일반 근로자와의 형평성에도 도움이 된다.

그럼 알바라는 단기 고용자의 최저 임금도 문제가 되나?

어쨌든 노가다만으로 가정을 꾸려 가는 분들께 경의를 표한다.

직업치고는 참 성격이 고약하기 때문이다.

62. 5월 28일 화요일 맑음. 작업 49일 차

아침부터 유로폼을 2층으로 올리는 일을 한다.

크레인으로 3분 걸리는 일을 인력으로 두 시간 동안 일하는 건 분명 이유가 있을 것이다.

힘든 일은 서로에게 긴장을 주고 결국 문제가 생겼다.

사소한 일로 김 후배와 언성을 높였던 김 철이 그냥 집에 가 버린 것이다.

일하기 힘들면 갈 수도 있으나 작업반장의 허락을 맡든지 최소한 변명이라도 해야 한다.

하지만 김 철은 마음대로 하는 퇴출이 고용자의 권리라면 집에 가는 건 노가다꾼의 자유 의지라 말한다.

어느 현장이나 인력은 부족하고 자신은 아직 젊기 때문이라는데 난 솔직히 그건 아니지 않나 싶다.

내가 군포 현장을 못 나가는 건 같은 이유로 퇴출되었기 때문이다.

그날 몸이 안 좋았음에도 불구하고 팀장에게 전달하는 과정에 문제가 있어 일하기 싫어 간 것처럼 되었다.

남 탓할 건 없지만 1년이 넘게 남은 좋은 현장 하나 놓친다는 건 늙은 노가다꾼에게는 비극이다.

그 사건은 노가다 일을 시작하고 일주일 만에 생긴 일이다.

앞에서 설명했지만 노가다꾼은 계약서상의 갑도 을도 아닌 용역 회사 출신인 병의 입장이다.

건설뿐 아니라 한국의 대부분 회사들이 이용하는 아웃소싱은 몸집을 줄여 경비를 절감하고 해고가 자유롭다.

그리고 노조나 산재 등 골치 아픈 일을 쉽게 처리하기 위함이나 어쩌면 이는 계급 사회를 양산한다.

나 또한 사업할 당시는 관리 차원에서 5인 이내로 인원을 축소하고 모든 건 외주를 줬다.

금전만능인 자본주의 사회에서는 필수적인 요소이다.

하지만 직접 당해 보니 이는 현대판 노예 제도임이 틀림없다.

난 다시 문제가 생긴 두 사람의 관계를 생각해 본다.

김 후배가 목소리를 올린 것은 별것 아닌 내용이나 김 철이 크게 반발했고 결국 싸움 직전까지 간 것이다.

결과는 일에 불만 있고 감정 조절 못 하는 자가 먼저 떠나 버렸다.

하지만 비슷한 일이 어제도 있었으니 황 반장이 별거 아닌 걸로 내게 핀잔을 주었다.

계급이 별 차이 없는 경우는 바로 반발했을 것이나 나를 퇴출시킬 수 있는 자의 불합리에는 입을 다물고 만다.

진실이 중요한 게 아니라 계급과 힘의 논리만 있는 세상이다.

드라마에서 반전이 성행하는 이유는 이런 갑질에 사람들의 불만이 많기 때문이다.

돈 없으면 사람대접을 못 받는 대한민국은 자본주의로 만들어진 계급 사회가 틀림없다.

고급 아파트와 차 그리고 명품 등은 그들의 계급장이다.

난 내 커피의 등급에 대해 다시 고민한다.

행복을 주는 커피를 만들어 공급하려 했던 계획은 마케팅에 전혀 도움이 안 되기 때문이다.

어쩌면 내 커피는 최고가로 팔아야 할지도 모른다.

물론 대중적인 제품도 선보이지만 계급이 높은 사람들은 남보다 차원이 다른 제품을 선호하리라 본다.

개인적 금전욕이 아니라 살아남기 위함이니 참으로 자본주의는 끔찍하면서도 현실적이다.

노가다를 하며 몰랐던, 아니 전혀 신경 쓰지 않았던 사회적 진실을 마주하니 삶의 의미가 퇴색된다.

그리고 '천로역경'이라니 정말 개뿔 같은 소리이다.

결국 죽으러 가는 자의 삶이 얼마나 어렵고 비참하고 고통스러운지 보여 줄 뿐이다.

자식 낳을 필요 없다는 동창의 생각에 공감이 간다.

서울대 나온 변호사인 그 친구는 오래전 벌써 대한민국의 미래를 예견한 셈이다.

63. 5월 29일 수요일 맑음. 작업 50일 차

출근하자마자 김 철에 대한 소식을 듣는다.

그는 술 마신 채 황 반장에게 전화해 며칠 전 일이 너무 힘들었다고 항의한 모양이다.

바닥 콘크리트에 직경 30㎝ 구멍을 뚫는 작업인데 그 정도면 잡부도 할 수 있다.

하지만 브레이커를 안 써 본 사람이라면 연장 무게만으로도 팔이 아프고 그 소음과 떨림은 결코 쉽지 않다.

문제는 일에 대한 항의가 엉뚱한 결과 후 나온 것이고 술 마신 채 욕도 했다니 방법이 잘못된 것이다.

사회성 부족한 나도 그렇게는 하지 않는다.

하지만 나는 노가다에 대해 다시 생각해 본다.

일 시키는 자는 누가 불만 없이 일을 잘하나 보고 그에게 임무를 맡긴다.

하나를 참으면 그 일은 계속되고 불만이 있으면 제외되지만 그 대신 힘든 일을 하거나 잔소리를 듣게 된다.

요령은 열심히 하는 척하며 일을 적당히 하는 것인데 그렇다고 퇴출되는 건 아니니 매우 유용하다.

그래서 노련한 노가다꾼은 눈치껏 일의 양과 속도를 조절한다.

오늘은 결근자가 많아 유도원 일을 한다.

원하지 않지만 시키면 할 수 없기에 난 펌프카를 유도했다.

그런데 박 이모가 펌프카 위치를 잘못 가르쳐 주었다.

일부러인지 아니면 실수인지 모르나 난 15분 정도 허비한 후 유도 업무를 다시 한다.

박 이모는 그 외도 지게차에 화물을 고정시키는 일을 자신보다 못한다며 핀잔을 준다.

물론 난 "안 해 본 걸 어떻게 아냐." 하고 대답했다.

사실 "그렇게 오래한 너는 왜 잘 못하나."라고 하려다 말로만 떠드는 여자와 상대하기 싫어 참았다.

그녀 역시 노가다 판에서 자신의 입지를 조금이라도 올리려는 것뿐 다른 의도는 아닐 것이다.

나의 생각이지만 지금까지의 관찰에 의하면 그렇다.

외모에 자신 있는 그녀는 실수를 겁내지 않는다.

그녀에 대한 나의 생각은 틀리지 않았다.

레미콘 트럭이 들어오는데 그늘에 앉아 있다가 송장을 받고 메시지를 보내기만 한다.

정문 유도원의 역할은 송장보다 방향을 지시해야 한다.

하지만 차는 그녀를 보지 못해 두 번이나 다른 곳으로 갔다가 되돌아왔다.

그녀는 멀리서 오는 차를 보고 내가 나와 있으면 그제야 일을 제대로 보기 시작한다.

참으로 편한 일이나 더 편한 방법을 찾는 그녀이다.

오후는 보다 끔찍했는데 그녀는 드라큘라 일족이 된 것처럼 작은 간판 그늘 밑에 숨어 있다.

　첫 번째 차량은 역시 그냥 지나쳤고 두 번째는 출구로 들어와 내가 제지시킨 후 방향을 수정했다.

　세 번째는 다행히 아무 일 없었으나 그녀는 무안했는지 내게 다가와 자신이 유턴을 지시하겠다고 한다.

　이유는 내가 위험하다는 것이고 나는 차가 달릴 수도 있으니 '천천히'를 강조하라고 했다.

　가끔 처음 온 레미콘이 모르고 속도를 내기 때문이다.

　하지만 결과는 레미콘 트럭이 유턴할 지점을 통과해 엉뚱한 곳으로 가 버렸다.

　내가 다시 유도해 돌아왔지만 10분 정도 헤맨 것이다.

　앉아서 송장 받고 그늘에 피해 있는 그녀가 연장 근무 수당을 거의 매일 받으니 특혜가 틀림없다.

　그 모습을 본 다른 여성 유도원들이 어떻게 생각할지 난 정말 궁금하다.

　부러워할까, 아니면 지적을 할까. 둘 중 하나이다.

　일이 얼추 끝나 가니 퇴근 시간도 다가온다.

　앞으로 남은 레미콘은 한 대 혹은 두 대일 것이나 마무리는 항상 시간을 잡아먹는다.

　일단 황 반장에게 보고하니 그냥 계속하란 말투이나 나는 그의 심중을 고려해야 한다.

　연장 일은 일당이 두 배이니 특혜임은 틀림없다.

　타설 팀과 유도원 두 이모가 거의 매일 4분의 1의 추가 일당을 받지만 너무 속 보여 난 내키지 않는다.

아무리 봐도 일부러 천천히 일하는 모습으로 보이기 때문이다.

그리고 한 시간 더 일하고 버스와 전철 타고 걷는 시간을 포함하면 시간이 더 소요되기에 내 개인 시간이 거의 없다.

대체는 황 반장과 가까운 용해로 정해졌고 난 정시에 퇴근한다.

지금 나에게 3만 6천 원은 큰돈이나 더 중요한 일이 있다.

내 책의 표지 수정안이 왔는지 확인해야 하고 아무리 아쉬워도 작은 돈을 탐하듯 보이는 모습도 싫다.

64. 5월 30일 목요일 맑음. 작업 51일 차

아침부터 일이 바쁜데 김 철은 계속 전화를 건다.

뭔 내용인지는 모르나 창고 짐 정리하다 지게차 유도하고 결국 펌프 카에 배치된다.

점심때가 넘어 간신히 식사하러 갔으나 다시 EV 코아 철거 작업 안전 관리에 투입되었다.

상부에서 철거하고 하부에서 안전을 통제하는 일이다.

일이 너무 쉽고 아침부터 담배 필 시간도 없어 본의 아니게 금연했더니 계속 잠이 온다.

서서 자는 경험은 군대 이후 참 오랜만이다.

시간이 많이 나기에 김 철에 대해 다시 생각해 본다.

잡부에게 너무 힘든 일을 시키면 안 된다는 그의 말은 전혀 틀린 게 아니다.

하지만 그 기준이 애매한 게 남들은 그 정도 철거 일은 오히려 편하다 하기 때문이다.

뭐든 상대적이지만 나도 그리 어렵지 않다 생각된다.

그리고 그는 일할 수 있는 군포 현장을 숨기고 나에게 거짓말을 하면서까지 이 현장을 선택했다.

어쩌면 그는 편한 곳을 찾아다녔는데 나만 모른 것 같다.

난 그가 왜 그랬는지 고용자에 대해서 생각해 본다.

누군가를 부리면 일단 성과가 중요하고 고용인에 대한 처우는 그다음이다.

그게 남을 돈 주고 부리는 이유이기도 하고 말이다.

그리고 일이 힘든가는 자신의 경험으로 판단하기에 경험 많은 사람이 작업반장을 한다.

그 사고 당시 나도 함께 일했지만 힘들어 못 할 일은 아니었다.

아무리 생각해 봐도 이는 월드건영 측의 과도한 업무 지시가 아니라 김 철 개인의 잘못이다.

특히 술 마신 후 반장에게 욕한 건 선을 많이 넘은 것이다.

인생을 회의적으로 보는 사람들은 그 고통을 스스로 만드는 게 아닌지 생각해 봐야 한다.

너무 한가하니 누가 나를 안배했다는 생각이 든다.

어쩌면 유도원복 입고 자재 나르던 모습이 누군가에게는 안쓰럽게 보였는지도 모른다.

어찌 보면 남자와 여자 유도원의 차이는 참으로 크다.

물론 용해나 정 반장처럼 유도원을 보면서 일을 전혀 안 하는 사람도 있지만 직영 박 반장과 나는 전천후 노가다꾼이다.

수천 명이 일하는 이 현장에서 눈에 띄는 경우이다.

이는 인건비를 아끼고 효율을 높이려는 월드건영의 아이디어 같은데 사실 나쁘지는 않다.

어차피 막일하러 들어온 나 같은 사람에게는 유도원 업무가 휴식과 다름없기 때문이다.

한 사람으로 두 가지 일을 처리하면서 적당히 대우도 해 주니 나를 이용해 먹는다는 처음 생각은 사라졌다.

그리고 내가 한 작업 거부도 별일 아닌 것으로 판단되었으니 월드건영은 최소한의 인권을 지키고 있다.

다른 현장에서는 아무도 지키지 않은 그 최소한 말이다.

일이 끝나려 하는데 연장 근무 신청을 받는다.

내용은 5층 콘크리트 잔해를 1층으로 옮기는 두 시간짜리 일로 그리 어려운 일은 아니었다.

돈 필요한 나는 혼자가 아니라서 기꺼이 신청했으나 갑자기 유도원 연장 근무로 바뀌었다.

그것도 9~10시까지이니 두 품 이상이 되는 큰 건이다.

상황이 이상해 황 반장에게 보고하니 지도부와 상의 결과 난 6시까지만 하고 박 반장으로 대체되었다.

결국 일당 두 품은 황 반장이 아끼는 직영인 용해와 박 반장이 가져간다.

난 그냥 두 시간 서 있고 7만 원을 버니 아쉬울 것 없다.

남은 사람은 또 조 씨와 김 씨가 있었다.
조 씨야 항상 똑같지만 요즘 김 씨가 많이 달라졌다.
더 이상 남에게 잔소리 안 하고 그리 자상하지는 않지만 배려도 하는 듯 보인다.
그가 내 말을 이해했는지 아니면 스스로의 깨달음인지 나를 즐겁게 하는 결과물이다.
일 마치고 버스 타기 전 물휴지로 그의 옷을 닦아 주었으니 내가 기쁘기는 한가 보다.
열심히 성의껏 일하는 그가 남을 배려하기까지 하니 말이다.
하지만 난 반대로 속물이 되어 가니 아이러니하다.

제6장 유도원을 넘어 능숙한 잡부로 현장에 적응하는 나

65. 5월 31일 금요일 맑음. 작업 52일 차

정식으로 유도원 배치 받은 건 오랜만이다.

형틀 목공 T/L 지원으로 가만히 서 있기만 하는 일이나 9시까지는 유로폼을 날라야 한다.

유도원 업무 전에는 일을 지원할 수도 있기 때문이다.

두 시간 정도의 노동은 아침 운동으로 생각했으나 사이즈가 600짜리라 가볍지는 않다.

하지만 난 온몸이 젖을 때까지 열심히 날랐다.

뒤돌아 생각해 보니 이번 주는 참으로 적극적으로 일했다.

뭐든 열심히 하는 내 본성이 나왔는지 아니면 내 입지에 대한 위기 의식을 느꼈는지 모르겠다.

덕분에 나를 보는 시선도 바뀌었고 나 또한 모처럼 이곳 일에 대해 흥미가 생겼다.

하지만 일반 잡부 이상으로 일하니 몸이 피곤하다.

9시에 시작한 T/L 일은 정말 편했지만 크레인과 겹쳐 얼마 후 중지되었다.

안전이 최우선인 이 현장은 어떤 작업이든 중장비의 겹침을 절대 허용하지 않기 때문이다.

또 그래서 다시 부여받은 청소일도 제대로 되지 않았다.

역시 크레인을 이용한 철골 구조물 조립 때문이다.

크레인이 빔을 나르면 조립 팀이 세팅할 때까지 기다려야 하니 시간이 많이 걸린다.

난 마음이 급했지만 일부 목공과 다른 동료는 그늘에서 한가함을 즐기고 있다.

김 씨는 여자 유도원과 담소를 즐기면서 말이다.

남자들은 배려 안 하던 그가 생각보다 여자들에게 친절하니 좀 아이러니하다.

일이 밀려 있는 형틀 팀을 보면 월드의 일정을 알 수 있다.

5월 말로 예정된 마무리는 기본 공정에 한하고 설계 변경이나 추가 건에 대한 일이 끝이 없을 것이다.

형틀이 일해야 레미콘 타설을 하고 또 그래야 잡부 일이 생기니 앞으로 할 일은 계속된다.

월드건영이 원래 골조 회사인 걸 감안하면 말이다.

아침 조회 시 박 이모에게 내가 준 커피 맛에 대해 물었다.

그녀는 여러 이모들과 함께 마셨다는데 대답이 짧고 더 이상 흥미가 없어 보인다.

물론 맛에 대한 평가는 긍정적이나 진실은 아닐 것이다.

당사자가 직접 물어보면 대부분의 사람들은 예의상 긍정적으로 대답하나 말이 이어지지는 않는다.

유튜브에서 유럽인에게 한국의 커피믹스를 맛보인 후 나오는 예의 섞인 대답과 비슷하다.

카메라가 보이면 대답은 길어지고 표정까지 변한다.

한마디로 맛에 대한 기호는 나라마다 다르기에 김치가 맛있다고 강조하는 것처럼 옳지 않다.

물론 자주 먹어 보면 그 맛에 빠질 수는 있지만 어느 나라든 자국의 최애 음식은 존재한다.

항상 강조하지만 맛은 찾아내는 감별이 아니라 기억이다.

맛처럼 난 요즘 현장 일에 대한 알고리즘이 발동한다.

일에 대한 경험이 누적되니 일머리를 생각하며 연장을 준비하고 작업 시간을 계산하기도 한다.

불과 두 명이 하는 일이지만 지시받은 일을 완수하고 깨끗한 마무리까지 보여 주었다.

그것도 전혀 무리 없으니 함께 일한 동료도 긍정적이다.

내가 팀장 데모도나 하며 내 실력을 감춘 건 신경 쓰기 싫어서인데 환경에 적응하는 게 인간의 본능인가 보다.

결과도 있으니 황 반장은 요즘 열심히 하는 내가 마음에 들었는지 농담도 하기 시작했다.

하긴 일머리를 알고 일하는 나를 누가 능가하겠는가?

난 한 달에 수 개의 인테리어 현장을 감독하던 사람이고 롯데호텔 개보수 같은 큰 현장에서 소장으로 일하기도 했다.

30년 전이지만 국내 최대 인테리어 공사 중 하나였을 것이다.

하지만 노가다 일에 빠져드는 게 정상인지는 모르겠다.

앞으로 책을 계속 출판하고 이를 계기로 사업을 벌여 커피를 팔아야 하는 내가 말이다.

건축과 커피 그리고 글쓰기는 내 인생의 3대 요소이다.

이 중 건축은 이미 큰돈을 벌어 봤고 커피도 내가 원한 수준까지는 올라와 있으나 글쓰기는 아직 미숙하다.

완성된 글은 많으나 남이 출판해 준 잘 안 팔린 2권의 책이 전부이니 작가라 할 수도 없다.

별도로 공부한 적 없는 건 커피도 마찬가지지만 형식이 있는 글쓰기는 정말 힘든 작업이다.

역사가 짧아 지식이 정립되지 않은 커피에 비해 문학은 여러 사람이 공유하며 발전시켜 왔기 때문이다.

그러니 이들을 무시하는 난 문학계의 이단아에 불과하다.

내 시벳커피가 세상에 나오자마자 공격받았던 것처럼 비슷한 결과가 나올지도 모르고 말이다.

어떤 분야든 기득권을 가진 자가 항상 지적을 한다.

입장 바꿔 보면 기존 질서를 파괴하려는 행위일 수도 있지만 진보 없이 세상이 나아질 수는 없다.

글 쓰다 보니 말투가 정치적으로 조금 변했다.

일 마치고 오랜만에 본 성호와 막걸리를 한잔했다.

별다른 의미 없이 그가 순대를 좋아하기에 먼젓번 가 본 순대 전문

집에서 사 주고 싶었다.

　난 가던 술집만 가는 습성이 있는데 변화를 싫어하고 단골이라 반기는 모습도 좋아하기 때문이다.

　사실 자주 먹는 돼지머리 고기는 특별한 게 없는 음식이다.

　옛날처럼 가게에서 직접 삶는 게 아니라 주문한 머릿고기를 잘라서 팔기에 장사하기도 좋다.

　나머지는 서비스 정도의 차이니 다 거기서 거기다.

　하지만 장사 잘되는 집은 분명 존재하니 그 이유는 가성비가 틀림없다.

　서민이 이용하는 저렴한 순댓국집에서는 말이다.

　난 내 커피도 비슷한 경로를 밟을 것으로 판단된다.

　싸고 진하며 맛있는 커피로 말이다.

　물론 최고급 커피도 선보이겠지만 대중적인 게 우선이고 싼 게 입소문 나면 팔기도 쉽다.

　일반 커피로는 토라자 커피가 제격인데 문제는 소량 구매가 어렵다는 것이다.

　최소 1톤은 구입해야 하고 로스팅 시설도 필요하다.

　구하기 쉬운 시벳커피는 원두로 가공한 후 통신 판매를 이용해 천천히 팔기 시작하면 된다.

　오랜만에 커피에 대한 생각을 해 봤다.

66. 6월 1일 토요일 맑음. 작업 53일 차

휴대폰을 분실한 건 생각보다 큰일이다.

현장 도착하기 전까지는 있었으니 차 안이나 주변에 있겠지만 마음은 불안하다.

팀장을 불러 차 안을 조사하나 보이지 않는다.

근데 문 열어 주러 온 게 귀찮은 듯 내게 핀잔을 주는데 그가 왜 그랬는지 모르겠다.

난 그의 전화가 필요했지만 더 이상 구차한 소리 하기 싫어 포기하고 현장으로 향했다.

다행히 영택이가 전화를 해 주차장 주변에 있는 걸 확인했다.

누군가 위급 상황이 오면 도와주는 게 당연하다.

휴대폰은 한 여성 유도원이 가지고 있었다.

내가 주차장에서 흘린 걸 누군가 안전하게 그녀 차의 보닛 위에 올려놓은 것이다.

난 고마움에 그녀에게 사례를 표하기로 했다.

그녀의 소속은 HST(?)이니 단톡방을 활용할 수 있을 것이고 난 월요일 커피를 내려 주기로 마음먹었다.

날 더운 요즘은 얼음이 공급되기에 아이스커피를 만들 수 있어 그녀들이 좋아할 것이다.

토요일의 위급한 일은 이렇게 무사히 해결되었다.

하지만 난 팀장에 대해 다시 생각해 본다.

내가 자신을 밀어 지금의 대우를 받지만 그는 아직도 나의 공로를 무시하고 있다.

자기 혼자였다면 한마디로 아무도 따르지 않는 왕따 수준의 외톨이임이 틀림없는데 말이다.

재미있는 건 황 반장이 이런 내용을 알고 있어 팀을 둘로 나눠 일을 진행시킨 것이고 팀장이 맡은 일은 지적을 많이 받았다.

그 대신 김 씨와 박 반장 그리고 내가 한 팀으로 일한 현장은 너무 빠른 시간 내 깔끔히 끝나 내가 화를 낼 정도이다.

그냥 적당히 마무리해도 되지만 김 씨는 점심시간을 넘겨서 일을 지속했기 때문이다.

나중에 시계를 보지 않아서라 구차하게 변명했지만 황 반장에게 잘 보이려 했다는 것은 틀림없다.

난 김 씨가 직영반장이 되고 싶어서라 확신한다.

우리 일이 끝나고 팀장을 지원했지만 어수선하기만 하다.

확실히 그는 사람을 다루는 일이 서투르다.

그가 과거 여러 현장의 팀장이었다는 말은 허풍, 또는 거짓으로 판단된다.

했을 수도 있으나 최소한 능수능란한 팀장은 아닐 것이다.

자신의 잇속을 챙기는 것으로 유명하지만 말이다.

어쩌면 그는 노가다의 표상일지도 모르고 난 노가다계의 반항아, 아니 반항적 늙은이인지도 모른다.

하지만 난 우리 팀의 중추적 역할을 하고 모두 나를 좋아한다.

술값이 좀 많이 들기는 하지만 말이다.

오늘도 김 후배, 박 반장과 함께 막걸리 한잔 한다.

이제 보니 둘 다 경상도 사람인데 이들은 고집도 강하지만 순발력 하나는 매우 뛰어나다.

단점은 목소리가 크고 남을 너무 빨리 판단하는데 성격이 급해서인 것 같다.

어찌 보면 현세대의 생존을 위해 진화된 듯 보여 한국인을 표현했던 은근과 끈기 같은 표현은 안 어울린다.

술 한잔 하면서 느낀 점은 김 후배가 나를 진정으로 존경하는 듯 보이고 박 반장도 나의 충고를 따라 술을 억제한다.

내가 비록 노가다를 하지만 이렇게 주변이라도 작은 변화를 줄 수 있어 고맙게 느껴진다.

난 앞으로 이들과 좀 더 시간을 갖고 대화하려 한다.

하지만 술값은 또 내가 지불했다.

술 마시며 한 대화는 현장 인원이 늘어난다는 것이다.

현재 7명이나 10명까지 충원되는 이유는 일이 밀려 있는 목공을 지원하기 위함일 것이다.

오늘도 거푸집 해체 일을 지원했지만 앞으로도 말이다.

하지만 목공 일은 잡부와 일당이 다르기에 회사가 인건비를 절약하려는 시도일 수도 있다.

사람이 없어 임시로 돕는 것일 수도 있지만 말이다.

어쨌든 내 생각은 잡부도 개인의 능력에 따라 일당에 차등을 줘야 한다.

청소나 하는 막잡부와 해체나 자재 정리를 하는 전문 잡부와의 인건비 차등 말이다.

힘든 일을 하거나 경력이 오래된 전문 잡부는 최소 20만 원은 줘야 하고 그러면 세상은 좀 더 공평해진다.

한국 젊은이들의 취업에 대한 선택의 폭도 넓어지고 말이다.

이를 위해선 잡부의 자격증화가 필수 조건이다.

한 달 정도 공부하고 실습을 한다면 현장에서 많은 도움이 된다.

최소한 반생이는 묶을 줄 알고 현장 청소와 자재 정리하는 법을 배워도 좋고 말이다.

참고로 옛날에는 직업 훈련소에서 노가다 기술을 배웠다.

67. 6월 2일 일요일 맑음. 열외 14

모처럼 일요일이나 타성에 젖었는지 아무런 영감이 없다.

원래 하던 대로 글 정리한 후 잠자고 빨래한다.

직장 다니는 일반적인 근로자와 비슷하니 더 이상 노가다 일용 잡부가 아닌 것 같다.

달력을 보니 삼성 현장에 다닌 지 4개월이 다 되어 간다.

다람쥐 쳇바퀴 돌듯 일당을 위해 열심히 사는 내 모습이 신기하다.

그래도 몸을 생각해 오늘 조금은 운동을 했다.

열심히는 사나 상호나 크리스에게도 연락을 안 한다.

이뤄진 게 없는 지금의 대화는 특별한 의미가 없지만 그래도 가족인데 스스로가 너무한다 싶다.

　먹고사는 문제가 현실화되어 있는 수많은 사람들이 이와 비슷하다면 참으로 이 세상은 지옥과 같다.

　종족 유지도 포기한 늙은 개체에게 뭐가 중요한지도 모르겠다.

　내가 원한 건 최소한의 자존심 유지와 이를 위한 약간의 소득인데 말이다.

　어쩌면 지금까지 커피를 연구한 건 무지개를 좇은 것이고 일기는 스스로의 위안일 뿐이다.

　이미 버킷 리스트를 끝낸 내 삶에 너무 큰 기대는 하지 말자.

　오래전 필리핀에서 커피를 연구했을 때 느낀 점이 있다.

　전기도 없는 산속은 의외로 많은 것이 보이고 손바닥만 한 하늘소와 같이 자면 자연과 일체됨을 알 수 있다.

　인간은 결국 자연의 일부인데 모든 것을 파괴하며 또한 지배한다.

　정말 인간만 없으면 세상은 너무도 조용할 것이다.

　사랑할 줄 모르고 시기와 탐욕의 굴레를 조금도 벗어나지 못하는 사악한 인간들 말이다.

　산속에서 신선처럼 살려 했던 내가 너무도 망가지고 있다.

　면벽이라면 10년을 견딜 수 있으나 인간 군상 속에서의 1년은 쓰레기통 속에서 사는 느낌이다.

　또 그래서인지 나의 현장 일도 쓰레기 분리가 자주 있다.

　모두 모으기만 하지 직접 손대기는 싫어하기 때문이다.

　자신들 뱃속에 똥이 가득함에도 화장실이 냄새 나서 토할 것 같다는 말과 비슷하다.

수세식이 아닌 이곳 현장 화장실을 말하는 것이다.

시원치 않기는 모든 일도 마찬가지이다.
직접 일하기보다는 남을 시키려 하고 조그만 권력이라도 있으면 유지하려, 아니 최대한 이용하려 한다.
일상이 이러한데 특히나 건설 현장은 적나라하게 드러난다.
그들 지식이 단순해 감추거나 은밀히 다루지 못하기 때문이지 본심이 다른 것은 아니다.
난 이제 나이 먹어 하는 현장 일에 회의적으로 변해 간다.
하지만 일에 보다 충실해져 가니 참 아이러니하다.
모처럼의 열외를 별다른 내용이 없어 이렇게 쓰고 마무리한다.

68. 6월 3일 월요일 맑음. 작업 54일 차

오랜만에 온 직영 김 ○○ 반장과 한 조가 되어 철판을 나르니 기름때에 옷을 버렸다.
근데 일하다 보니 아무리 찾아도 박 반장이 보이지 않는다.
먼젓번 술 먹고 출근한 뒤 휴게실에서 오전 내내 자다 걸린 적 있어 걱정되었기 때문이다.
돈이 필요해 일 나오나 간이 안 좋은 그는 쉬 피로를 느낀다.
다행히 그는 얼마 후 나타나 다시 일을 한다.

오후는 철판 용접을 위해 1층에서 안전 관리를 해야 한다.

하지만 크레인 작업들이 겹쳐 있어 내가 들어갈 공간이 조금도 없었다.

먼저 자리를 잡은 유도원들이 나가라 하는데 나도 맡은 책임이 있어 자리를 뜰 수 없었다.

결국 위에 보고를 했으나 결과는 자리를 지키라 한다.

더하여 타 회사 안전 관리 요원들까지 나와서 나를 겁박한다.

규정에 의하면 나는 아무 잘못이 없으나 그들은 사진까지 찍어 보고하면서 말이다.

더 웃기는 건 관리자가 나에게 지시한 위치가 잘못되었다는 것이다.

그냥 내 생각대로 했으면 아무 문제도 없는데 말이다.

아무리 봐도 월드건영 직원들의 수준은 가끔 기대 이하이다.

이번에 느낀 건 규정에 모순이 생겼을 때 이를 풀어 가는 응용력이 무시된다는 점이다.

지금 사는 세상도 마찬가지로 법은 계속 수정된다.

집권하는 세력에 따라 또는 대중의 인기에 영합하는 법은 진실은 아니다.

그래서 상식은 사라지고 고소, 고발이 난무하는 세상이다.

대화로 풀 수 있는 작은 해프닝조차 현장에서의 경찰인 안전과에 고발하는 형국이니 말이다.

결국 난 현장에서 물의를 일으킨 자가 되고 만다.

현장 법을 어기면 일당쟁이 노가다도 생계의 위협을 받는다.

직원의 지시를 따랐지만 안전이라는 허울 속에서 말이다.

책 표지의 수정안이 왔는데 작업을 한 건지 의심스럽다.

내가 보낸 사진을 아무런 디자인 없이 그냥 모아 놓았다.

얼굴은 하나도 안 보이고 한 사진은 옆으로 붙여 놓았으니 수정안이라 볼 수도 없는 정도였다.

나는 담당자에게 의견이 아닌 불만을 말했지만 결국 출판사 사장에게 전화를 했다.

그의 말에 따르면 표지 디자이너가 바뀔 것이라고 한다.

원고를 보낸 지 한 달이 넘는데 아직 표지도 안 된 건 이해할 수 없다.

난 잠시 담당이 여자라서 그런가 생각했다.

이는 편견이 분명한데 '여자라서, 젊어서'라며 핑계를 대면 '늙어서, 꼰대라서, 못 배워서'라는 말도 나올 것이다.

잘 알고 있는 나도 가끔 그러니 편견은 정말 조심해야 한다.

오늘은 4명이 연장 근무를 했는데 내가 제외되었다.

나를 대신해 팀장이 일한 이유가 분명 있겠지만 지금까지의 관행이 무시된 처사이다.

연장 근무 없는 4명은 아침에 차비를 냈음에도 차가 없어 버스와 전철을 이용하거나 걸어야 하기 때문이다.

연장 근무로 추가 돈을 번 그들은 편하게 차로 오고 말이다.

김 후배와 한잔했으나 이를 성토하지는 않았다.

내가 모르는 이유가 있을 것이고 팀장도 돈 욕심이 났을지도 모른다.

잔돈푼에 약한 노가다 인생들이 불쌍하다.

빨래를 했으나 철판 녹은 잘 지워지지 않는다.

청바지에 어렴풋이 남아 있는 붉은 녹은 희미한 피처럼 보인다.

노가다 전쟁이라도 치른 것처럼 말이다.

69. 6월 4일 화요일 맑음. 작업 55일 차

아침 조회 시 박 이모가 내 책을 검색해 보여 준다.

제목과 마무리가 이상한 《커피 전사의 후예들》이란 급하게 쓴 이상한 장편 소설 말이다.

원제는 '커피 대전'이었는데 일본인이 먼저 사용해 쓸 수 없어 그 당시 투자를 한 자가 지은 것이다.

출판사 사장도 돈 대는 자의 말에 긍정적이었으니 순발력 떨어지는 나는 침묵하고 만다.

이후 여러 번 고쳐 쓰고 내용도 추가했으나 아직도 마무리 못 한 내 커피 인생이 담긴 대하소설이다.

금전적 그리고 정신적 여유가 있다면 다시 마무리할 것이고 정서상 맞지 않는 한국이 아닌 중국에서의 출판을 고려해 본다.

그녀가 내 책에 관심을 갖는 이유가 의문이다.

순수하게 커피나 책을 좋아해서는 아닌 것 같고 분명 다른 의도가 있다.

혹시나 먼저 일어난 작업 거부 내용과 관련 있는 건 아닌가 싶다.

지적 호기심이 아닌 나에 대한 경력과 정보를 분석하려는 표정이기 때문이다.

내가 내려 준 커피 맛에 대한 평가처럼 말이다.

《커피 전사의 후예들》은 표지만큼은 성의껏 만들었다.

홍대에서 디자인을 전공한 뒤 유명한 광고회사 다니던 선배가 만들었으니 당연하다.

《CIVET COFFEE STORY》는 아마추어가 편집한 건 확실하고 말이다.

지금 수정 중인 내 책 표지의 새로운 디자이너는 어떤 수준일까 궁금하다.

이번에도 마음에 안 들면 그냥 사진으로 대체하려 생각 중이다.

약속한 날짜가 있어 계속 늘어지게 할 수는 없기 때문이다.

인쇄가 일주일이나 걸려 편집을 포함하면 출판은 6월 말이나 된다고 하니 말이다.

원고를 보낸 게 4월 중순이니 출판에 두 달이 넘어간다.

복잡한 머리로 작업 미팅에 참여하니 이후 일은 형틀 팀 안전 관리이다.

T/L 작업 시 유도원이 있어야 하기에 별다른 작업 지시 없이 그냥 서 있으면 된다.

굳이 관리한다면 탐침봉 올리고 벨트 잘 걸었는지 확인해야 하나 그 정도는 모두 알아서 잘한다.

헤어지는 순간 팀장이 내게 반말을 넘어 '너'라고 하대를 했다.

반말이야 지시를 위한 거지만 너란 표현은 완전히 아랫사람 대하는 말로 불가능한 표현이다.

내가 조용히 따지자 그는 잘못 들은 거라며 나이가 몇 살인데 하며 변명을 늘어놓는다.

그가 나를 떠보는 건 좋지만 재수 없으면 최악의 상황을 각오해야 할 것이다.

참고 사는 내가 기분이 나쁠 때도 있으니 말이다.

사실 그는 조회 시 황 반장에게 한 소리 들은 직후이다.

일의 결과가 없고 그럴 거면 나오지 말라는 소리도 들었으니 심각한 상태이다.

그리고 황 반장은 오래된 사람은 직영과도 같다고 했는데 나와 김 씨를 두고 한 말일 것이다.

이곳에 일 나온 지 100일이 넘었으니 당연한 말이고 요즘 내가 열심히 하는 이유 중 하나이기도 하다.

작업반장이 나를 믿는다는 건 매우 중요하다.

형틀 팀을 지원한 후 마무리를 도와주었다.

굳이 일할 필요 없으나 서로 아는 처지라 도와주었는데 주객이 전도되었다.

사실 두 팀이 시작했으나 새로운 팀은 속도가 안 나 중지되었고 한 팀만 유지되고 있었다.

내가 잘 아는 기존 팀은 일을 위해 위험을 감수하고 나는 반대로 안전과 직원이 있는지 망을 본다.

그렇다고 정말 위험한 건 아니고 안전 규정에 위반되기 때문이다.

동료애가 불법을 함께 자행한 그들을 돕게 만든 것이다.

내가 청소와 마무리를 도운 건 순시하던 소장의 지시도 있기 때문이다.

목수들은 어느 정도 마무리를 해야 되는지 잘 모르고 청소일도 서투르지만 그들은 3시 반이면 일을 마친다.

아직 청소가 많이 남아 있는데 보이지도 않으니 문제였다.

나 혼자 열심히 하는데 안전 관리자들이 몰려들어 나보고 담배나 피며 쉬라고 한다.

한마디로 목수들을 혼내겠다는 말이고 생각은 적중하였다.

그들은 지적을 받았고 황 반장과 형틀 서 팀장 등 많은 사람들이 모여들었다.

그렇다고 마무리가 잘된 건 아니라 또 내가 나서야 했지만 말이다.

목수는 목공 일만 하고 싶어 하지만 문제는 두 번째 팀은 일을 절반도 하지 못했다.

차라리 내가 망치를 들었다면 좀 더 나았을 것이다.

아무리 생각해도 나보다 훨씬 높은 그들의 일당은 버리는 돈이 틀림없다.

이 틈에 목수로 전향할까 생각해 본다.

그나마 즐거웠던 일은 옆에서 근무한 여성 유도원이 친절했기 때문이다.

일도 열심히 잘하는 그녀는 내게 T/L 위급 사항에 대비한 기술을 가르치면서 호감을 표하기도 했다.

늙은 나에게 관심을 갖는 여성 유도원들의 정체성이 궁금한데 혹시 이혼이라도 해 파트너를 찾는 것은 아닌지 모르겠다.

부부가 함께 일한다면 월 500만 원은 저축이 가능하니 한 2년 근무하면 장사 밑천은 될 것이다.

필리핀 아내가 있는 나는 안 되지만 혼자 된 분이라면 파트너를 만나 가능도 한 계획이다.

나처럼 늙은이 말고 60세를 막 넘긴 나이라면 말이다.

일 마치고 시장에서 돼지고기를 샀으나 요리는 못 했다.

고기는 물론 마늘과 양파를 다졌으나 피곤한 데다 시간이 많이 걸리기 때문이다.

그 대신 쉽게 할 수 있는 김치찌개를 해 먹고 잠든다.

70. 6월 5일 수요일 맑음. 작업 56일 차

오늘 출력 인원은 오랜만에 온 자와 보고 싶지 않은 이 후배까지 불러 9명이나 되었다.

어떤 의미인지 알 필요도 없지만 요즘 들어 말이 많아진 팀장이다.

며칠 전 황 반장에게 강한 불신임을 당한 이유일 것이다.

그는 팀장이라는 위치를 잘도 이용했고 나도 그에 편승한 것은 사실이나 한계에 부딪친 것 같다.

정말 노가다는 언제든 운명이 바뀔 수 있는 일당쟁이의 모임이다.

난 비로소 노가다 세계에 눈을 뜨고 있다.

하지만 난 유도원이라 조금은 다른 입장이다.

오늘도 야적장에서 김 ○○ 반장의 철판 절단 일을 돕다가 지게차를 유도하기도 한다.

두 일 다 유도원이 필요하기에 난 매우 효율적이다.

일이 끝나고 자재 정리를 위해 8층으로 갔지만 거의 2시가 되어서이니 또 하루가 쉽게 지났다.

뜨거운 태양과 마른 시멘트 바닥인 옥상에서의 일은 사막뿐인 중동을 연상시킨다.

콘크리트 잔해의 시멘트 먼지는 모래바람이고 말이다.

마스크 없이 먼지를 한 모금 마시자 천식이 도졌다.

삼성은 분리수거를 강조하지만 시멘트 가루 속에서 쓰레기와 못을 구분하는 일은 아무도 안 한다.

이 일을 내가 하는 이유는 원칙을 중시하기 때문이다.

난 김 씨처럼 서서히 회사 편을 향해 간다.

일 끝나고 사무실에 오니 돈 받으려는 사람이 몰려 있다.

도착한 시간은 5시 20분경으로 평소보다 늦어 러시아워에 갇힌 것이나 팀장은 자신의 돈만 챙겨 먼저 나간다.

그는 정말 자신의 이익만 따지는 이기적인 사람인가?

최소한 팀장은 그러면 안 되지만 다른 팀은 아예 전표를 주지 않아 돈을 못 받는 상황도 발생했다.

사장 형은 화를 내며 전표 상자를 집어 던지기까지 했으니 이곳 사람들은 모두가 수준 이하이다.

일반인이 노가다를 하려면 웬만한 일은 넘어가야 한다.

그냥 집에 가려다 조 씨가 한잔 산다 해서 또 막걸리를 마신다.

조 씨는 맥주 그리고 김 후배는 소주를 마시는 3인 3주이나 우리는 개의치 않는다.

  술도 서로 따라 주지 않으니 외국에서 살다 온 내 식이다.

  서로 주고받는 술자리는 마시는 속도가 은근히 강조되어 너무 싫다.

  어쨌든 난 은연중 팀을 음지에서 이끌어 가고 있다.

  술이야 막걸리이지만 안주는 항상 순대와 머릿고기이다.

  난 기름진 이 안주가 내 몸에 어떤 영향을 주는지는 모르겠다.

  술과 먹을 땐 맛있는데 조금씩 거부감이 느껴지는 건 혈관 안에 기름이 돌고 있기 때문이다.

  강한 노가다 일이 아니면 체내 지방을 소모시키지 못한다.

  유도원을 주로 하는 요즘 내 일이 편하긴 한가 보다.

  어쨌든 한동안은 금주하련다.

  계속 술 마시는 이유는 요즘 내가 딜레마에 빠졌기 때문이다.

  출판 날이 다가오나 난 현장에, 아니 월드건영에 적응해 가고 있고 회사가 날 보는 눈도 나쁘지 않다.

  또한 일도 계속된다고 하니 돈을 위해서라면 일단은 일에 충실해야 한다.

  하지만 책이 잘 팔린다는 가능성도 무시할 수 없다.

  두 가지나 생각하기에는 몸도 마음도 지쳐 있다.

  차라리 먹고살려고 열심히 노가다 일만 할 때가 마음 편했다.

  어쨌든 돈은 모으고 있고 출판도 기다리니 조만간 결과가 올 것이다.

  그때 가서 상황에 맡게 다시 생각하자.

71. 6월 6일 목요일 맑음. 작업 57일 차

현충일은 휴일이라 2시까지만 일한다.
하지만 일하는 시간보다 일의 내용이 중요한 하루였다.
먼저 한 일은 옥상에서 자재 정리였으나 얼마 후 나와 성호는 형틀 팀 지원으로 변경되었다.
목재 패널과 각 파이프를 나르고 쓰레기를 치워야 한다.
그 양이 제법 많았지만 목수 4명과 같이하기에 시간은 충분했는데 이는 착각이었다.
목수들이 자신들 기준에 맞춰 일을 제대로 안 했기 때문이다.
잡부는 끝없이 일하나 먼젓번에도 보았듯 목수는 적당히 일하고 쉬는 시간도 우리보다 길다.
그들 일당이 우리보다 훨씬 많음에도 말이다.

항상 느끼지만 대한민국은 노가다 천국이다.
내가 건설회사 사장이었던 2000년대 초만 해도 열심히 했던 인부들이 그동안 뭔 일이 있었는지 일을 안 한다.
건설회사가 외국인을 선호하는 건 인력이 부족해서가 분명 아니다.
제대로 일하는 한국인은 별로 없고 다들 눈치만 본다.
돈 벌러 온 외국인들은 정말 열심히 일하는데 못하면 잘리기도 하지만 자국보다 임금이 훨씬 높기 때문이다.
한국인도 임금을 하루 100만 원 준다면 비슷할 것이다.

하지만 이곳 삼성 현장은 한국인만 존재한다.

그래서 적당히 일하고 돈 버는 자들과 한국인임에도 노예처럼 일하는 두 가지 부류가 존재한다.

만일 삼성이 한국인만 쓰도록 하지 않았다면 전자는 모두 퇴출 감이고 후자는 그에 상응하는 대우를 받지 못한다.

후자는 오히려 다른 현장보다 일이 많은 것 같다.

특히 기계를 쓰지 못하는 경우에는 생각 이상의 엄청난 노동력을 착취당한다.

그것도 전근대적인 감시와 통제에 의해서이니 노가다의 어원인 흙 나르는 사람이 된 기분이 든다.

쉴 수도 앉을 수도 없는 현장에서 끝도 없이 일하면서 말이다.

스스로 열심히 자기 할 일 한다는 건 이상일 뿐이다.

요즘 기다리는 내 책의 표지에 대해서도 비슷한 느낌이다.

진도가 전혀 안 나가는데 일하는 사람의 성의가 이곳 현장의 목수와 비슷한 게 아닌가 싶다.

처음 한 디자인이 책 내용과 전혀 관계없는 것도 비슷하다.

다행히도 교정은 매우 충실하여 내가 놀랄 정도였다.

일 끝나고 성호와 막걸리를 한잔했다.

오늘은 그냥 가려 했으나 일하다 그에게 소리친 탓에 미안해서이다.

잔소리하는 정 반장 들으라 한 짓이나 마음 약한 성호는 자격지심에 자신이 미안한가 보다.

나를 잡은 것도 술값 낸 것도 그였으니 틀림없다.

부친이 타일공인 그는 오랫동안 노가다를 했지만 적성이 안 맞는 40

대 젊은이다.

   한국을 싫어하는 그는 어쩌면 나를 따라 외국으로 나가고 싶은지도 모른다.

   필요한 돈 3천만 원이 그의 입에서 나왔기 때문이다.

   누구든 나를 따라올 수도 있지만 말도 안 통하는 외국에서의 삶은 결코 쉬운 일은 아니다.

   말이 안 되는 자는 한국에서 노가다하는 편이 나을 것이다.

   출판은 지연되고 현장 일도 따라 계속 늘어난다.

   출판이 6월 말이니 책이 잘 팔린다 해도 7월 중순까지는 일할 수 있을 것이고 그 정도면 충분하다.

   책이 팔리면 소득도 있으니 일할 필요가 없지만 쓰던 일기는 마무리해야 하기 때문이다.

   《커피 헌터의 노가다 다이어리》의 성공을 빌고 2부를 마칠 때까지 모든 게 무난했으면 좋겠다.

   나는 무거운 몸을 일으켜 일 나갈 준비를 한다.

72. 6월 7일 금요일 흐림. 작업 58일 차

   피곤한 내 몸을 누가 아는지 오늘 시작은 무난했다.

   철근 단부 작업 안전 관리는 그냥 그늘에서 서 있기만 하면 되는 가장 쉬운 일이다.

   이어진 콘크리트 타설 지원도 점심때까지는 무난했다.

하지만 마무리가 안 되어 15분 만에 점심을 먹고 왔으나 이동한 펌프카가 세팅이 안 되어 있다.

펌프카 지지대 하부는 철판을 깔아야 견고해진다.

이를 지나가던 황 반장에게 보고하니 그는 바로 지게차를 불렀고 나는 다시 보직이 바뀌었다.

펌프카를 세팅한 후 여러 번 자재를 야적장으로 나른다.

어쩌면 나는 황 반장 직속의 유도원이 틀림없다.

아무 때고 별다른 보고 없이 쓸 수 있고 유도원 외의 지원도 시킬 수 있기 때문이다.

이상하게 나를 이용한 사람들의 목소리도 커지고 말이다.

지게차를 장거리 유도 하는 건 결코 쉽지 않은 일이다.

비포장도로를 빠른 걸음으로 걸어야 하고 지나가는 차량과 주변 사람을 신경 써야 한다.

시끄러워 정신도 사나운데 모두 안전을 위해서이다.

어쨌든 유도원 업무 중 가장 힘든 일이 틀림없다.

하지만 짐을 가득 실은 리어카를 끌고 가는 것보다는 편하고 항상 있는 일도 아니다.

여자 유도원도 너끈히 하는 일이니 불평하면 안 된다.

여자 유도원들은 미모의 박 이모를 제외하면 모두 대단하다.

그녀들은 어느 회사 소속이거나 한 치의 서투름도 없이 맡은 임무에 최선을 다한다.

하지만 박 이모는 오늘 또 레미콘 차를 다른 길로 보내는 실수를 했다.

정문에서 송장 받고 길 안내 하는 게 그렇게 힘든 일인가.

햇볕이 무서운지 얼굴을 뒤집어쓰고도 그늘에서 숨어 있는 그녀는 누가 보면 분명 퇴출감이다.

난 그녀와 황 반장의 개인적인 관계를 의심해 본다.

황 반장은 어쩌면 요즘 말하는 스윗한 60대 한국 남자이나 나도 별반 다르지 않다.

차이라면 난 일에 엄격하다는 정도이다.

내가 황 반장 입장이라면 자르지는 않아도 경고 정도는 할 것이다.

일 끝나고 시장에서 수박을 한 통 샀다.

10kg 정도 하는 수박이 12,000원으로 저렴하나 너무 무거워 계산을 기다리며 힘들었다.

근데 다른 이는 계산 후 비닐을 받아 수박을 가져간다.

남을 유심히 보지 않는 내 천성 탓에 미련한 내 몸이 고생을 한다.

이를 보고 둔하다 해야 하나 아니면 눈치가 없다 해야 하는지 모르겠다.

현장도 비슷하게 편한 자리는 항상 내 몫이 아니다.

말이 좋아 운동도 되는 힘든 일을 자처하니 난 항상 피곤하고 위험에도 노출되어 있다.

다행히 시간이 지나면 모든 게 적응되고 위치도 올라가지만 말이다.

그나마 공정한 사회적 시스템이 없으면 난 살기 힘든 스타일인지도 모른다.

또 그래서 밑바닥 노가다 생활이 보다 힘든 것이다.

오늘의 마무리는 필리핀 가족과의 통화였으나 현지에 비가 오는 관계로 전파가 좋지 않다.

이 말이 맞는지 모르지만 필리핀은 가끔 그렇다고 한다.

사실 목소리 듣고 싶은 정도라 할 말도 그리 없었다.

책이 출판된다는 내용이야 알고 있기에 잘 팔린다는 소식을 전하고 싶으나 아직은 아니다.

다음 주는 인쇄가 들어가고 그다음 주는 출판이 될 것이다.

조금씩 늦어지지만 전혀 불만이 없는 것은 모든 일은 다 때가 있기 때문이다.

또 조금 빨리 나온다고 변할 것이 하나도 없기 때문이다.

현장에서 도망치고 싶은 마음을 제외하면 말이다.

73. 6월 8일 토요일 비. 열외 15

사무실로 가니 조 씨만 혼자 있다.

오늘 현장은 새벽에 비가 와 쉬는데 나만 모르고 있었다.

말했지만 차 안에서 음악 듣느라 못 들었을지도 모른다.

내 자리 보존을 위해 일부러 쉴 수는 없지만 그게 아니면 쉬는 날은 항상 반긴다.

수입 조금 천천히 모인다고 걱정할 수준도 아니고 말이다.

사실 글을 제대로 쓰려면 노가다에 적응된 모든 걸 잊기 위해 하루는 그냥 버려야 한다.

마음의 평정을 위해선 최소 3일은 되어야 하고 말이다.

오늘은 지나간 일기를 보완하는 것 외는 아무것도 하지 않았다. 빨래도 안 하고 벼르고 있던 산책도 건너뛴다.

장마 예정일이 25일경이니 2주 후면 출판도 되지만 비가 와 노는 날이 많을 것이다.

노가다하면서 처음 맞는 장마가 기대된다.

그리고 실업 급여를 받으려면 아직 20일을 더 일해야 하지만 시간은 충분하다.

정확히는 나중에 따져 봐야 하지만 계산상으로는 7월에 좀 일하면 8월에 신청할 수 있다.

하지만 모든 건 하나의 대비책일 뿐이다.

모든 게 확실할 때까지는 난 일할 각오를 다진다.

사무실에서 돌아오는 길에 몽골 친구 동천을 만났다.

4시에 일 끝난다 하니 요리해 식사라도 같이 하려 했다.

하지만 내 작은 냉장고는 햄, 치즈 그리고 돼지고기와 수박까지 음식으로 꽉 차 있다.

새로 재료를 사는 건 낭비라 난 요리해 놓은 돼지고기를 중국식으로 다시 요리했다.

녹말가루를 섞어 밥에 얹어 먹을 수 있게 한 것이나 1인분뿐이다.

시간이 되어 연락하려다 잠시 보류하는 이유는 서로 간에 말이 안 통해 할 말이 없기 때문이다.

그가 영어라도 조금 했다면 하고 생각해 본다.

휴일에 아무 일 안 하고 수박만 먹으니 살 만하다.

난 사실 수박을 너무 좋아하는데 당뇨 때문일 것이다.

그것도 한 번에 배부르게 먹는 게 아니라 조금씩 끝도 없이 먹는다.

일도 안 하며 먹으니 혈당이 올라가는 느낌이 오지만 오늘만은 대수롭지 않다.

어차피 내 몸은 바로 적응하기 때문이다.

뭘 먹기 시작하니 갑자기 훈제 연어가 생각나 쿠팡에 500g을 주문한다.

오늘부터 내일까지 먹방 아닌 탐식을 즐길 것이다.

돼지고기 넣고 끓인 김치찌개와 참치샌드위치도 포함해서 말이다.

하루 만에 배가 나온다면 믿어지는가.

또 다른 나의 휴일은 한게임 고스톱도 치고 비록 컴퓨터와 싸우지만 스타도 즐긴다.

하지만 나의 최애는 유튜브인데 점점 참신하고 재미있는 내용을 찾기가 힘들어진다.

어쨌든 요즘 젊은이의 사고를 알 수 있고 나라 동향도 살필 수 있어 자주 보나 가장 즐기는 건 영화이다.

갑자기 오디션 봤다는 영화배우 명찬이가 생각난다.

연락을 하려다 토요일이라 화목한 그의 가정을 지키기로 했다.

74. 6월 9일 일요일 흐림. 영외 16

휴일 이틀 차가 되어야 마음이 가라앉는다.

본연의 나로 돌아가야 그전부터 하고 싶었던 노가다의 정체성을 다시 생각할 수 있다.

먼저 나이 먹어 노가다를 적당히 하면 가외의 수입을 올릴 수 있는 건 맞다.

보다 큰 수입을 원한다면 한곳에 고정으로 나갈 수 있고 부부가 함께 하면 1년에 5천만 원 저금은 무리가 아니다.

실제로 삼성 현장은 노가다 부부로 보이는 사람도 꽤 있다.

아침에 함께 집에서 싸 온 도시락 먹는 모습은 보기도 좋다.

삼성 식단을 책임지는 포세카라는 하청 회사의 음식이 시원치 않기 때문이나 이는 나중에 따로 말하겠다.

내가 요즘 눈여겨보는 건 목수 등 기능공들이다.

별로 하는 일 없이 많은 돈을 받는데 과거와 너무 달라 이게 맞는 건지 모르겠다.

이들은 실제로 하루 4~5시간 일하고 23만 원을 받는다.

이는 철근이나 타설 등도 큰 차이가 없으니 생각보다 큰 수입이다.

내가 직접 현장을 관리했던 20년 전과는 너무도 다른 처우이나 미국 등 다른 선진국도 마찬가지이다.

아이러니하게 노동자의 천국은 사실 자본주의 국가이다.

하지만 보다 큰돈을 쉽게 버는 자들이 훨씬 많으니 상대적으로 소외된 계층은 틀림없다.

외국에 오래 있는 동안 한국의 정체성은 많이도 변했다.

결론적으로 안정된 생계를 원하면 기술을 배우는 것도 나쁘진 않다.

모두 3D 업종이라고 꺼리지만 건설 인력은 항상 부족하기에 열심히 하면 대우받는다.

난 사실 특별한 미래가 없는 젊은이들도 현장에 뛰어들었으면 한다.

목표가 아니라 돈을 번다는 목적을 갖고 말이다.

하지만 엄청난 경쟁자가 있으니 외국인 건설 노동자들이다.

이들은 과거 독일의 튀르키예계나 미국의 아일랜드계와 비슷하게 건설 시장을 잠식하고 있다.

대한민국 정부는 삼성처럼 한국인 노동자를 보호하기 위한 대책을 마련해야 할 것이다.

내가 주장하는 것은 한국인 노동자의 40% 할당제이다.

이 수치가 적당한지는 모르나 내가 경험한 바로는 대부분의 건설 현장은 80% 이상이 외국인이다.

할당제가 시행되면 최소한 외국인 노동자들과 노가다 밥그릇 갖고 감정 상하는 일은 없을 것이다.

난 내년에 정년이니 나를 위해서는 분명 아니다.

글을 쓰다 보니 커피가 얼마 안 남은 걸 알았다.

한 번에 200g 정도 볶으니 25분 만에야 제대로 색이 나왔다.

하지만 나머지 300g은 30분이 넘어도 고르게 볶아지질 않고 연기만 난다. 이 로스팅기의 단점은 열전도가 약해 한 번에 많은 양은 무리이다.

어쨌든 특성을 알았으니 다음번에는 3번에 걸쳐 볶으려 한다.

난 뭐든 서두르지 않아 시간이 지나야 결론을 얻는다.

내 인생과 비슷하다고나 할까?

오랜만에 영화배우 명찬이와 통화를 했다.

먼젓번에 들은 그의 오디션이 궁금했는데 다행히 붙었단다.

그리 큰 비중은 아니지만 자주 얼굴을 비쳐야 존재를 알릴 수 있는 영화배우가 그의 직업이다.

그리고 좀 더 비중 있는 역의 오디션이 또 있다고 한다.

말에 은근한 희망이 섞인 걸 보니 잘되길 갈망하는 건 나와 비슷하다.

그리고 최선을 다해 인생을 견디는 모습이나 나쁘진 않다.

우리는 서로 덕담을 하며 통화를 끝냈다.

다가오는 장마철에 만날 것을 약속하면서 말이다.

나도 처음 겪지만 어쨌든 비가 계속 오면 현장은 중지되는 날이 많을 것이다.

나같이 주로 외부에서 일하는 일용직 잡부라면 말이다.

공교롭게도 책이 출판되는 시점이니 모든 건 정말 안배된 게 아닌가 싶다.

잘 안되면 좀 더 기다려야 하지만 말이다.

제7장 일산 풍동의 포스코 오피스텔 현장에서 일하다

75. 6월 10일 월요일 맑음. 작업 59일 차

오늘 갑자기 출력에서 제외되는 일이 벌어졌다.
또 팀장의 장난 같은데 추측일 뿐 정확한 상황은 모르겠다.
작업을 거부하고도 책을 쓴다는 이유로 살아남은 나를 껄끄럽게 생각한 황 반장의 지시일 수도 있다.
어쨌든 나는 향동지구 지식산업센터 현장에서 교육을 받는다.
교육이야 많이 받아 두면 아무 때고 일 나갈 수 있으니 내가 원했던 바이다.
삼성 현장이 끝나도 바로 일 나갈 수 있으니 말이다.

하지만 혈압이 높게 나와 상당히 고민했다.
교육 전 134가 나왔으나 진한 커피를 마신 탓에, 또한 새로운 곳에 가면 긴장을 해 높게 나온다.
결국 먼저 잰 혈압 측정지로 대체했으나 엄연히 불법이다.
근데 이상한 건 글 쓰는 지금도 혈압이 높은 걸 느낄 수 있다.
정말 커피 때문인지 아니면 이틀간 하루 종일 먹고 놀기만 해서인지 잘 모르겠다.

  그것도 아니면 얼마 전 돼지비계 많은 머릿고기 안주로 술을 연일 마셔서인지도 모른다.

  오늘 일은 자재 정리라 오랜만에 혹독하게 움직였는데 몸이 따라 준다면 가끔은 최대한 가동해 보는 것도 나쁘지 않다.

  온몸의 체력이 고갈될 때까지 말이다.

  재미있는 건 현장 인력 모두가 몽골인이나 내가 아는 얼굴도 두 명이나 있어 낯설지는 않다.

  모처럼 다른 현장 왔는데 몽골인 땜빵이라니 재미있다.

  어제 말했듯 한국의 건설 현장은 한국인과 외국인의 노가다 취업 경쟁이 이미 시작되었다.

  내가 말하자마자 몸소 체험하니 우습지만 말이다.

  하지만 예외의 경우도 있었으니 6명의 젊은 한국인 해체 팀이 왔다.

  30대 후반으로 보이는 이들은 건장한 체격으로 몽골인을 압도한다.

  그들만으로 팀을 짠 건 일하기도 좋지만 늙은이들의 지시나 잔소리가 없기 때문이다.

  난 두 팀의 차이를 보고 싶었지만 서로 다른 곳에서 일을 하기에 시간이 필요했다.

  그들은 몽골인보다 많은 일당을 받고 일한다.

  확실히 자재 정리는 다른 일보다는 힘들다.

  삼성에서의 일이 봄날의 꽃밭 가꾸기라면 이곳은 가장 바쁜 쌀농사의 추수를 연상시킨다.

그나마 다행인 것은 일이 힘든 만큼 정확한 시간에 휴식을 취하고 새참도 먹는다는 것이다.

그리고 점심시간도 넉넉해 한숨 자는 것도 가능하다.

충분히 쉬지 않으면 못 할 정도로 일이 극심하다는 역설이 될 수도 있지만 말이다.

일 마치고 돌아오니 일당을 14만 원 준다.

기준을 몰라 물어보니 몽골인 13만 원, 한국인은 14만 원으로 도급자가 정했다는데 좀 이상하다.

고용 계약서에는 분명 17만 원으로 되어 있고 수수료 10%에 보험료 1,000원을 포함하면 152,000원이 일당이다.

이는 분명 누군가 착복하는 게 분명하나 아직은 모르겠다.

이놈의 노가다 세계는 정말 제대로 된 게 하나도 없다.

어쩌면 그 금액도 고맙다고 받아 가는 동남아나 몽골 인력 때문인지도 모른다.

동남아는 오늘 두 명의 미얀마 철근공을 봤기 때문이다.

생각 외로 중국인이나 조선족은 안 보인다.

내일 삼성 현장에 다시 나갈지는 아직 모른다.

안 나가도 그만이지만 팀장이 마음대로 정했다면 그 행동이 괘씸해 어떤 방법이든 응징을 하고 싶다.

결국 노가다는 No Case처럼 제멋대로일 수도 있지만 나를 기만한 건 참을 수가 없다.

그래 봐야 할 수 있는 건 글로 욕하는 것이지만 충분하다.

가급적 좋은 엔딩으로 끝내려 했던 내 글이 보다 솔직해질 수 있기 때문이다.

일기는 수정할 것이고 난 마음속에 담기로 한 모든 부조리를 폭로하기로 마음먹는다.

지금 쓰고 있는 글 '노가다 다이어리 2부'에서 말이다.

거짓이 난무하는 저급한 사회를 언급하면서 해피 엔딩을 꿈꾼 나는 정말 마음이 여리다.

2부를 말하니 1부의 수정된 표지의 메일이 와 있다.

일러스트는 나와 명찬이 생각대로 커피와 건설 일이 함께 어우러져 있어 마음에 든다.

하지만 왼쪽 날개에 내가 아닌 출판사의 책이 광고되어 있다.

난 내 책으로 바꿀 것을 권하고 우측 하단에 나의 약력과 내 작은 사진을 포함시키라 했다.

특별히 어려운 일이 아니니 바로 진행될 것이고 기다리면 된다. 새로운 현장 신규 교육이나 받으면서 말이다.

76. 6월 11일 화요일 맑음. 작업 60일 차

새로운 일이 벌어졌으니 다시 신규 교육을 받은 것이다.

현장은 일산 풍동의 대규모 오피스텔로 포스코가 시공하며 내년 3월이 입주 예정이다.

어제 교육받은 향동과 함께 필요시 올겨울까지의 일을 보장한다.

갑작스러운 행보이나 내가 원했던 일자리의 보험이다.

책이 팔리든 실업 수당을 받든 내게 필요한 건 확실한 수입원이기 때문이다.

이곳의 일은 일반공, 즉 노가다 잡부이다.

일당은 월드건영보다 만 원 적은 15만 원이나 점심시간이 길고 일도 힘들지 않아 수월하다.

처음에 다녔던 군포의 태명건설 현장과 비슷하다.

이제 어느 현장으로 갈지는 내가 정할 수 있다.

참고 지내던 삼성 현장이 타 현장과 직접 비교되니 너무 많은 부분에서 차이가 노출된다.

카메라 보안과 복장의 엄격함 그리고 일당쟁이에게 책임 지우는 업무 지시는 열심히 하던 나의 등골을 빼먹었다.

무엇보다도 대부분의 현장에서 통용되는 긴 점심시간은 노가다꾼에게는 정말 필요한 것이다.

뭉친 허리를 풀고 부어오르는 발을 들 수도 있지만 잠시의 꿀잠은 노동의 피로를 풀어 준다.

무엇보다도 12시 50분에 일 시작하면 오후는 저절로 가는 형국이 된다.

오히려 시원치 않은 식사는 이번 비교에서 살아남았다.

내가 다녔던 군포나 광주의 함바 식당이 너무 좋았던 것이지 삼성이 그렇게 나쁜 게 아니었다.

편의점까지 있는 현장의 식당 포세카는 그런대로 합격점이다.

어쨌든 난 새로 교육받은 두 현장 중 하나를 골라야 한다.

먼저 어제 다녀온 수색 현장은 힘들지만 새참을 포함해 쉬는 시간이 넉넉하고 자율적이라 적당히 조절하면 운동이 될 수도 있다.

물론 매일 하면 격심한 노동이지만 일주일에 4일 정도 일한다면 말이다.

일당은 14만 원으로 나쁘지 않고 퇴근 시간도 비슷하다.

특징은 동료 모두 몽골인이라 대화가 힘드나 나에 대해 소문이 났는지 그들은 친근감을 표현한다.

단점은 고정이 아니기에 몽골인이 결근하면 메꾸는 입장이다.

주 4일 일하는 데는 문제없지만 잘 나가던 삼성에서 나온 나의 입지에는 부정적이다.

주전이었던 내가 팀을 옮겼다고 후보 선수가 될 수 없다.

일단 교육은 받았고 좋은 이미지도 심어 주었으니 다음을 기약하련다.

일하기로 정한 곳은 오늘 일한 일산 풍동 현장이다.

보수는 조금 작지만 출퇴근이 비슷하고 한 시간 적게 일하니 손해 볼 일 없다.

아직은 모르지만 간섭하는 사람도 없을 것으로 보인다.

재미있는 건 군포 현장에서 팀장으로 있었던 자가 오늘 함께 교육받고 이곳에 기사로 온 것이다.

한동안 안 보였기에 행보가 궁금했으나 그의 얼굴에 항상 보이던 술기운은 사라졌으니 사연이 있을 것이다.

그리고 광주에서 만난 일 못하는 박 씨도 나에게 인사한다.

함께 온 사람이 많아 모두 같이 일한 건 아니지만 그와 한 팀인 건 분명하다.

현장에 아는 사람이 있다는 건 대부분은 긍정적이지만 그와의 안 좋은 과거를 기억하면 이번은 좀 다르다.
어쨌든 새로운 현장은 묘한 생동감을 준다.

생동감은 책의 출판에서도 마찬가지이다.
새로 표지 디자인을 맡은 서 혜인 씨가 최대한 성의를 보이며 일한다.
처음부터 이분이 디자인했다면 출판 시간도 줄이고 보다 나은 결과가 나왔을 것이다.
난 다음 책의 표지 디자인도 참신하리라 기대한다.
어떤 책이 우선일지는 모르지만 《커피 헌터 다이어리》의 경우 사진과 일러스트가 조화를 이룰 수 있다.
모든 일은 잘하는 능력보다 성의가 더 중요하다.
성의가 있으면 남과 합의해 보다 완벽한 결과를 낼 수 있기 때문이다.
이제 내 책 출판의 성공을 은근히 조금 더 기대한다.

오늘의 일과가 끝난 나는 고기와 밥을 많이 먹었다.
남과 비교하면 보통의 식사량이나 당뇨가 있는 나에게는 모처럼의 과식이다.
긴장을 푼 건 시원치 않았던 내 몸이 정상에 가까워졌다는 근거 없는 자신감 때문이다.
물론 이번 내과 검진 시 혈액 검사가 나와 봐야 하지만 내가 느끼는 몸은 더 이상 마르지도 근육이 축소되지도 않는다.
완벽하다 할 수 없지만 나이에 비해 내가 상대적으로 건강한 것은 사실이다.

어제 20~30㎏짜리 철물을 두 시간 가까이 날랐기에 피곤은 느끼지만 오늘 오전도 비슷한 일을 무난히 했다.

오후는 쉬운 일을 했기에 기운이 남아돌았고 말이다.

다시 말하면 노가다는 돈도 벌지만 나이 먹은 자의 건강을 위한 반강제 운동이 분명하다.

어느 정도 경험이 쌓여 일을 조절할 수 있다면 말이다.

많은 것을 일깨워 준 노가다에 축복을 내리고 싶다.

77. 6월 12일 수요일 맑음. 작업 61일 차

결국 일은 어제 일하던 일산 풍동으로 결정되었다.

사무실 총무의 지시이나 난 누군가의 안배라 생각하고 그냥 따른다.

일당이 좀 작지만 모든 게 무난하고 특히 동갑내기들이 많아 대화가 편하다.

100일 가까웠던 삼성 현장과의 인연은 이제 끝난 것이다.

현장에 부정적인 생각이 들면 옮기는 걸 고려해야 한다.

하지만 난 삼성 현장을 갑자기 그만두게 된 원인을 아직도 확실히 모른다.

굳이 자세히 알 필요도 없는 용역 노가다지만 말이다.

이 현장은 아침에 안면 인식 후 출근 사인 하고 또 조회 시 다시 본사의 안면 인식과 사인을 한다.

식사 후 시간이 여유가 많아 별문제 없지만 특이한 경우이다.

오늘 일의 시작은 마대에 담겨 있고 할석이라 부르는 세대별 콘크리트 철거 잔해를 옮기는 일이다.

광주 현장에서 하던 일 중 하나이기에 난 씩씩하게 나섰다.

이 일이 끝나니 삼성 현장에서 항상 하던 데크 청소에 차출되었다.

경력이 9개월이 넘어가니 남보다 경험 많은 일이 연속으로 나와 모처럼 아는 체를 한다.

확실히 난 조금이라도 경험 있으면 상당히 능동적으로 변한다.

지능 있는 알고리즘이 자연스레 발동한 것이다.

하지만 이곳의 데크 이음 부위는 문제가 있었다.

보통 '다마'라 부르는 스펀지 막대를 연결해 콘크리트를 차단하는데 여기는 다마에 추가해 우레탄폼으로 고정했다.

다마를 해체한 후 우레탄폼을 완전히 제거하지 않으면 단절 문제가 있어 인장 강도가 떨어진다.

난 소신껏 열심히 들어냈고 송풍기로 데크 청소를 마무리했다.

일 끝나고 반장에게 검사까지 받았으니 완벽한 것이다.

그가 사진까지 찍어 가자 미심쩍은 다른 동료들도 날 인정한다.

능력을 발휘하며 무사히 마친 오전 일이다.

오후 일은 본격적인 세대 청소이다.

난 다른 동료와 더불어 한 세대 청소를 가장 빨리 끝내 버렸다.

다른 세대를 지원하려 돌아보니 광주 현장의 '깍두기' 박 씨가 헤매고 있다.

워낙 몸을 사리고 실제로 일도 잘 못해 내가 붙여 준 별명이나 여기서는 입을 열지 않는다.

먹고살려고 나온 사람을 내가 미워할 필요는 없다.

하지만 그는 역시 관리비도 못 내는 가게의 자랑으로 자신의 재력을 과시하며 팀장 옆에 붙어 다닌다.

옷 갈아입는 숙소의 청소도 자발적으로 하면서 말이다.

그런 상태로 이 현장을 벌써 3달이나 다녔다니 한국 사람은 참 인정이 많다.

나 같으면 거짓말이 기분 나빠 퇴출시켰을 것이다.

힘든 일을 해도 이상하게 온몸에 힘이 넘친다.

혹시나 해서 밥을 많이 먹은 게 도움이 된 것 같은데 그럼 당뇨 증세가 좋아진 것인가?

밥이란 쌀밥이 아니라 반찬을, 특히 튀김 등 칼로리 높은 음식을 좀 더 먹은 것뿐이다.

새참은 물론 간식도 전혀 없이 물만 마시고 말이다.

잘은 모르나 더운 날씨가 혈액 순환에 도움이 된 것 같다.

이대로 한 달 이상 지속하면 내 몸이 보다 좋아지리라 확신한다.

집에 돌아오면서 시장에서 수박을 한 통 샀다.

무게가 10kg이 넘으니 가성비 최고이고 내가 원래 좋아하기도 한다.

자기 전까지 4분의 1을 먹었으니 수박으로 배를 채운 것 같다.

모처럼 극심한 운동이나 등산을 한 기분으로 잠이 든다.

하지만 기다렸던 내 책의 속지 수정안은 오지 않았다.

내일 현장에서 담당자에게 전화해 보려 한다.

점심시간이 충분해 잠을 자거나 업무를 볼 수도 있기 때문이다.

78. 6월 13일 목요일 맑음. 작업 62일 차

아침에 일어나니 생각보다 몸이 무겁다.
다행히 허리는 아프지 않으나 온몸에 피로가 많이 남아 있다.
이 정도면 일하면서 풀어지나 이런 현상이 계속되면 몸이 축나기 시작한다.
확실히 노가다 일은 할 만할 것 같아도 날씨나 내 몸의 컨디션에 따라 변화가 있다.
생각해 보니 아침에 선선한 바람이 불며 기온이 떨어졌다.
내 최고의 컨디션은 일해서 땀이 난 후 약간 바람이 불 때인데 요즘 날씨가 그러하다.
사람들이 사우나로 땀을 빼는 이유와 비슷할 것이다.

오늘 일은 다시 세대 안의 콘크리트 철거물 정리이다.
배가 나온 옹벽이나 바닥의 흘러나온 콘크리트가 철거되면 할석이라 부르는데 그것들을 청소하고 반출하는 것이다.
이 현장은 한 층에 80㎡가 넘는 대형 오피스텔 세대가 7개나 있고 이런 형태로 40층이 넘는 건물이 5개나 있다.
현재 19층을 청소하니 다른 동을 포함하면 수개월을 이 단순한 일만으로 지속할 수 있다.
좀 더 다양한 일을 하는 것도 좋지만 고정적인 일도 스트레스가 없어 그것 나름 장점이 있기는 하다.

문제는 먼지가 많아 방진 마스크가 필요한데 지급해 주지 않는다.

계약서에는 지급받은 걸로 사인했음에도 말이다.

이는 삼성 현장에서 좋은 장갑을 일도 안 하는 사무직과 여자 유도원들이 낀 것과 유사하다.

어쨌든 첫날은 그냥 했지만 오늘은 동료에게 마스크를 얻었다.

하지만 점심 먹은 후 보니 너무 더러워 하나 더 얻어야 했다.

오후 일은 쉬는 시간이 반 이상이었다.

우리의 일하는 속도가 너무 빨라 기존 팀과 형평성에서 차이가 나기 때문이다.

현장 생활 1년이 다 되어 가지만 일하지 말라는 건 처음이다.

근데 쉬고 있으니 세대 청소를 하던 아가씨 같은 한 여자가 와서 묻는데 한국말이 서투르다.

다행히 영어를 할 줄 알아 소통하는데 그녀는 카자흐스탄에서 한국으로 일하러 온 것이다.

그녀의 질문은 지금 있는 17층의 세대수를 묻는데 이 층은 다른 곳과 달리 세대 구성이 안 되어 있었다.

어쨌든 젊고 미인인 아가씨가 같이 일하니 나쁘지 않았다.

퇴근은 차가 막혀 생각보다 시간이 많이 걸렸다.

빨래 돌려 놓고 다이소에 가서 마스크와 장갑부터 샀다.

쿠팡에서 방진 마스크를 사려 했으나 너무 비싸고 대량 구매여서 그냥 2,000원에 20장짜리로 산 것이다.

비싸고 좋은 것보다는 구하기 쉽고 버리는 데 부담 없는 게 좋다.

하지만 용역 사무실에 있을 줄 알았던 얼음용 물통은 다른 현장에서 모두 가져가 버렸다.

다이소를 둘러봐도 살 만한 것이 안 보이고 말이다.

그냥 내 한 몸 챙기면 되지만 항상 남을 생각하니 그것도 문제이다.

이 빌어먹을 천성은 돈이 없어도 사라지지 않는다.

피곤이 몰려와 일단 잔 후 다시 일어나 일기를 쓴다.

그래 봐야 10시도 안 되었지만 일기를 쓴 후 다시 잠을 보충해야 하기에 시간이 촉박하다.

난 알람을 오전 3시 반에서 오전 4시로 수정했다.

함바 식당이 먹을 만해 굳이 아침을 쌀 이유도 없고 출근도 4시 40분까지만 나가면 되기 때문이다.

어쩌면 고정으로 일하는 세대 청소가 새로운 감동을 줄 수도 있다.

지금까지처럼 운이 계속 좋다면 말이다.

79. 6월 14일 금요일 맑음. 작업 63일 차

오늘은 어제 모은 콘크리트 잔해를 16층으로 내린다.

17층에 리프트가 없는 것은 피난층이기 때문이다.

일은 마대 자루를 아래로 던지는 것이나 그럼 먼지가 엄청 나온다.

그 먼지 속에서 일하려면 좋은 마스크와 보호안경이 있어야 하지만 나는 다이소에서 산 것뿐이다.

물론 싸구려도 없는 것보다는 훨씬 낫다.

다행인 건 일이 힘드니 휴식 시간이 긴데 쉬지 않고 계속 이렇게 일한다면 모두 그만둘 것이다.

이 일은 남들이 기피하는 3D 중 두 가지나 있기 때문이다.

오후는 마스크를 지급받았으나 일은 바뀌었다.

나와 동갑내기 일행인 표 씨가 목수 팀 지원으로 차출된 것이다.

층별로 있는 개구부를 콘크리트로 메우는 이 일은 작년에 광주 현장에서 했었다.

이번 일도 비슷한데 자재 운반용 구멍이 아니라 보다 작은 사각 구멍이다.

목수와 나는 각기 리어카를 가지고 지하 2층에서 레미콘을 채우고 해당 층으로 올라갔다.

레미콘이 담긴 리어카는 상당히 무거웠으나 다행히 리프트로 가는 길은 무난했다.

그렇게 3개 층을 마무리하니 3시가 다 되었다.

보통 지원 나오면 이 시간 정도에서 일을 끝내지만 이번 목수는 좀 더 욕심을 낸다.

그는 없는 레미콘을 찾아다니고 결국 유도원의 도움으로 두 개 층의 양을 얻을 수 있었다.

하지만 작업을 마칠 시간이 없었다.

퇴근 시간인 3시 45분이 되었으나 난 그를 돕기로 했다.

이 현장이 처음인 듯 보이는 그가 열심히 하는 모습도 좋았지만 가끔 이런 일에 차출되고 싶기 때문이다.

노가다 잡부는 일을 섞어서 해야 생동감이 계속된다.

결국 4시까지 마무리하고 내려오니 다른 이들도 그때서야 옷을 갈아입는다.

뭔 일인지는 모르나 오늘 모두 정시까지 일한 것이다.

차 안에서 편집 담당과 통화하니 아직 인쇄는 멀었단다.

일단 나의 승인이 필요하고 별도의 일정을 잡아야 하니 아마도 다음 주에 모든 내용이 확인될 것 같다.

결국 장마가 시작되는 그다음 주나 되어야 서점으로 넘긴다는 말이나 오히려 좀 한가하기에 나쁠 건 없다.

장마 동안 일을 어느 정도 지속하는지는 모르지만 말이다.

이후 광주에서 함께 일했던 동갑내기 김 영권 씨에게 전화하니 대뜸 '술 사'라고 말한다.

그는 내가 그의 현장에 갔을 때 일을 편하게 해 주었고 술도 두 번이나 산 적 있다.

난 일당을 받은 후 기꺼이 그에게 달려간다.

그가 술 마시고 있던 곳은 부평시장 너머 있는 오래된 순댓국집으로 머릿고기가 일품이다.

몽골 동생과 함께 막걸리를 6병이나 마신 그는 조금 취했다.

술 마시면 취하는 건 당연한데 착한 그는 미안해한다.

내가 노가다하면서 본 가장 마음 여린 사람이나 자재 정리 일은 정말 잘한다.

하지만 오늘 그는 이제 일하기 싫다고 한다.

열심히 일만 하던 그가 어떤 이유인지 모르나 노가다에 회의를 느낀 것이 틀림없다.

술 마시고 있는데 그에게 서 팀장의 전화가 왔다.

아마도 몽골 동생을 자신이 속한 현장에서 일하게 한 것 같다.

김 영권 이 친구는 서 팀장의 심복이니 사람 하나 쓰는 건 가능하지만 몽골 동생도 집요하다.

일 부탁하려고 함께 술 마신 지 벌써 석 달이나 된 것이다.

중국인이 카지노에서 한곳만 베팅하는 사람을 '몽골리안'이라 하는데 외골수인 그들을 비하하는 말이다.

하지만 난 포기하지 않은 몽골인의 집념을 칭찬하고 싶다.

술값이 적지 않았지만 친구에게 신세를 갚았고 또한 몽골인의 성격도 확인해 즐거운 마무리였다.

친구의 속마음도 보았으니 이런 술은 가끔 마시고 싶다.

80. 6월 15일 토요일 오전 비 오후 맑음. 작업 64일 차

밤새 에어컨이 너무 강해 감기에 걸렸다.

비가 오는 출근길에 콧물이 흐르나 심각한 건 아니다.

그래서 체온 보호를 위해 겉옷을 입고 그 위에 안전벨트를 걸으니 운동하는 사람 땀복 입은 모양새이다.

하지만 이 복장은 먼지 많이 나는 오늘 일에 적합하였다.

일은 1층 드라이에어리어의 콘크리트 바닥을 철거한 잔해를 치우는 일로 일부는 밖으로 나머지는 아래로 내린다.

설치된 비계를 따라 내리는 층수가 적지 않고 먼지는 앞을 못 볼 정도이다.

오전 일은 그렇게 엄청난 먼지 속에 끝났다.

일을 마치고 점심 먹으러 가는데 세 사람이 보인다.

바닥에 앉아 수다를 떨고 있는 그들 중 일 안 하는 것으로 유명한 박 씨도 포함되어 있었다.

그가 석 달이나 버틴 이유가 궁금했는데 이제 해명되었다.

진실이 사라진 우리나라는 무능력자도 적당한 거짓말과 쇼맨십으로 생존이 가능하다.

고집스러운 몽골인들이 그를 욕하고 나 또한 싫어하지만 어쩌면 살아가는 재주라 할 수도 있다.

하지만 1부에서도 말했듯이 저급한 거짓말과 사기로는 결코 성공할 수 없다.

그는 몰락한 사업을 포기하고 생존을 위해 노가다하는 불쌍한 늙은 인생일 뿐이다.

난 새로운 동료들에게 그에 관한 약간의 지식을 전달한다.

이 현장의 좋은 점은 오후가 빨리 간다.

7시에 시작해 11시면 대충 일이 끝나고 점호 후 일에 투입되는 시간이 1시기 때문이다.

게다가 오후는 특별한 경우를 제외하고는 쉬는 시간도 많다.

아직 한 주가 채 안 되었으나 전에 다녔던 송도의 '삼성바이오로직스' 현장보다는 일하기 편하다.

　가끔 격심한 일로 운동도 되니 꾸준히 일할 수 있다면 일당이 조금 적은 것은 문제가 아니다.

　현장은 자신의 체력과 스타일에 맞게 선택해야 한다.

　고시텔 현관에서 만난 김 후배가 소식을 전한다.

　삼성 현장 황 반장이 조회 시간에 나를 거론했다는데 너무 늦은 조치이다.

　그는 최소한 화요일에 나를 불렀어야 했다.

　내가 유도원 단톡방에 보낸 메시지가 전달 안 되었을 수도 있고 그가 무시했을 수도 있지만 말이다.

　어쨌든 일당쟁이는 오란다고 가는 그런 위치는 아니다.

　가능한 방법은 황 반장이 용역 사무실에 직접 전화해야 하나 절대 그러진 않을 것이다.

　그는 삼성 현장 경험 많은 일손, 또는 유도원이 필요해 내가 갑자기 생각난 것뿐일 것이다.

　나와 비슷한 경우의 김 씨처럼 꼭 필요한 사람이라고 한 마디만 했어도 아무 일 없었을 텐데 말이다.

　일반 노가다 잡부는 그저 쓰고 버리는 소모품이다.

　하지만 어찌 보면 노가다 잡부는 견제와 잔머리의 세상이다.

　직영 반장과 팀장은 서로 일의 주도권을 잡으려 하고 그 밑에서 일하는 잡부는 편한 일을 골라 하려고 한다.

　하지만 입장으로 보면 직영반장은 일을 마치면 되는 것이고 팀장은 자신의 권한을 유지하면 된다.
그 밑의 잡부는 하루를 편히 보내 계속 일당 받는 게 목적이고 말이다.
정해진 일 없는 노가다는 정말 No Case가 맞는 것 같다.
그중 최하위를 달리는 게 일당 용역 잡부이다.

주말이라 필요한 과일을 위해 참외를 골랐다.
사람들은 달고 아삭해야 좋아하지만 사실 난 향과 수분이 많고 부드러운 과일이 좋다.
TV에서 세계에 한국 음식을 소개하는 프로가 있었는데 깍두기가 참패한 걸 본 적 있다.
어찌 보면 한국인만 단단한 것을 깨물어 먹는 걸 좋아한다.
다는 아니겠지만 지금까지의 내 경험으로는 그렇다.
치아가 단단해서, 아니면 은근히 쌓인 한을 풀려고 그런지도 모른다.
그럼에도 내가 참외를 산 이유는 만 원에 11개나 주고 또 많은 사람이 사기 때문이다.
나이 먹고 글도 쓰는 나조차 이렇게 주체성이 없으니 커피를 팔려면 유행을 만들어야 한다.
이 세상에 어느 곳도 진실이 없는 건 확실하다.

81. 6월 16일 일요일 맑음. 열외 17

이번 주는 모든 날이 힘들어 잠을 자도 몸이 무겁다.
새벽에 일어났으나 약간의 글쓰기를 한 후 다시 10시까지 장시간 잠을 잤다.
 몸보다 가슴이 답답한데 담배 때문인지 아니면 먼지 많은 현장 탓인지 모르겠다.
 요즘 그렇게 심한 먼지 속에서 일하는 사람은 없을 것이다.
 하지만 기계가 영원히 대신할 수 없는 일이기도 하다.

 그 먼지 속에서 일 마친 후 본 세 사람을 다시 기억한다.
 뭔 일을 했는지 모르지만 그들은 먼지 하나 안 묻은 복장으로 앉아 담소하고 있었다.
 이곳 일이 계속 힘들지만은 않다는 의미지만 내가 원하는 타입은 아니다.
 난 적당한 노동으로 내 몸에 자극을 주기를 원한다.
 인간이 살아 있음을 느끼려면 가끔 땀이 비 오듯 하고 숨이 차도록 일을 해야만 가능하다.
 나이 먹어 힘든 일을 피하지 않는 나의 옹고집인가.

 고시텔에서 김 후배를 다시 만나 송도 현장에 관해 물었다.
 현재 출력 인원은 8명으로 생각보다 많이 나간다.
 마무리 현장이 공기에 쫓기는 경우가 이러한데 아이러니하게 이런 경우 사람을 구하기가 쉽지 않다.
 아무리 일당 잡부라도 장기적으로 일할 수 있는 안정적인 현장을 선호하기 때문이다.
 그런 이유로 내가 현장을 옮긴 건 정말 탁월한 선택이다.
 다만 일 안 나오면 자른다는 고 팀장의 말이 걱정될 뿐이다.

하지만 그의 엄포는 역으로 이번에 조성된 팀이 마음에 든다는 소리일 수도 있다.

겨우 다섯 명이지만 우리가 일하는 모습은 전체를 압도한다.

열심히 일하는 그 중심에는 내가 있다.

내가 서두르니 동료들도 서둘러 전체 분위기가 열심히 일하는 방향으로 흘렀기 때문이다.

날이 더워 혈액 순환이 되는 나를 능가할 자는 별로 없다.

노가다 잘하는 걸 자랑하는 게 아니라 내 몸이 그렇다는 거다.

어쨌든 추운 겨울보다는 따뜻한 지금이 좋다.

열심히 일하고 다음 주를 보내면 장마가 오고 그때쯤 쉬면서 일하면 된다.

부족한 돈도 좀 더 모으고 말이다.

오랜만에 입금을 하려 돈을 세니 백 수십만 원이 넘는다.

하지만 집세 45만 원 빼고 입금시키니 잔액이 6백만 원이 좀 넘고 다른 통장에 40만 원 정도가 있을 뿐이다.

1차 퇴출되었던 5월 20일경으로부터 4주 가까이 일했으나 모은 돈이 얼마 안 되는 것이다.

집세 냈으니 장마 전까지 백만 원은 더 모아야 한다.

출판비를 제외하고도 5백만 원이 남아야 한동안은 돈에 시달리지 않기 때문이다.

장마 기간에는 글이나 정리하면서 시간을 보내려 한다.

내가 노가다를 하며 처음 맞는 장마가 기대된다.

출판사는 그런대로 좋은 선택이었던 것 같다.

시간은 좀 늘어지지만 그들 나름 성의가 있으니 일부러 출판 일정을 닦달하지는 않았다.

교정하고 디자인하며 편집하는 게 서두른다고 될 일이 아니고, 아니 일 잘하는 그들을 방해하면 엉망이 될 수도 있다.

정신 근로나 노가다나 모두 똑같이 알아서 잘하는 게 최선의 방책이다.

하지만 대부분의 세상은 기득권을 가진 자보다 더 잘하는 사람을 원치 않는 것 같다.

그저 말 잘 듣고 잘하는 척만 해도 넘어가니 말이다.

오래전 보라카이에서 리조트를 지을 때가 생각난다.

다른 현장에 비해 임금을 두 배나 주었고 복지도 최고로 해 주었더니 일이 정말 빨랐다.

주말마다 맥주 파티를 해 주니 노동자의 천국이란 말도 한다.

집에 안 가고 현장에서 자기를 원한 사람도 있으니 평소의 그들의 생활보다 살 만한가 보다.

난 이를 자본주의가 이룰 수 있는 최고의 경지라 생각한다.

하지만 이후 공기를 단축하기 위해 인력을 추가로 투입하자 이 시스템은 박살이 났다.

인원이 두 배로 늘었는데도 효율이 떨어져 공사 속도가 나지 않는다.

새로운 자들은 높은 일당만 즐기고 기존의 인부들도 그들을 따라 더 이상 열심히 하지 않았다.

아마 고질적인 사회주의적 병폐가 아닌가 싶다.

높은 임금과 적절한 관리와 복지가 노동자를 행복하게 할 수 있지만 이를 지속하는 일이 힘든 것이다.

망각이 오고 타성에 젖어 사는 게 인간이기 때문이다.

저녁에 김 후배와 술 한잔 하기로 했으나 그가 거부한다.

피곤할 수도 졸릴 수도 있으나 약속을 어긴 것이다.

난 안줏거리로 쿠팡에서 훈제연어를 시켰고 마트에서 술과 초장도 사 왔는데 말이다.

그는 내가 송도 현장을 포기한다니 더 이상 만날 일 없다고 판단했는지도 모른다.

노가다는 현장이 바뀌면 대부분 갑자기 서먹해진다.

스쳐 지나는 부평초 같은 노가다를 할망정 인생이 그런 건 아닌데 스스로 만든 늪지에서 벗어나지 못한다.

그러니 노가다를 대하는 사람들의 마음도 변하지 않는다.

결국 나만 이상한가?

82. 6월 17일 월요일 맑음. 작업 65일 차

나와 함께 조를 이뤘던 김 반장이 안 나온 대신 토요일 쉰 홍 씨가 나왔다.

일은 토요일에 했던 드라이에어리어 철거물 정리이다.

파트너가 된 홍 씨는 김 씨만큼 일을 잘한다.

물론 나처럼 저돌적인 모습은 없지만 어떤 일이든 꺼리는 성격은 아니다.

과거 군포 현장의 팀장으로 만났을 때 나에게 못되게 군 것을 기억하는지 모르겠다.

7일 동안 4일이나 결근했던 그는 남 소장에 의해 퇴출된 것으로 보이고 최근 재기를 노리는 듯하다.

내가 그를 따라 주고 가끔 인원이 8~9명은 되어야 한다고 말한 건 동맹을 원한 것이다.

현재 팀장인 고 반장보다는 똑똑한 그는 알았을 것이다.

일 안 하고 돈 받는 이들을 정화하자는 내 말까지 말이다.

하지만 그는 상관할 필요 없다는데 결국 우리의 목적도 비슷하기 때문이다.

어느 정도 자리 잡아 편하게 일하려는 입장 말이다.

일 안 하는 박 씨와 일당의 눈초리가 이상하다.

분명 박 씨가 엉뚱한 소리를 했을 것이고 거짓임에도 불구하고 그들은 일단 믿는다.

사실 노가다 세계의 사람들은 그리 섬세하지 않다.

말도 안 되는 박 씨의 허풍이나 거짓말이 먹힐 정도로 말이다.

하지만 열심히 일한 흔적은 더러운 옷에서 나타난다.

콘크리트 가루 범벅인 우리 팀과 그중 최상위를 달리는 나의 외관은 모두를 질리게 만든다.

점심시간에 함께 식사하기 미안할 정도이니 말이다.

언젠가는 우리 팀이 이 현장 직영의 에이스가 될 날이 올 거라 믿어 의심치 않는다.

이번 장마가 오기 전까지 말이다.

일기 예보에 의하면 장마 소식은 아직 없다.
통상적인 장마 시작일 6월 25일경에도 비는 내리지 않고 제주도 인근만 가능성을 보인다.
비 내리는 현장은 외부 일을 할 수 없기에 장마는 중요하다.
우리 팀은 세대 내 철거물을 정리하겠지만 말이다.
그리 어렵지 않고 쉬는 시간도 많은 이 일을 나는 기다린다.
이제는 어떤 일도 잘할 수 있지만 적당히 운동 되는 이 일이 내 적성에 맞기 때문이다.
현장 경험 1년도 안 된 나지만 벌써 준베테랑이 되어 가니 모든 건 하기 나름이다.
노가다 오래하고 싶은 사람이라면 일단 여러 현장 다니며 경험 쌓는 걸 추천한다.
그리고 운동해 몸 만들고 기초적인 기술도 습득하면 좋다.
월 3백만 원 이상의 수입은 쉽게 얻어지지 않는다.

조 씨가 송도 현장에서 내 작업화와 조끼를 가져왔다.
새로 사도 4만 원 정도인데 고맙다고 술을 2만 5천 원 샀으니 특별히 이득은 없다.
하지만 난 송도 소식과 함께 그와의 친교를 위함이다.
말투가 좀 이상하지만 나를 엄청 따르는 그는 나쁜 사람은 아니다.
나에 대한 소식을 들었는지 통장에 1,500만 원 있다며 보여 주기도 했는데 오히려 부담스럽다.

얼마 전 술 마신 김 영권도 비슷한 마음이 있으니 그들 생각에 노가다는 비전 없는 직업이다.

나처럼 궁하지 않다면 그저 생활에 도움이 될 뿐이다.

계속 삽질을 하니 다친 오른쪽 어깨가 아파 온다.

일을 할 수 있지만 어깨가 부어 오고 돌릴 수 없으니 완전히 망가지는 느낌이다.

하지만 반대로 치유되는 고통일 수도 있다.

끊어진 인대를 대처하기 위해 주변 근육이 강화되는 것처럼 말이다.

특별한 의학적 근거 없는 그냥 내 주장이다.

먼지만 없다면 삽질을 상하체는 물론 복부 근육까지 쓰는 전신 운동으로 추천하고 싶다.

본격적인 여름이 시작되는 8월까지 부디 좋은 결과가 나왔으면 좋겠다.

친구들과 함께 바다라도 다녀오게 말이다.

마지막으로 편집자에게 메시지가 왔다.

편집이 완료되어 내 확인만 되면 인쇄를 할 수 있다 한다.

집에 와 읽어 보니 무난하여 마무리 글에 수고한 사람들 이름을 포함시켜 인쇄하라 했다.

다음 책도 부탁한다면서 말이다.

이번 주 인쇄가 들어가면 다음 주는 서점에 배포될 것이다.

아직 확실한 일정은 안 나왔지만 말이다.

83. 6월 18일 화요일 맑음. 작업 66일 차

　오늘도 힘든 일을 각오하고 출근한다.
　현장에서의 유일한 낙은 카자흐스탄 두 처녀를 보는 것이다.
　그녀들의 이국적인 얼굴은 배낭여행을 다니면서 만난 듯 내게 흥미를 유발시킨다.
　더하여 카자흐스탄은 영어를 배우니 분명 말이 통할 것이다.
　일단 대화가 되면 모든 게 시작될 수 있다.
　사람에게 관심을 갖는 건 나의 취미이나 유일하게 건설 현장만은 기회가 별로 없기에 내 마음은 기다린다.
　하지만 함께 일할 수 있는 세대 청소는 계속 유보되고 있다.
　그녀들의 이름은 '애루'와 '아이카'이다.

　일의 시작은 콘크리트 타설 전의 청소이다.
　바닥의 이물질을 줍는 일로 현장에서 가장 쉬운 일 중 하나이다.
　일행은 그 쉬운 일조차 대충하고 휴식으로 시간을 때운다.
　일 안 한다고 욕한 사람들 틈에 내가 속해 있으니 아이러니하다.
　콘크리트 타설이 시작되자 지하 3층으로 내려갔다.
　바닥 모르타르를 치기 위해 벽을 보양하고 바닥을 정리한다.
　송도에서도 했던 일이나 이번에는 내가 보조로 콘크리트 못을 박기 위해 망치를 잡았다.
　이상하게도 나의 능력은 여기서도 진가를 발휘한다.
　이미 일 잘한다고 소문나서인지 아니면 내가 현장 일에 적극적으로 변했는지도 모른다.

삶이란 얼마나 긍정적이냐에 따라 모든 내용이 바뀐다.
오늘 함께 일한 박 씨도 이상하게 내게 친절하다.

박 씨는 일을 안 하는 게 아니라 못하는 것이다.
평생 장사만 했던 그는 연장 다룰 줄 모르고 운동을 했음에도 손이 느리다.
노가다를 하려는 사람이라면 이 부분을 고려해야 한다.
상대적으로 시골 출신, 특히 농사일을 해 본 사람은 대부분 일을 잘한다.
하지만 군대를 갔다 왔다면 일하는 데 큰 문제는 없다.
말로 때우는 박 씨도 일하니 말이다.

이상한 건 쉬운 일이 내게는 피곤하다.
구부려 하는 망치질은 전신을 안 쓰니 운동도 안 되고 허리만 아프다.
일이 끝날 때쯤에서야 적응이 되니 몸은 아직 살아 있다.
내일 이 일을 다시 한다면 보다 쉽게 할 수 있을 것을 확신한다.
어쨌든 오늘도 하루를 무사히 보냈다.

집에 돌아와 이메일을 체크해 마지막 답변을 한다.
여러 내용이나 내가 책 10권이 필요하고 출판이 임박했다는 사실만 중요하다.
그런데 이상하게도 출판비를 거론하지 않는다.
계약서 내용은 기억 안 나지만 대부분 편집이 끝나면 2차를 지불하고 인쇄 후 전액을 마감한다.

출판사가 돈을 신경 쓰지 않는 건 어차피 소액이니 인쇄 후 한 번에 요구하려는 것으로 본다.

하지만 난 내 책이 의외의 결과가 나올 수도 있다고 본다.

커피를 연구하는 건축 전공자가 막노동인 노가다를 한다.

알려지기만 하면 괜찮은 소재이나 내 커피처럼 누군가 나를 도와야 한다.

일단은 영화배우 친구 명찬이가 생각난다.

얼마 전 본 비중이 높다는 오디션 결과도 궁금하고 말이다.

하지만 나는 아직도 노가다의 늪에서 벗어날 생각을 안 하니 그것도 참 신기하다.

내가 한국에 집과 가정이 있고 약간의 연금이 있다면 끝까지 계속했을지도 모른다.

운동도 되고 수입도 짭짤한 이 직업을 말이다.

갑자기 요즘 바쁘다는 송도가 생각이 난다.

유도원이라는 좋은 경험을 했지만 돈이 아쉬워 시작했기에 내 입지가 서지 않았다.

작년에 일한 광주 현장은 돈과 경험 모두 미약했으니 보다 처참했지만 말이다.

하지만 이번 현장은 두 가지가 충족됐으니 다르다.

게다가 출판까지 앞두고 있고 내가 맨날 욕하던 박 씨가 응원군으로 있다.

아이러니하지만 난 이래서 사는 게 재미있다.

84. 6월 19일 수요일 맑음. 작업 67일 차

이틀 쉰다던 김 용화 씨가 오늘도 안 나왔다.

어떤 사연이 있는지 모르지만 고 반장이 결근하면 자른다고 한말이 원인인 것 같다.

목수와 비계공으로 일하던 그의 마지막 자존심을 건드린 것 아닌가 싶다.

자존심은 27만 원 일당쟁이가 15만 원 잡부로 일하는 서러움을 말한다.

내가 그를 기다린 것은 기공의 입장을 듣고 싶어서이다.

연장 들고 일하는 그들은 사회에 알려진 원래 의미의 무식한 노가다는 절대 아니다.

일당도 많이 차이 나지만 현장에서의 대우도 남다르다.

기공이 먹고 버린 음료수 등을 잡부가 치운다.

베트남인 철근공이 버린 담배꽁초도 타설 전 청소라는 의미로 우리가 주워야 했다.

난 그들이 한국인 잡부를 어떻게 생각할지 궁금하다.

오늘은 어제 하던 보양 일에 차출되었다.

벽체 바닥 걸레받이에 못 박는 일을 좀 열심히 했더니 담당 직영이 나를 지명한다.

요령이 있다면 별일 아니나 기존에 일했던 박 씨와 확실한 차이가 나는 모양이다.

박 씨는 광주에서 일 안 하기로 유명하고 내가 1부에서 바보라 했던 중절모 쓰고 현장 다니는 그 사람이다.

나이가 70세라 하고 망한 가게가 3개나 된다고 허풍 치기도 했다.

하지만 여기서는 호적 나이에 따라 막 대하고 있다.

그는 호적으로는 나와 동갑인데 거짓말 못하고 마음 여린 나만 그의 거짓된 나이를 존중해 준 것이다.

사실 난 그가 뭔 짓을 해도 상관하지 않는다.

어차피 일당 받으면 다음 날 만나기 전까지는 바로 남인 노가다 하루살이 인생들이다.

그럼에도 그가 거론되는 건 일을 엉망으로 하기 때문이다.

그가 붙이는 걸레받이가 1㎝나 올라오기도 하기 때문인데 이를 내가 못질로 수정해야 했다.

문제가 있는 건 동료들도 알고 있으나 담당 직영이 너무 착해 지금까지 붙어 있다고 한마디 한다.

내가 보기엔 그도 박 씨의 거짓말에 넘어간 것이다.

하지만 노가다 잡부는 박 씨 같은 사람이 정말 많다.

그리고 그런 거짓말에 넘어갈 정도로 대부분은 무식하고 단순한 생각을 지녔다.

난 노가다 잡부의 학벌은 어느 정도일까 궁금하다.

사실 극히 일부를 제외하곤 고졸만 되도 노가다에서는 상류층으로 분류되니 중졸 이하일 것이다.

학벌 논하긴 싫어하지만 모처럼 직접 표현했다.

시원치 않은 사람들을 뒤로하고 고시텔로 돌아왔다.

먼저 얼음 가득한 잔에 먹다 남은 맥주를 넣고 마신 후 명찬이에게 전화를 걸었다.

오디션 결과도 궁금했지만 답답한 마음을 풀기 위해서이다.

요즘 같은 경우 명찬이는 나의 숨통이다.

아무리 의지가 강해도 더운 날 말 같지도 않은 소릴 들으면 누구나 멘털이 나간다.

5,000원 받고 3,000원 차비를 제한 2,000원을 돌려주는 게 문제가 되는 수준이라면 말이다.

이번에 온 손 씨는 출근 사인을 이틀째 잊고 차비를 2,000원으로 기억하니 치매가 분명하다.

아, 그리고 나에게 시계 사 달라고 하곤 기억도 못 한다.

얼마 안 하지만 쿠팡에서 산 그 시계는 누굴 주든지 내가 차야 한다.

소리만 지르는 팀장이나 내가 말해도 들은 척도 안 하는 풍보 표 씨도 문제다.

그런데 갑자기 보령 박 사장이 생각나는 이유는 뭘까.

아쉬워서가 아니라 말 잘 못하는 무식한 그들과 박 사장에게서 동질감을 느끼기 때문이다.

박 씨처럼 거짓말하는 것도 비슷하지만 말이다.

대화해 보니 명찬이도 기분 상하는 일이 있었다 한다.

어떤 이유든 간에 상대의 전화나 메시지가 성의가 없으면 기분 나쁘다.

얼마 전 필규도 바쁘다며 나와의 대화를 일방적으로 마무리했는데 비슷한 결론이다.

물론 필규는 다르지만 오랜 친구 간에도 예의가 없으면 자연스레 멀어진다.

어쩌면 의도됐는지도 모르지만 말이다.

아주 더운 날 생각이 많으면 나쁜 쪽으로 진도가 나가니 조심해야 한다.

외부 기온에 약한 사람의 자존감은 쉽게 망가진다.

아침에 쓰면 좋아질 일기가 밤에 쓰니 피곤해서인지 감정이 많이 실렸다.

85. 6월 20일 목요일 맑음. 작업 68일 차

어제 하던 보양 일이 안 끝나 아침부터 바쁘다.

분명 얼마 안 남았었는데 내가 빠진 후 마무리가 안 되었고 일부는 치수가 변경된 것이다.

조회도 없이 일을 시작해 작업 시작한 모르타르가 내 작업화를 넘어올 쯤에서야 간신히 일을 마친다.

하지만 다음 칸의 박 씨는 주머니에서 못을 꺼내고 있었다.

못을 쉽게 집기 위해 못 담는 통을 내가 만들었지만 그는 최대한 일을 천천히 한다.

일부러 그러는지 원래 그가 모자란 건지 모르지만 나는 결국 화내고 만다.

대상을 향한 직접 욕이 아니라면 정신 건강을 위해 나쁘지 않다.

화를 마음에 쌓아 두면 정말 문제가 될 수도 있다.

보양 일을 마치고 지하 2층의 슬러지 청소를 했다.
바닥을 헤라로 긁어모으고 삽으로 퍼낸 후 주변을 청소하는 일이다.
내 욕을 먹은 박 씨는 이제 좀 열심히 한다.
하지만 난 경계를 풀지 않는데 그가 꼭 복수한다는 것을 알기 때문이다.
복수는 쓰고 있는 망치를 집어 가거나 엉뚱한 길을 이용해 당황하게 만드는 정도이나 이제는 통하지 않는다.
현장 경험 조금 있는 나는 모든 게 한눈에 보이기 때문이다.
그리고 노가다하는 사람들의 지능은 대부분 초등학생 수준이라 정신만 차리면 다 알 수 있다.

난 젊은이들이 노가다를 회피하는 이유가 이렇게 말도 안 되는 늙은이들 때문이 아닌가 싶다.
현장에 먼저 왔다고, 조금 일을 안다고 가르치려 하고 반말 함부로 하면 아무도 좋아하지 않는다.
아니 질려서 그 꼰대들을 쳐다보기도 싫을 것이다.
젊다면 그리고 장기적으로 하려면 기술을 배우는 게 수입이나 대우 등 모든 면에서 좋다.
2~3년 경력 생기면 월수입 4~5백만 원이 넘어가니 웬만한 직장보다 좋다.
새벽에 나가고 옷이 땀에 찌들고 더러워지지만 말이다.
하지만 젊은이들이 일을 안 하는 건 현장 노동자는 모두 노가다라는 주변의 인식 때문일 것이다.
 고정화된 관습 탓에 본인 스스로 싫어할 수도 있고 말이다.

 오후는 어제 하던 옥상 청소를 계속한다.
 온도가 40도를 넘어가나 벽체 철근은 이미 끝나 가고 알폼을 세우기 시작한다.
 난 필리핀에서 46도에서도 살아 봤으나 오랜만이어서 그런지 견디기 쉽지 않았다.
 하지만 베트남인 작업자들은 용케도 일을 지속하고 있다.
 그들은 냉방이 되는 재킷을 입어 땀을 흘리지도 않는다.
 외국인은 장비를 갖추고 일을 하나 한국인은 생땀 흘리며 그들이 버린 담배꽁초를 줍고 있다.
 노가다한 지 일 년 가까이 된 내가 갑자기 한심해진다.
 더위가 내 자존감을 무너뜨린 것이다.

 현장에서 일하려면 멘털이 강해야 한다.
 일에 대해서가 아니라 저속한 사람과 말도 안 되는 대우에 대해서이다.
 몸에 이상 없고 견딜 만하다면 그냥 넘어가면 된다.
 반말하는 놈 있으면 같이하고 말할 때 가끔 욕도 섞어 쓰면 아무도 쉽게 보지 않는다.
 물론 어느 정도의 경력이 있어야 가능하나 어려운 건 아니다.
 내 경험으로는 최소 6개월에 두 현장 정도면 충분하다.
 나머지는 개개인의 특성이니 하기 나름이다.

난 책의 마무리에 노가다하는 요령에 대해 쓸까 생각했으나 필요 없다고 결정했다.

일기는 일기로 남아야 하고 사실 내 노가다 경험은 아직 충분치 않다.

내 글을 읽으면 분명 도움은 될 것이지만 말이다.

예정된 기간이 다가오나 노가다를 지속할지는 모르겠다.

1차 목표는 2주 남았고 2차는 1년을 채우는 9월이며 3차는 저금의 액수에 따른다.

하지만 책이 잘 팔리면 이름이 팔려 1차 후 일을 못 할 수도 있다.

약간 팔리면 9월까지는 무사할 것이나 장담은 못 한다.

전혀 안 팔린다면 계획에 필요한 돈을 위해 계속 일을 해야 하고 말이다.

어떤 상황이 올지 궁금하나 원하는 건 2차인데 최소한 1년은 채우고 싶기 때문이다.

매일 일하지 않고 한 주에 2~3일만 일 나가도 충분하다.

86. 6월 21일 금요일 맑음. 작업 69일 차

계속된 더위로 모두가 신경이 날카롭고 지쳐 간다.

나 역시 사소한 내용에도 목소리를 올리는데 항상 반말을 하는 고 반장의 영향도 있다.

군대에서 욕이 언어라면 노가다는 반말이 기본이다.

욕 못하던 나는 군대에서 한동안 고생을 하다 결국 대세를 따랐지만 반말은 아직도 어색하다.

나이를 먹어서 고정된 말투를 바꾸기가 더 힘든 것이다.

내가 욕과 반말을 못하는 건 어머니의 영향이 크다.

1932년생으로 서울 사대를 나왔으니 그 당시 최고의 지적 수준을 지닌 분이다.

그리고 자라면서 공부하라 강요받은 적이 한 번도 없었으니 특별한 환경인 셈이다.

어린 나에게 영향을 준 건 내 주변을 감싼 책뿐이었다.

나를 위한 건지 책을 팔러 온 어머니의 지인 때문인지는 모르지만 난 책을 끼고 살았다.

화장실도 책 없으면 못 갈 정도였으니 말이다.

55년 전에도 우리 집 화장실은 수세식이기에 가능했다.

어쩌면 나는 부르주아로 자랐는지 모른다.

확신을 못 하는 건 내가 다닌 사립 초등학교는 정말 부유한 학생이 많았기 때문이다.

공립 초등학교는 딱 1년 다녔는데 그곳에서는 부잣집 아들이 맞다.

부자와 가난함은 모두 상대적이다.

노가다 현장도 비슷한 결과가 나온다.

기술직이 대부분인 삼성 현장은 같은 노가다라도 옷차림이 다르다.

그들은 간간히 브랜드도 보이고 시계도 고급이다.

이 무더운 날 갈아입지도 않은 표 씨의 작업복처럼 냄새나지도 않고 말이다.

난 모든 옷을 매일 새로 입고 작업화도 닦는다.
생활 습관의 차이가 인생을 결정짓는지는 나도 모르겠다.

내일이면 이번 현장이 벌써 2주가 되어 간다.
생각보다 일이 힘들었는지 몸이 은근히 피곤하다.
자신이 한 일을 기억 못 하는 게 아니라 일할 때는 강도를 못 느끼기 때문이다.
체크할 수 있는 건 사무실로 오르는 계단의 발걸음이다.
걸음이 무거우면 그날 일이 힘든 것이지만 일 안 하는 박 씨는 가볍게 뛰어오른다.
내가 그를 욕하는 건 함께 일하면 나만 힘들기 때문이다.
이 역시 상대적이니 모든 어려움은 마음에서 나온다.

사실 난 오늘 작업화를 가져올까 생각했다.
아침에 일어나 내키지 않으면 출근을 포기하려 했지만 얼마 남지 않은 1차 목표는 채우기로 했다.
그리고 장마가 오고 있으니 빗속에 갇힌 현장이 기대된다.
안전 장화를 살지는 아직 결정 못 했지만 말이다.
오늘 받은 돈이 삼대 보험 제외하고 128,000원이라 조금은 아끼기 시작한다.
돈 만 원 차이지만 역시 마음에서 가난함을 느낀다.

책은 바코드가 나와야 인쇄에 들어간다고 한다.
정가는 17,650원인가 하는데 배송비를 계산했다고 한다.

자신들이 직접 파는 걸 감안했는지 특이한 금액이 나왔지만 그리 중요하지 않다.

요즘 떠오른 생각은 명찬이의 사촌인 전 노무현재단 이사장 유 시민에게 책을 보내는 것이다.

나이는 나보다 한 살 더 먹었지만 자라 온 환경이 비슷하다.

자본주의 태생에 자유로운 삶을 누리는 것과 책을 쓴 것도 말이다.

가장 마음에 드는 건 재산이 별로 없다는 것이다.

그에 대해 좀 더 알아보고 그가 쓴 책도 읽어 보려 한다.

* 명찬이는 별로 좋지 않은 생각으로 판단하였고 나도 그 말을 따라 포기하였다.

제8장 현장 일을 함에도 한가한 일상이 계속되다

87. 6월 22일 토요일 비. 작업 70일 차

비가 오지만 기압골의 영향으로 장마는 아니다.

더위가 한풀 꺾일 것으로 예상되나 아직은 덥기에 작은 물병을 가져가 식당에서 주는 커피를 얼음에 넣어 마셨다.

아침에 두 개, 점심 후 두 개로 적지 않은 양이나 물과 희석되니 마실 만했다.

차갑고 달달한 물이 내가 마시던 코피루왁과 비교되지는 못하지만 가성비가 좋고 만들기 편하다.

요즘은 편한 것이 대세이니 내 커피가 안 팔려도 할 말 없다.

한국인을 위한 마케팅 방법을 다시 연구해야 한다.

오늘 일은 철거한 콘크리트 잔해 청소이다.

먼지는 좀 나지만 내가 잘하는 일 중 하나이고 김 용화 씨와 함께하면 더욱 완벽해진다.

다른 두 사람은 우리보다 좀 떨어지는데 손 씨는 집중력에 문제가 있다.
 그가 치매 현상이 온 것은 삶의 방식에 의한다.
 과도한 술과 그리 긍정적이지 않은 사고가 원인일 것이다.
 난 결국 그에게 인상 쓰고 한 소리 했다.
 내가 쉽게 화내는 것 같아도 불만은 지난 게 모여 한 번에 터져 나온다.
 갑자기 화내는 대부분의 사람들이 이럴 것이다.

 요즘 일은 별거 아닌데 갈수록 내 인상이 거칠어진다.
 차 안에서 유튜브를 많이 봐 눈이 부었고 먼지가 많아 쓴 마스크 때문에 김 서리는 안경을 벗었기 때문이다.
 그리고 그것을 핑계로 웃지도 않으니 최소한 만만해 보이지는 않을 것이다.
 오래전 필리핀에서 더럽게 변한 내 얼굴이 기억난다.
 사람 좋아 보이는 얼굴 때문에 돈도 많이 뜯기고 도와 달라는 사람도 줄을 섰었다.
 이후 자연적으로 발생한 인상 쓴 얼굴이 이를 어느 정도 방지했으니 환경에 대한 스스로의 대처이다.

 반대로 얼마 전 다닌 삼성 현장은 미소와 함께했다.
 좋은 인상은 많은 여성 유도원에게 호감을 받았으나 함께 일하는 남자 노가다는 두 가지로 구분된다.
 만만히 생각하고 반말 찍찍 하는 팀장이나 반장들 그리고 나를 따르는 대부분의 신입들로 말이다.

전자는 무시하고 후자는 함께 여유 있는 하루를 즐겼다.

하지만 삼성 현장에 처음 왔을 당시는 인상 쓴 얼굴과 욕을 이용한 것으로 기억한다.

무식한 방법이나 요즘 말하는 기 싸움과 비슷하다.

돌아오는 길에 메일을 확인한 나는 명찬에게 출판 일정을 통보했다.

그는 오디션이 모두 끝나 다시 지리산에 있다.

내가 젊어서 힘들 때마다 오르던 지리산을 요즘은 그가 열심히 다니는 것이다.

정신적으로 힘들 때 육체를 혹사시키면 고통이 감소된다.

내 비유가 그에게 맞는지는 모르나 비슷할 것이다.

그의 마지막 메시지는 "이제 책이 많이 팔리기만 하면 되네."라는 것이고 내 생각도 비슷하다.

다음 책도 준비하고 싶지만 일단은 이번 반응을 보고 싶다.

나를 위한 명찬이의 확약을 기대하면서 말이다.

특이한 일은 먼저 현장 시공사인 월드건영에서 연락이 온 것이다.

직영인 박 이모의 연락이라 개인적인지도 모르지만 나보고 출근하라면서 책의 상황도 물어본다.

연락을 참 빨리도 했구나 생각하면서 나를 부르려면 사무실에 요청하라 했고 책은 출판사 일정을 통보했다.

그들이 내가 궁금한 건지 아니면 내 책인지 잘 모르겠다.

느낌으로는 그녀의 개인적인 관심이 전부일 수도 있다.

좋은 인상의 결과는 본의 아니게 사소한 오해를 불러올 수도 있는 것이다.

유부녀인 그녀에게 일부러 인사도 잘 안 했지만 말이다.

고시텔에 오자 어제 먹은 자두가 생각나 시장부터 들렀다.

자두는 더 이상 없고 오늘은 중간 크기의 멜론이 하나에 천 원이라 4개를 샀다.

하나에 1kg이 넘는 멜론 4개를 시간적 차이는 있지만 하루에 다 먹기는 처음이다.

한때 수박 반 통을 먹은 적이 있지만 멜론은 과육이 풍부해 수박처럼 그냥 설탕물이 아니다.

재미있는 건 각자의 익은 농도가 달라 잘 골라야 했다.

천 원짜리라 고르는 게 미안했는데 망상 먹을 때 맛이 떨어지면 후회된다.

어쨌든 차이는 있어도 모두 맛과 향이 풍부했다.

이틀 연속 맛있는 과일로 호사를 누린다.

저녁에는 김 후배가 방으로 찾아왔다.

이유는 길거리에서 주는 작은 천 가방을 주려는 것인데 어찌 좀 이상하다.

그는 내가 얼마 전 하루 나갔던 수색 현장을 다녀왔다며 일이 힘들었다고 한다.

내게는 한잔하고 싶다는 소리로 들리지만 무시했다.

지난 주말 술 마시자는 약속을 두 번이나 어겨 상종 안 하기로 한 것을 지키려는 것이다.

목수에 비계공인 김 용화 씨 말에 의하면 노가다 잡부는 사회의 최하층 집단이다.

노가다의 어원으로 보면 기술 없는 막일꾼으로 인간성도 개차반으로 묘사되어 있다.

그러니 건설 기술인을 노가다로 부르는 건 모욕이다.

88. 6월 23일 일요일 흐림. 열외 18

하루 지나 생각하니 어제 필리핀에 일이 있었다.

아들 유진이 휴대폰 문제로 엄마 크리스의 얼굴을 주먹으로 때린 것이다.

난 자세한 내용은 따지지 않고 아들은 절대로 엄마를, 아니 남자는 어떤 여자도 때릴 수 없다는 전제를 말했다.

유진은 억울해하지만 내가 아들을 포기할 수도 있다는 말에 결국 울면서 순종한다.

너무 일방적인 것 같지만 일단 원칙은 세운 것이다.

항의할 수도 화낼 수도 있지만 때릴 수는 없다는 점을 가르쳤으니 말이다.

내 전화가 끝나고 그들의 싸움은 2차전이 시작됐을 것이다.

중요한 건 원칙이고 이 범주 안에서는 어떠한 행위도 가능하다는 나의 지론이다.

원칙을 지키지 않으면 결국 문제가 된다.

먼젓번 연장 근무 시 팀장이 포함되어 남은 인원이 버스와 지하철을 타고 온 적 있다.

불편하고 시간도 1시간가량 더 걸리니 불만이 대단했다.

더 중요한 건 차비를 이미 받았음에도 돌려주지 않은 것으로 이는 횡령에 포함된다.

결국 그는 동료들로부터 뒷담화로 양아치 소리를 듣고 만다.

노가다하는 대부분이 이러한데 앞에서 내가 그를 노가다에 특화된 사람이라 평한 적 있다.

아마 그가 할 수 있는 일에 최선을 다하는 모습 때문일 것이다.

그 최선이 일용직 노가다 잡부지만 말이다.

기능공 출신인 동료 김 용화 씨가 우리를 보고 "그래 봐야 잡부야."라고 한 말이 다시 떠오른다.

그가 결근한 날은 비계 일이 있어 잡부 일당 두 배 가까이를 받고 일하다 온 것이다.

대학 나온 박 후배가 일당 20만 원 받고 조적 데모도(조공) 하다 온 것과 비슷하다.

글을 쓰다 보니 담배가 늘은 것이 느껴진다.

노가다 끝나면 끊으려 했으나 일터가 바뀐 스트레스 때문인지 일하다 쉬는 시간이 많아서인지 모르겠다.

일부러 참지 않으면 자연스레 남을 따라 피는 게 더 문제다.

어쩌면 현장이 너무 더워 상대적으로 차가운 담배 연기에서 위안을 얻으려 했는지도 모른다.

앞으로 의식적으로라도 담배를 줄여야 한다.

비슷하게 커피도 갈수록 마시는 양이 늘어난다.

먼저 볶은 게 약해 신맛이 많이 나지만 그런대로 마실 만은 했다.

하지만 내 타입이 아니라 좀 더 강한 맛을 위해 커피가 좀 남아 있음에도 새로 볶았다.

볶는 양은 정확히 150g으로 시간을 재면서 두 번 시도했다.

재미있는 건 로스팅기가 식은 상태로 볶는 게 예열된 경우보다 색으로 본 완성이 더 빠르다는 것이다.

어떤 원리인지는 모르나 설명서에도 그렇게 나와 있다.

속도가 아니라 볶은 방법으로 아마 커피빈 안의 수분 팝핑과 연관이 있을 것이다.

아니면 이미 가열된 온도기에 문제가 있는지도 모른다.

어쨌든 오랜만에 풀 시티로 로스팅이 되어 향기가 진동한다.

난 커피를 맛볼 내일을 기다린다.

하루하루 지나 작업이 70일 차가 넘었다.

그만할 때가 되었는지는 책이 팔리는 것에 달렸다.

80일 차에 끝날 수도 있고 100일을 채울 수도 있으나 모든 게 시원치 않으면 내년까지도 간다.

이 현장이 끝나는 시점은 내년 1~2월이니 이곳에서 끝날 수도 있다.

송도 현장에서도 그렇게 생각했으나 본의 아니게 그만두고 이곳에 있지만 말이다.

이제 어느 현장에 가도 문제될 일은 없지만 가능하면 노가다를 그만두고 싶다.

하지만 알람 없이도 일어나니 벌써 알고리즘이 작동한다.

출판 계약서에 의하면 인쇄가 시작되면 중간 비용을 지불해야 한다.

서점에 유통되면 마지막 잔금을 치러야 하고 말이다.

내가 얼마가 있는지 기억도 안 나지만 돈은 충분하다.

커피 사업을 시작하기에는 미약하지만 난 책이 어느 정도는 팔릴 것으로 보고 있다.

지금까지 애써 왔고 결과도 있으리라 본다.

새벽에 일어나 다시 일 나갈 준비를 하지만 말이다.

89. 6월 24일 월요일 비. 작업 71일 차

새벽에 옥상에 올라가니 밤에 비가 많이 온 흔적이 보인다.

날은 후덥지근하고 자동 이체 된 전화 요금이 19만 원 나온 후라 내 마음도 좀 이상하다.

분명 한 달에 4만 원 정도라 했는데 유튜브를 많이 봐서인지 아니면 요금이 한꺼번에 청구되어서인지도 모른다.

어쨌든 통장의 돈이 어이없이 사라진 느낌은 변함이 없고 더하여 바지 벨트를 잊고 나와 우울함이 시작된다.

땀에 찬 내 바지가 흘러내리는 느낌처럼 말이다.

나의 불만의 대상은 대한민국 정부가 우선이다.

열심히 살려고 애쓰는데 결과는 미약하고 몸과 마음이 다 힘들다.

아무리 애써도 동남아에서 온 기능공보다 돈을 적게 버는 내가 갑자기 싫어진다.

하지만 돈 벌러 온 외국인은 어느 정도 이해는 간다.

진짜 문제는 중국인 반장도 베트남인 근로자도 아닌 추악한 한국인이다.

인터넷에서 여자들이 까 대는 한남의 모델이 아닌가 싶다.

베트남인들이 핀 담배꽁초 줍는 짓은 할 수 있지만 박 씨와 함께 일하는 건 정말 미친 짓이다.

남이 보지 않으면 일을 안 하고 심지어 내 일을 방해까지 하는데 반장은 그를 자르지 않고 오히려 옹호한다.

박 씨는 나로 하여금 처음으로 현장을 포기하게 만든 사람이다.

포기하면 진 것이나 지금 그런 사소한 것 따질 때가 아니다.

거짓말이 난무하고 상식 밖의 행동이 묵인되는 이 상황을 더는 견딜 수 없기 때문이다.

남들은 다 참는데 나만 힘들어하는 걸 보니 난 역시 사회성이 부족한가 보다.

모든 게 비슷한 대한민국에서 참으로 살기 힘든 성격이다.

노가다를 벗어나도 마찬가지이니 돈 모아 외국으로 가려는 것이다.

오늘 불만이 많으나 일이 힘들어서가 아니다.

오히려 힘든 일을 하면 그것 나름 보람이 있고 잡생각도 사라져 마음이 편하다.

땀에 젖어 쉬면서 함께 동료들과 담배 한 대 피는 재미는 훈련받던 군대 시절을 떠올리게 한다.

요즘 훈련병이 가혹 행위로 죽어 난리지만 사실 과거에도 군인은 훈련 중 많이 죽었다.

인간이 탈수와 고온 등 야외의 극한 상황에 노출되면 얼마나 허약한지 몰라서 생긴 일이다.

지금 노가다를 견디는 마음도 그 지긋지긋한 군대 경험에서 나온 것이라면 믿겠는가.

다시 떠올리기 싫지만 군대에서 강해진 것은 사실이다.

각설하고 오전은 지하실 보양과 옥상 청소를 했다.

한마디로 별 볼 일 없는 일을 했으나 오후는 정전이 되어 안전을 이유로 모든 일이 중단되었다.

하지만 젊은 직영반장은 노는 인력이 아쉬웠는지 전 인원에게 옥상 벽체 철근 청소를 시킨다.

전기 없으면 리프트도 가동이 안 되니 걸어서 28층을 올라야 한다.

15분 올라가 15분 청소하고 다시 내려오는 데 10분 걸렸다.

정말 비효율적이지만 용역인 우리를 최대한 활용하려는 대단한 아이디어라 참아 준다.

하지만 벽체 철근 시공에서 특이한 점을 발견한다.

바닥 슬라브에서 벽체를 철근으로 연결했는데 콘크리트 타설 부분을 우드록으로 덮은 것이다.

한마디로 슬라브와 벽체를 단절된 상태를 만든 것으로 건설 현장에서는 절대 금기인 시공이다.

아무리 생각해도 이유를 모르겠는데 아마 바닥에서 습기가 올라와 그런 게 아닌가 한다.

타설하면 속은 보이지 않으니 일단은 아무 문제 없다.

타설 전 청소도 감리자만 떠나면 더 이상 하지 않으니 이상할 것도 없지만 말이다.

삼성이나 포스코나 현장은 모두 잡부 손에 퀄리티가 달려 있다.

물론 하청업체인 월드나 우창이 시공하지만 원청의 관리 감독 부족이 주원인이다.

시공자가 동남아인, 또는 중국인인 것과는 별개인 것이다.

일 마치고 시장에서 큰 수박을 만 원에 샀다.

큰데도 남아 있는 걸 보니 비가 와서인 것 같은데 잘라 보니 확실히 물은 좀 먹었다.

수박광인 나에게는 별일 아니라 벌써 4분의 1이나 먹는 중이다.

그 무게가 3kg 정도이니 껍질 빼고서도 2kg은 먹었다.

짜증나는 더위와 습도를 싸구려 과일 먹는 맛으로 견디고 있다.

90. 6월 25일 화요일 맑음. 작업 72일 차

책은 인쇄 들어가고 난 출판비를 송금해야 한다.

액수가 크지 않고 돈도 여유 있지만 항상 부족하게 느끼는 내 통장 잔고이다.

달력을 보니 4개월 이상 일했는데 천만 원도 모이지 않았다.

일당 하루 1~2만 원 적은 것이 결과에서는 차이가 난다.

그 대신 꾸준히 일할 수 있고 몸도 안 망가지는 이점은 있으니 돈 아쉬운 자의 넋두리일 것이다.

사실 여러 사람이 모인 노가다 일꾼의 능력은 천차만별이다.

나의 경우만 봐도 처음 일할 때와는 많은 차이가 있어 지금은 일 잘한다고 여기저기서 콜을 받는다.

그럼에도 일당이 오른 건 아니니 아이러니하다.

잡생각 같지만 노가다 잡부도 자격증 제도를 도입해야 한다.

자재 쌓는 법이나 반생이 묶는 법 등을 가르치고 체력 시험을 보면 전문 잡부를 양성할 수 있다.

그리고 일 잘하는 잡부는 일당 20만 원 정도는 줘야 한다.

그럼 수령액이 16~17만 원이니 주 5일 근무하면 기본 생활비인 350만 원의 수입이 나온다.

이 정도면 기업에 취직 못 한 사람도 일할 만할 것이다.

물론 외국인을 적당히 배제하고 할당제를 도입해야 한국인이 살아남지만 말이다.

한국인만 고용한 삼성 현장이 고마운 한순간이다.

동남아 노동자를 보니 필리핀 인부들이 생각났다.

커피를 만들 때 새참으로 라면을 주었는데 신라면만큼은 매워서 못 먹었다.

나도 필리핀에서 오래 살다 보니 신라면은 물론 고추 등 다른 매운 음식도 삼간다.

입은 견딜 만한데 반대쪽이 매운 것이다.

그런데 유튜브를 보니 매운 라면이 덴마크에서 리콜되었다.

원래 매운 거 못 먹는 유럽인이라 이해가 가는데 호기심 탓인지 오히려 인기가 급상승했다 한다.

검색이 많아졌다고 진실은 아니지만 홍보 효과는 대단했나 보다.

덕분에 난 왜 매운맛에 열광하는지를 생각했다.

매운 건 맛이 아니라 자극과 통증의 결과이다.

스스로도 가학하고 피학을 즐기니 분명 정상은 아니다.

그런데 이는 내가 자금 여유가 있고 몸 컨디션이 좋을 때 힘든 일을 찾아다니는 모습과 비슷하다.

천로역경이라 변명하지만 난 분명 기독교인이 아니다.

어쩌면 나는 신의 섭리를 거부하고 또한 매운 맛으로 고통을 즐기는 많은 이들도 마찬가지일 수도 있다.

사람들은 여전히 초콜릿 같은 달콤함을 사랑하지만 말이다.

오늘이 지나면 원래 계획한 노동일이 10일 남았다.

의미도 까먹은 날짜를 지금도 계산하는 이유는 실업 수당을 받기 위한 알고리즘이다.

다시 검색해 보니 180일이 지나고 또 두 달간 15일 이내로 일해야 하기에 내용이 다름에도 말이다.

정확한 내용을 보면 이번 달은 이제 그만 쉬고 다음 달부터 일주일에 2~3번씩 가끔 일 나가면 된다.

하지만 다음 책 출판비를 위해 일단은 계속 일하기로 했다.

내일은 병원을 핑계로 무조건 쉬지만 말이다.

몸이 아니라 마음이 지쳤기 때문이다.

외국인에게 점령당한 건설 현장에서 느끼는 새로운 괴리감이다.

고시텔에 돌아와 샤워도 생략하고 수박 먹은 후 바로 잤다.

오늘 일은 편했지만 셔츠가 땀에 흠뻑 젖은 건 마찬가지임에도 말이다.

가끔은 나도 남들처럼 멍때리기로 했다.

그냥 일만 하다간 내가 왜 사는지, 목적이 뭔지조차 까먹기 때문이다.

대부분이 그렇지만 정체성 없이 매너리즘에 빠진 채 사는 인생은 정말 불쌍하다.

난 오늘도 아슬아슬하게 그 선을 넘지 않았다.

91. 6월 26일 수요일 흐림. 열외 19

새벽에 일어나 알람에도 불구하고 여유를 부린다.

오늘은 병원 가는 핑계로 쉬기 때문이다.

출근을 알리는 삼성 현장 카톡은 계속 울리지만 아직 삭제하지 않았다.

인연의 끝을 타인에 의해 보려는 나는 참 이상하다.

어차피 삶이 자신의 의지는 아니지만 너무 수동적이다.

잘 안되면 신을 욕할 구실을 만들 수는 있으니 죽어도 외롭지는 않을 것이다.

계획대로 잘되면 어찌할지는 준비되어 있지만 말이다.

내 인생을 남의 탓으로 돌리니 세월이 지난 만큼 나도 많이 변했다.

그러니 기꺼이 힘든 노가다를 하는 모양이다.

아침이 되어 《필리핀 데카메론》을 검토하다 다시 덮는다.

돈의 여유에도 시간을 끄는 것은 두 번째 출판이 당장 절실하지 않기 때문이다.

책이 서점에 들어가는 날은 7월 2일이고 난 풍차를 향한 돈키호테의 마음으로 기다릴 것이다.

하지만 명찬이는 노가다하면서 닥치는 대로 쓴 내 일기를 해리포터의 작가와 비유한다.

바람일까, 아니면 격려일까, 친구 말이니 의문은 필요 없다.

병원에 가 보니 혈당은 정상인데 몸무게가 좀 늘었다.

너무 말라 축 처졌던 살이 돌아와 반가운데 의사는 의외인 모양이다.

이상하게 사람들은 마른 걸 건강하다 선호하고 뼈만 남은 여자도 의외로 섹시하다 여긴다.

여유 지방은 비상시를 대비해 매우 중요한데 말이다.

서너 달 배낭여행 다니면 몸무게 4~5㎏ 빠지는 건 일도 아니다.

오늘은 쿠팡에 훈제 연어를 주문했으니 냉면과 수박 그리고 연어로 포식하는 하루가 될 것이다.

병원을 나온 후 출판사에 송금을 하고 안경점에 들렀다.

당장은 필요 없지만 누구든 사람을 만나려면 새 안경알이 필요하기 때문이다.

현장 먼지로 생긴 스크래치는 이미 시야를 방해하고 있었다.

고시텔에 돌아와 다시 컴퓨터를 보나 글 쓸 마음이 전혀 들지 않는다.

글은 일이 아니라 창조이기에 시간을 할애한다고 저절로 써지는 것은 아니다.

마음이 가라앉아야 하고 또한 노가다의 잡생각도 잊어야 한다.

이번 글은 완전히 다른 《필리핀 데카메론》이기 때문이다.

책 이야기를 하다 명찬은 필규 동생 찬규를 거론한다.

프랑스에서 불문학을 전공하고 모 대학 교수로 재직 중인 그는 어려서부터 잘 아는 동생이다.

그도 이번에 출판했다는데 벌써 유명세를 타는 모양이다.

문학으로 먹고사는 사람들이야 당연한 결과이나 난 노가다를 하며 일기를 쓸 뿐이다.

내 주변은 왜 이리도 문학박사가 많은지 의문이다.

송금을 하고 나니 통장에 6백만 원 남았다.

장마는 예상대로 다음 주부터 시작하나 처음 겪는 일이라 현장이 중지될지는 모르겠다.

아무려면 어떤가. 어차피 좀 쉬고 싶었고 또한 글을 정리해야 한다.

'노가다 다이어리 2부'가 끝나려면 7월은 넘어야 하고 출판은 10월이나 될 것이니 그동안 필리핀 데카메론을 출판하려는 것이다.

원래는 《커피 헌터 다이어리》가 먼저이나 양이 방대하고 사진이 많아 글을 수정하는 데 시간이 많이 걸린다.

아직 정한 것은 아니고 좀 더 차분히 생각하련다.

일단은 가까운 시일 내 찬규를 만나기로 했다.

별 뜻은 아니고 또 다른 나의 소설 《성의 굴레》를 보여 주고 싶기 때문이다.

　일반인이 이해하기 어려운 이 소설을 프랑스에서 출판할 수 있나 타진하려는 것이다.

　아직 완성된 것은 아니나 지금의 나의 능력은 얼마든지 재탄생시킬 수 있다.

　노가다는 내 몸을 살리고 또한 정신까지 강하게 만들었다.

　인간의 속물적 한계를 적나라하게 보여 주면서 말이다.

　늙어 갈수록 모든 게 새로워지니 사는 게 재미있다.

92. 6월 27일 목요일 맑음. 작업 73일 차

　그날의 일에 따라 변하는 게 노가다 잡부의 마음이다.

　사는 게 재미있다는 글이 바로 위에 보이지만 지금은 일하는 게 너무 괴롭다.

　빗자루 하나 있으면 일도 아닌데 삽으로 긁어 쓰레기를 모아야 한다.

　잘못된 지시이나 입 닥치고 따라야 하는 노가다 인생이다.

　이런 일은 비일비재한데 시공상 큰 문제 없으면 어차피 시간 때우는 거라 그냥 넘어간다.

　바보처럼 그냥 따르는 내 마음은 괴롭지만 말이다.

　오후는 더 바보같이 일을 한다.

　고 팀장은 지시하지 않은 일을 하는데 뭐라 할 수는 없다.

　그냥 놀 수도 있지만 그는 직영반장을 의식해야 하고 누가 봐도 괜찮아 보이기 때문이다.

문제는 리프트가 여의치 않아 너무 많은 시간을 허비했다.

남들은 기다리며 휴식을 취하고 자유 시간을 갖지만 책임감 있는 난 이상하게 불안하다.

노가다하려면 신경이 둔하든지 그런 척이라도 해야 한다.

자존감 같은 거 노가다 판에서는 전혀 필요 없다.

일이 이러니 난 이번 현장에 더 이상 감흥이 없다.

하지만 그냥 열심히 일만 하는 건 어쩌면 복된 일이다.

적당히 일하는 자와 안 하려는 자 그리고 거의 없지만 열심히 하는 자가 공존하는 노가다 현장이다.

따라서 빈약한 잔머리도 함께 성행하고 말이다.

일이 이렇게 개판인데도 감원이 없으니 참 이상한 현장이고 나를 제외한 다른 동료들은 복 받았다 생각한다.

일기가 너무 저급해 가니 얼마 남았는지 달력을 본다.

앞으로 5일이면 난 일단 실직 급여 대상이라 이후 두 달 동안 15일 정도만 일하면 된다.

할지 안 할지는 모르지만 1차 목표는 거의 완성된 것이라 마음의 여유가 생겼다.

난 나이 먹어 가면서 항상 노후를 생각했다.

50세가 되기 전 생각한 게 글쓰기와 커피이니 고상한 취미이자 생계 수단이다.

책은 반응이 좋았고 커피는 세계 최고가라는 시벳커피이니 돈을 너무 많이 벌까 걱정했을 정도이다.

  하지만 지금은 '아무도 책을 읽지 않는다'고 말하면 너무 슬프지만 거의 사실이다.

  시벳커피도 마찬가지로 동물 학대라는 블랙 캠페인을 넘지 못해 생산지 가격은 폭락한 상태이다.

  * 블랙 캠페인은 생소한 단어지만 현지에서는 그렇게 부른다.

  더하여 커피 맛의 차이는 국가를 넘어 시대를 초월하니 이를 따라가기도 쉽지 않고 말이다.

  이를 개혁하려면 힘과 자본 그리고 권력이 있어야 하는데 난 아무것도 가진 게 없고 나이만 속절없이 먹어 간다.

  생각할수록 어이없지만 포기하지 않는 내가 더 이상하다.

  이를 어떤 의미로 해석해야 할지 난 모르겠다.

  지금의 일기는 새벽을 포기하고 다음 날 기억으로 쓰는 것이다.

  새벽 2시에 일어났으나 컨디션이 안 좋아 4시까지 자고 바로 일 나갔다.

  특별한 일은 없으나 노가다란 새로운 경험에 대한 정열이 서서히 사라짐을 느낀다.

  어렵게 쓴 긴 글이 끝나 갈 때가 되어 가나 보다.

  다가오는 장마를 기다리면서 글의 지속을 노력해 보련다.

93. 6월 28일 금요일 맑음. 작업 74일 차

현장에 다가와도 해가 떠오를 생각을 안 한다.
하지가 지난 지 얼마 안 되었지만 그 사이 해가 짧아진 걸 보면 정체된 사람보다 태양계가 빨리 움직인다.
하루하루 늙어 간다는 것은 정말 재미없는 경험이다.
깨달음은 없고 어리석은 인간들의 싸움이 지루하게 계속된다.
다른 방법이 없다는 변명하에 그냥 참고 살지만 한심하기는 극을 달린다.
자연에서 농익은 바나나를 먹다가 수입된 덜 익은 놈을 입안에 넣는 것처럼 말이다.
우리가 접하는 것 중 자연을 능가하는 것은 하나도 없다.
다만 무한히 세뇌되고 길들여져 있을 뿐이다.

일하기 싫어진 게 어제오늘 일이 아니다.
몸을 혹사하더라도 마음은 편해야 하는데 이것저것도 아닌 게 시간만 보내고 있다.
노가다 잡부란 존재는 정녕 무엇일까 하는 의문이 든다.
자신의 정체성을 속이며 개처럼 시키는 대로 살아가니 이는 인간의 모습이 아니다.
어쩌면 기계의 부품이나 노예보다 못한 존재일 수도 있다.
차라리 감정을 못 느낄 정도로 무식했으면 좋겠다.

우창이란 골조 시공사가 월드보다 못한 건 사실이다.

콘크리트 면에 슬러지가 있음에도 아무도 표면을 긁어 내지 않는다.

그렇게 많은 잡부들이 일하지만 그들은 쓸데없는 반생이 쪼가리나 줍고 바닥을 청소할 뿐이다.

바닥과 옹벽 사이에 우드록이 끼어 있는 건 그대로고 말이다.

40층이 넘는 건물 전체가 이렇다면 부실 공사를 넘어 위험할 수도 있다.

지진은 없지만 태풍 등 횡압력을 받는다면 말이다.

건축을 전공한 사람의 관점으로 보면 우리나라 아파트는 성냥갑을 쌓은 것과 유사하다.

그 속에서 잡부로 일하는 나는 어이없어 일하기 싫고 말이다.

제철소로 성장한 포스코가 왜 건설업에 뛰어들었을까 하는 의문이 든다.

그리고 옆에 있는 월드가 시공한 현장을 가 보고 싶어졌다.

삼성 현장에서 본 그들은 같은 상황에서 슬러지뿐 아니라 부실한 콘크리트를 모두 제거했기 때문이다.

스스로인지 원청인 삼성의 지시인지 모르지만 말이다.

내가 증거 사진을 안 찍는 건 더 이상 사회 부조리에 관여하기 싫어서이다.

건설뿐 아니라 사회 전반에 걸쳐 있는 이상한 현상들 말이다.

인간은 일부를 제외하곤 정말 우매한 존재가 틀림없다.

오늘 한잔 먹고 내일 쉬려 했으나 마음이 바뀌었다.

아무래도 홍 후배가 나를 가스라이팅하는 게 마음에 걸린다.

신경 쓰기 싫어 받아 주니 하나하나 선을 넘기 시작하는 게 지나쳐 한마디 하려 한다.

  얼마 안 남은 현장 일이지만 아직 끝나지 않았고 또 앞으로의 일은 아무도 모른다.

  하지만 다음 주부터는 장마라 글 쓰기 좋은 날씨이다.

  선선한 바람에 비까지 내리면 난 속세와 단절되어 무아지경에 빠져들 수 있다.

  비록 고시텔이라는 작은 방에 갇혀 살지만 말이다.

  오늘 알을 새로 바꾼 안경을 찾아왔다.

  며칠 동안 안경 없이 살다 다시 쓰니 너무 잘 보여 세상이 새로워 보이나 눈이 피곤하다.

  인생도 가급적 안 보고 또 모르고 사는 게 약인지도 모른다.

  깨달은 자가 스스로 입을 다무는 것처럼 말이다.

  이기심과 가식으로 가득한 세상에서 살아가는 방법일 것이다.

  차라리 면벽을 하지 왜 이리 힘들게 사는지 모르겠다.

  일기를 쓰는 지금 시간이 새벽 3시 반이다.

  하루 쉬려 했지만 마음이 바뀌어 좀 있으면 다시 출근을 해야 한다.

  오늘은 내 마음이 무사했으면 좋겠다.

  실업 급여 신청 대상인 1차 목표까지 얼마 안 남은 시점에서 말이다.

94. 6월 29일 토요일 흐림. 작업 75일 차

쉬려고 하다 습관적으로 그냥 일 나갔다.
사실 원고를 수정하려 했으나 앞으로의 계획이 정리되지 않아서이다.
또한 혈액 순환이 잘 안되는지 몸이 굳어 온다.
일을 안 하면 몸이 풀리지 않으니 내 몸이 노가다 체질로 변해 가는 것 같다.
아니면 타성에 젖은 내 생활이 싫증 났는지도 모른다.
베트남인 철근공에 비해 상대적으로 적은 일당도 한몫했다.
그리고 책이 안 팔린다면 필요한 돈 모으는 일이 아득하리라 느껴졌기 때문이다.
초심을 유지 못 하는 건 환경에 적응하기 때문이다.

잡부는 정말 현장에서 최하의 위치이다.
일당도 적지만 시키는 대로 일해야 하니 흔히 말하는 개잡부가 틀림없다.
지시받은 일이 끝나면 다시 새로운 오더가 카톡으로 온다.
일을 빨리해도 천천히 해도 마찬가지이니 좀 쉰 후 결과 보고를 해야 하나 고 팀장은 서두른다.
일이 힘들지 않으니 불만은 없으나 너무 수동적이다.
차라리 목적을 가진다면 보다 많은 일을 할 수 있지만 내가 선택할 수 있는 입장은 아니다.
지금까지 열심히 일만 하던 내가 잡생각을 다 한다.

출판사에 마무리 송금을 했다.

착각으로 10만 원이 더 가서 지금까지 모두 340만 원 보냈다.

돈 내고 출판하니 어색하지만 담당자들 모두 성의를 다하니 책에 대한 결과는 만족스럽다.

이제 지금 쓰는 노가다 일기 2부의 출판을 계획한다.

혹시나 해서 선출판하려던 《필리핀 데카메론》은 가장 나중으로 밀렸다.

연관성을 위해 '노가다 다이어리 2부'를 출판하고 《커피 헌터 다이어리》가 그 뒤를 잇는다.

일단은 일기가 마무리되는 열흘 후까지 원고를 수정하련다.

출판을 의식하고 썼기에 내용은 그대로이나 걸러야 할 것과 강조할 것이 조금 있다.

그러는 동안 돈도 백만 원을 더 모으고 말이다.

아무리 생각해도 책이 잘 팔린다는 보장이 없다.

명찬이가 윤수를 이용해 도와주려 하나 그가 찬규의 출판을 돕겠다 한 약속이 지켜지지 않은 것을 알았다.

시도는 했으나 이미 퇴직한 몸이라 어려웠는지도 모른다.

모든 건 신의 뜻이니 안 돼도 할 수 없지만 갈 길이 멀어지는 느낌은 지울 수 없다.

처음부터 말이 없었다면 마음의 변동도 없었을 텐데 말이다.

어떤 경우도 남에게 의지하지 않지만 비빌 언덕이 있다면 기대는 게 사람의 마음이다.

저녁에는 드디어 기다리던 비가 내린다.

뉴스에는 많은 비가 내린다 했지만 내 마음을 씻기에는 역부족이다.

이제 내 스스로 정화하는 방법밖에 없어 아무것도 하지 않고 그냥 가만히 밤을 보낸다.

95. 6월 30일 일요일 비. 열외 20

말 한마디 없이 하루를 보내니 자유롭다.

심지어 자신과의 대화도 생략했으니 모든 번뇌에서 해방된 느낌이다.

즐거움도 고통도 타인과의 관계에서 나오니 그래서 수행자는 면벽이 필요한가 보다.

하지만 난 미지의 세계로 떠나는 배낭여행이 좋다.

여행 중 만난 아무런 이해관계가 없는 사람과의 대화도 좋고 말이다.

이런 내가 발리에서 식당을 할 수 있을까 걱정된다.

책이 팔리면 고시텔에서 평생 살아도 좋으니 그냥 배낭여행이나 다니고 싶다.

내 커피도 볶아서 조금씩 팔면서 말이다.

커피가 남았으나 먼저 남긴 생빈을 볶았다.

온도를 조금 낮춘 205도에서 가열하고 중간에 뜸을 들인 후 200도로 재가열했다.

한마디로 커피의 고유한 맛을 위해 중배전을 한 것이다.

내일 맛보겠지만 냄새만으로 어느 정도는 확신한다.

싸구려 인생, 아니 로스팅 기계도 길들이면 좋은 결과가 나올 수 있다는 내 지론이다.

빗속에서 하루를 멍때리니 결과가 나왔다.
결론은 그냥 일하던 대로 계속 노가다를 하는 것이다.
일단 '노가다 다이어리 2부'를 완성하고 출판을 의뢰한 뒤《커피 헌터 다이어리》를 수정한다.
후자는 내용이 방대하니 한 권으로 압축하려면 많은 부분을 생략해야 할 것이다.
일기는 손대지 않으나 출판을 위해서는 편집해야 한다.
내게는 중요해도 따분한 내용은 독자를 위해 아무래도 걸러야 하기 때문이다.
출판한 책은 일단 팔려야 본연의 가치가 있다.
그리고 책이 안 팔린다면 경제적으로 부담이 되니 내 목표인 9권의 책이 내 인생의 목을 죌 수도 있다.
굳이 해피 엔딩은 아니라도 비극을 만들고 싶지는 않다.

가끔 10년 전이라면 하고 생각해 본다.
커피가 팔릴 것이고 내가 쓴 책도 어느 정도는 팔린다.
큰돈은 아니지만 경제적으로 여유가 있고 난 내가 계획한 커피 산지 투어를 하면서 글을 쓰며 산다.
전혀 무리 없는 노후 대책이고 난 최선을 다해 준비했다.
하지만 지금은 연금으로 잘 살다가 물가가 폭등한 과거 동독 노인들처럼 대책이 없다.

혹시나 하고 팔리지도 않을 책을 열심히 출판하면서 말이다.
쓸데없는 믿음은 사람에 국한되지 않는가 보다.
제발 나를 대책 없는 시험에 들지 않게 해 주었으면 좋겠다.
천로역정 같이 죽어서야 끝난다면 이는 정말 망할 놈의 저주이다.
사람이나 신이나 모두 기만 덩어리이고 말이다.

96. 7월 1일 월요일 흐림. 작업 76일 차

장마가 시작되었으나 구름만 보이고 비는 오지 않는다.
쏟아지는 폭우를 기다리는 건 나뿐인가.
별로 할 일 없는 현장에서 일 같지도 않은 일로 시간만 죽이니 별생각이 다 든다.
일당이 적네, 대우를 제대로 못 받네 하지만 현장에 따라 잡부는 정말 편한 직업이기도 하다.
대기하고 있다가 오더 떨어지면 움직이는데 작업보다 리프트 기다리는 시간이 더 길다.
가끔 열심히 하기도 하지만 실제로 일하는 시간이 전체의 30% 미만이면 말 다 한 거다.
오죽하면 카자흐스탄 여인의 일을 다 도왔을까.

그녀들은 세대 청소라는 일을 하고 있다.
해체와 자재 정리가 끝난 층을 청소하는 일인데 자루에 담은 쓰레기를 치우는 일은 쉽지 않다.

매 층마다 나오는 백여 개의 자루를 리프트에 싣고 밖으로 꺼내야 한다.

하나에 7~8㎏ 이상이라 가녀린 그녀들의 힘에 벅차지만 함께 일하던 남자는 보이지 않는다.

평소 친분 있던 나와 표 씨가 나서고 전혀 상관없는 다른 이들도 쓰레기 나르는 데 함께한다.

미인의 힘인가, 아니면 순수한 측은지심인가.

충분하지는 않지만 오늘 두 차례나 그녀들의 일을 도왔다.

돌아오는 건 미소뿐이지만 소속만 같으면 자원해서 그녀들과 함께 일하고 싶을 정도였다.

이로써 남녀가 함께 살아야 하는 이유가 분명해진다.

오후는 지하 1층의 엄청난 쓰레기를 치웠다.

모처럼 근육을 쓰니 땀이 나며 온몸에 힘이 넘쳐난다.

이 정도면 돈 받고 운동하는 셈이니 대우가 개잡부이니 하는 건 모두가 쓸데없는 핑계이다.

일이 없어 한가하니 잡생각이 잠시 정신을 지배한 것이다.

어느 현장이든 돈은 일한 만큼, 또 가치 있는 만큼만 주는 건 틀림없다.

비계공인 김 종화 씨가 이틀 일하고 백만 원을 번 것처럼 말이다.

일당이 아니라 도급의 대가이니 팀을 짜야 하고 또한 오랜 경험도 있어야 한다.

현장에서 기공으로 한 10년 일하고 머리만 좋다면 충분히 할 만하다.

1년에 억대도 벌 수 있으니 30대라면 추천한다.

일당도 27만 원이라니 잡부보다 고소득임에는 틀림없다.

명찬이와는 일요일로 만남을 약속했다.
찬규가 포함된 건 오로지 내가 쓴 소설 《성의 굴레》를 평가받기 위함이다.
그는 소재에서 자유로운 프랑스에서 문학박사 학위를 받았기에 자격은 충분히 있다.
비록 영화 〈레옹〉의 일부 장면이 외설 혐의를 받은 나라지만 말이다.
하지만 한국에서만큼 발작적이지는 않을 것을 확신한다.
최근에는 〈로리타〉가 재평가를 받는다니 한국 문단도 그리 막힌 것은 아니다.
제발 예술과 정치적인 집단의 견해는 분리했으면 좋겠다.

하루 일의 마무리 단계에서 박 이모의 카톡이 왔다.
내 책 제목을 물었고 답변하자 바로 구입하더니 또한 커피를 사겠다고 한다.
볶은 거 200g에 5만 원으로 적당한 금액이다.
하지만 난 갑자기 책과 커피를 구입하는 의도를 모르겠다.
일 안 나간 지도 오래되었고 그녀와 친한 것도 아니다.
혹시나 해서 그녀에게 식사 대접을 하겠다고 했더니 더 이상 대답이 없다.
나와 개인적인 친분이 아니면 혹시라도 책의 나쁜 의도를 인식한 회사 차원의 구매일 수도 있다.
가급적 책을 통한 누군가의 불이익을 철저히 배제하는 나지만 그들은 모르기 때문이다.

　유튜브를 보면 누군가의 약점을 잡고 돈 뜯는 사람도 참 많다.

　손 흥민의 아버지 손 웅정 씨가 현재 그러하다.

　어쨌든 스승인데 요즘 세상은 정말 개판이다.

97. 7월 2일 화요일 비. 작업 77일 차

　아침에 만난 아이카의 미소는 너무 매혹적이다.

　젊고 예쁜 여자가 마음먹고 남자를 유혹한다면 아무도 이길 수 없을 것이다.

　그 미소와 함께 나에게 인사하니 늙은 심장이 바로 강하게 반응한다.

　종족 번식을 위한 알고리즘은 지성과 인내를 넘어선다.

　남자는 여성을 위해 봉사하니 그녀들이 지닌 모성애와 함께 인류가 스스로 멸망하지 않는 이유가 된다.

　신이 부여한 본능을 멀리하지만 않는다면 말이다.

　요즘의 나는 현장 일에 적응되어 너무 편하게 보낸다.

　열심히 일하나 쉬는 시간이 많고 가끔 홍 씨의 잔소리를 들으나 형으로 대우받으면서이다.

　그리고 시원치 않은 행동에는 강하게 어필하면서 말이다.

　오늘도 자재 정리 하란 팀장의 소리에 서포트를 집어 던지면서 큰 소음과 함께 위험하게 작업했다.

　팀장의 지시는 따르나 일하는 방식은 내 맘이다.

이유는 일당이 2~3만 원 차이 나는 일을 하기 때문이다.

하지만 자재 정리는 극히 일부였고 주된 일은 쓰레기장 정리로 직영 반장의 오더였다.

오해가 풀린 나는 열심히 일을 하여 대가를 치른다.

내가 잘난 척은 안 해도 일의 내용은 모두가 원하는 수준이다.

자재 정리가 끝나자 지게차가 와서 모든 항공마대를 외부로 반출한다.

장마가 본격적으로 시작되기 전 정리하려는 모습이다.

일은 갈수록 쉬워지나 머리는 여전히 복잡하다.

점심 먹으러 가는데 비가 많이 내려 몸이 젖으니 기분도 꿀꿀해진다.

사회에서는 일부러도 맞는 비가 현장에서는 불만 1순위이다.

사실 작업 중인 사람에게 비는 매우 위험하다.

여름비는 그나마 추운 정도지만 가을비는 저체온증을 유발시키고 겨울비는 동상의 위험도 있다.

겨울비가 진눈깨비로 바뀌는 순간 젖은 작업화가 얼어붙고 장갑 속의 손이 곱아 온다.

의식적으로는 위험을 예방할 수는 있지만 열심히 일하다 보면 자신도 모르게 망각하기 때문이다.

이는 중간에 멈출 수 없는 격렬한 성행위와 비슷하다.

유사 성행위도 못 하는 늙은 나는 여기저기 전화를 건다.

내키지는 않지만 내 책을 팔기 위해서이다.

고시텔로 돌아와 명찬과 통화하다 별것 아닌 이유로 화를 낸다.

내용보다는 화낸 이유가 재미있는데 필규 말로는 책을 끝낸 후 오는 우울증이란다.

그러고 보니 오래전 출판한 두 권의 책도 결과가 비슷했다.

이를 벗어나기 위해 작가들은 다시 집필을 시도한다고 하니 출산모도 빠른 시간 내 하나 더 잉태함이 어떤가 한다.

그리고 연년 터울로 태어난 형제들은 이런 경로가 아니었나 싶다.

하지만 요즘은 인구 절벽으로 가니 이는 출산 후유증 하나 이해 못 하는 남자들 때문이다.

무엇보다도 여성들이 마음 편히 2세를 생산하고 돌볼 수 있는 나라를 만들어야 한다.

선진국이 되었다는 GDP 숫자 놀음에서 벗어나고 말이다.

저녁에는 로니가 모처럼 전화를 했다.

지금 한창 커피 시즌이니 발효커피 시험 생산을 위해 시즌이 끝나기 전 방문하기를 원한다.

예산과 일정을 점검하니 아직은 때가 아니나 마음은 벌써 인도네시아 커피 산지인 바뉴왕이에 있다.

하지만 문제는 내가 아니라 로니에게 있으니 그가 지금 수마트라에서 일하고 있기 때문이다.

돌아다니는 건 현장 엔지니어의 숙명이지만 그의 가족은 아직 바뉴왕이에 있다.

일당쟁이 노가다인 나도 그렇지만 직장이 있는 월급쟁이는 시간 내기가 더 힘들다.

시험 생산은 특별한 변화가 없는 한 올해는 힘들 것 같다.

자기 전 커피와 책의 마케팅에 대한 생각을 해 봤다.

출판사가 북 카페를 운영하니 책 구입자를 대상으로 코피루와 무료 시음회를 구상해 본다.

커피는 여분이 있으니 한 번에 20~30명씩 여러 번에 걸쳐 200~300명 정도를 초대해서 말이다.

책도 소개하고 잘하면 봉지 커피도 팔 수 있을 것이다.

조만간 출판사 사장과 상의해야겠다.

98. 7월 3일 수요일 흐림. 작업 78일 차

나를 쉬게 하던 현장 리프트가 반란을 시작했다.

리어카에 쓰레기를 담아 오면 리프트가 바로 대기하고 있으니 쉴 시간이 전혀 없다.

아침부터 시작된 만행은 일이 끝날 때까지 계속된다.

덕분에 많은 일을 했지만 그렇다고 일당을 더 받는 건 아니니 자중했어야 했다.

어쩌면 운동하고 싶은 나를 위해선지도 모른다.

식사량을 줄이고 상대적으로 일을 많이 하니 피곤과 잠이 함께 온다.

현장에서 나를 정신 차리게 하는 건 여자밖에 없다.

날씬하고 눈이 예쁜 신호수 아줌마가 신경 쓰이는 건 자연스러운 현상이다.

한국인으로 추정되는 그녀는 외국인과 차별되는 익숙한 아름다움을 지녔다.

자세히 보니 머리도 한때 유행했던 갈색으로 염색했다.

만난 지 한 달 다 되도록 말 한 마디 안 해 봤지만 서로 눈길을 마주친 건 확실하다.

현장에 연애하러 온 건 아니지만 나의 상상은 자유롭다.

그놈의 티눈이 내 발에 고통을 주기 전까지 말이다.

하지만 이 현장에서 계속 일을 하려는지 잡스러운 생각은 저절로 가라앉는다.

그리고 모든 고통은 신경 쓰지 않으면 잊어버린다.

어제 전화한 말 키우는 친구가 신경 쓰인다.

나를 만나 밤늦도록 한잔하자는데 서로 다른 인생들이 뭔 말로 그 긴 시간을 때울 수 있을까.

사업적인 대화라면 가능할 수도 있으나 술로 사람을 떠보는 건 오래된 악습일 뿐이다.

난 내 커피에 관심 있는 그에게 친절할 뿐이고 말이다.

차라리 그가 내 책을 읽어 본 후라면 이야기가 좀 편할 것이다.

노가다 다이어리 말고 《커피 헌터 다이어리》라면 말이다.

어쩌면 나는 커피 여행이 끝난 후 그 책을 먼저 출판했어야 했는지도 모른다.

모든 건 '새옹지마'지만 어떤 말은 한동안, 아니 아예 안 돌아올 수도 있다.

그리고 말은 전화한 내 친구가 키운다.

돌아온 말은 아니지만 어쨌든 주문이니 박 이모를 위해 커피를 새로 볶아야 한다.

하지만 새로 볶은 커피가 맛있을지는 아무도 모른다.

열원과 불 조절만 있으면 된다던 나의 허풍은 이번에 본색이 드러났다.

숯불도 아닌 싸구려 가정용 로스팅 머신으로 커피 맛을 내려 애쓰는 내가 불쌍하다.

색이 보이거나 팝핑이 잘 들리는 것도 아니기 때문이다.

그저 경험 섞인 직감으로 해야 하는데 이 또한 성의가 없으니 잘될 턱이 없다.

예측은 맞아 3번의 로스팅이 3가지 결과가 나왔다.

날짜를 보니 일기로는 98일에 작업은 80일째이다.

글의 양은 원고지로 1,142장이나 이번에는 좀 촘촘히 썼기에 책으로는 몇 페이지인지 모르겠다.

혹시나 해서 수정된 1부를 확인해 보니 원고지 1,460장에 A4 용지로는 230페이지가 넘는다. 그리고 출판된 책은 400페이지 가까이 된다.

하지만 지금 눈앞의 페이지는 196으로 15% 이상 차이 나니 책으로 보면 320페이지 정도이다.

굳이 분량을 정한 건 아니지만 어느 정도 마무리가 되어 가는 것 같다.

현장 일이 따분하면 더 쓸 이야기도 없고 말이다.

오죽하면 전혀 관심 없던 여자 이야기가 자주 등장하겠는가.

99. 7월 4일 목요일 흐림. 작업 79일 차

　새벽부터 커피를 핑계로 박 이모와 카톡을 주고받았다.
　이 시간에 깨어 있는 사람은 노가다 계통에 종사하는 사람이 대부분일 것이다.
　택배 기사나 청소원 등은 모두 노가다와 비슷하고 경찰이나 소방대원 그리고 군인은 반노가다이다.
　술 마시고 새벽까지 돌아다니는 젊은이들은 말고 말이다.
　어쨌든 모든 만물이 잠들어 있는 새벽에 움직이는 건 많은 걸 의미한다.

　박 이모와의 결론은 좀 더 있다 만나기로 했다.
　난 책이 도착한 후 읽어 본 뒤 평가를 해 달라고 한 것이다.
　명찬이나 필규는 친구지만 사실 아무도 내 책을 끝까지 읽지 않았다.
　친구도 그러니 정말 책의 판매에 대해서 부정적이 된다.
　아마도 코피루왁을 한 잔 준다고 하면 커피를 위해 책을 사 보기는 할 것이다.
　그러니 싸구려 로스팅 머신이지만 커피는 완벽하게 볶아야 한다.
　어제 3번 볶은 커피의 맛이 형편없기 때문이다.

　따분한 현장 일은 오늘도 계속되었다.
　작은 돈을 위해 매일 현장에 나오는 사람들은 아무런 희망이 없어 보인다.
　오늘이 계획한 날의 마지막이지만 계속 일할 생각이니 난 그들 속에 포함되어 있다.

어쩌면 대부분의 사람들은 정말 재미없게 인생을 살아간다.

노후를 위해 돈을 모은다지만 결론은 좀 더 편하게 그리고 보기 좋게 죽기 위해서이다.

그럼에도 현장은 삶의 일부라 역시 치열한 격전이 오간다.

하늘은 크레인이 미친놈처럼 돌아다니고 땅 위는 지게차가 최고 속도로 레이스를 한다.

이런 위험한 현장에서는 목소리 높은 놈이 이기고 말 없으면 지는 것이다.

안전을 최우선하는 삼성 현장이 그리워진다.

난 이제 목소리를 많이 올리려 한다.

잔소리 듣는 것도 수양이라 생각했는데 도가 지나치면 스트레스가 온다.

누군가 사람은 변하지 않는다 했는데 그 말이 맞는 것 같다.

홍 씨는 맨 처음 현장인 군포에서도 목소리를 올리더니 아무 자격도 없는 지금도 여전하다.

무엇보다도 같은 일의 방법적인 차이는 아무런 의미가 없다.

그리고 자존감 강한 사람에게 가스라이팅이라니 무식한 자는 한 가지 알고리즘으로 살아간다.

아무 의미 없는 소규모 집단에서는 더욱 그러하다.

요즘 현장 일에 대한 표현이 구체적이지 않은 것은 감흥이 없기 때문이다.

글이 끝나 가기에 마음의 정리가 더 필요하고 말이다.

앞으로의 일은 필요한 돈에 따른 노동일 뿐이다.

원래 그렇게 시작했지만 커피가 있고 책이 나온 지금은 좀 더 나은 방법을 찾아야 한다.

일단 중요한 건 내 커피를 잘 볶아야 한다.

방금 맛본 어제 볶은 커피는 최하 수준이고 차라리 먼젓번 적은 양을 볶은 게 맛이 좋았다.

할 수 없이 2차 로스팅을 했으나 맛에 대한 기대는 안 한다.

내일 아침 맛을 보더라도 판매용으로 다시 볶을 것이다.

어찌 보면 난 시벳커피나 발효커피에 대해 상대적으로 로스팅을 등한시한 것 같다.

하지만 2차 로스팅을 하는 건 이 세상에 나쁘이다.

좀 있으면 다시 노가다 일 나간다.

일기가 아니라 그저 작은 돈을 벌기 위해서 말이다.

화장실 다녀온 사람처럼 급한 게 지나니 다시 현장에 가기 정말 싫어진다.

하지만 나 역시 알고리즘에 특화되어 가고 있다.

시간 되면 자동으로 일 나가니 책이 안 팔리면 나의 정년인 내년까지 노가다를 할지도 모르겠다.

돈이 급해 임시로 몸을 판 여자가 그 일에서 헤어나지 못하는 것처럼 말이다.

인간에게 숙명은 절대적으로 부정적인 존재이다.

100. 7월 5일 금요일 흐림. 작업 80일 차

모처럼 커피를 두고 오는 실수를 했다.

물은 동료에게 얻어 마셨지만 일을 함에도 하루 종일 잠이 온다.

반대로 잔소리에도 잘 참아 온 홍 아우에게 쓸데없이 지시하지 말라고 강하게 화를 냈다.

두 가지는 모두 코피루왁의 카페인과 사향이 없는 대가이다.

카페인 효과는 다들 알고 있지만 사향이 섞인 코피루왁의 진정 작용은 밝혀진 지 얼마 안 된다.

집중이 떨어졌던 내가 장편 소설을 한 번에 쓴 것이나 화를 잘 참는 것이 이를 증명한다.

어쩌면 힘든 노가다 일을 하면서 지금까지 하루도 쉬지 않고 글을 쓰게 한 게 원인인지도 모른다.

코피루왁이 공부에 도움이 된다는 점을 스스로 입증한 셈이다.

내가 시벳커피 대신 코피루왁이란 단어를 쓰는 이유는 자연산이기 때문이다.

시벳커피는 영어지만 더 큰 의미는 내가 가공한 것을 의미한다.

커피 성분과 사향의 조화는 완벽한 프로세스가 필요하고 또 그래서 오늘 로니와 다시 통화했다.

여행 중 찾아낸 발리의 건조실과 보령의 내 집에서 행했던 실내용 건조 시설을 사진으로 보내며 말이다.

전자는 태양열을 이용한 비닐하우스 발효이고 후자는 전기장판과 건조용 스크린을 이용했다.

로니는 엔지니어이니 약간 설명을 보충하면 이해할 것이다.

발효가 어떻게 커피를 맛있게 하는지는 긴 설명이 필요하지만 번역기를 이용해 시도할 것이다.

십수 년 걸린 연구 내용을 너무 쉽게 남에게 주려고 한다.

이타심을 넘어 베푸는 마음이나 나에게 돌아오는 건 없으니 좀 더 생각해 보자.

남보다 너무 앞서 나가는 건 외로운 싸움이다.

인정받기 어렵기에 경제적으로 부정적인 면도 있지만 남을 이해시키는 건 보다 힘든 작업이다.

대부분의 사람들은 자신의 잣대로 생각하기 때문이다.

스티브 잡스나 일론 머스크가 성공한 건 모든 가능성이 열려 있는 미국에서나 가능하다.

'아티제'를 매각했던 신세계는 '스타벅스코리아'를 인수함으로 커피 사업을 다시 시작한 것으로 안다.

창업이 아니라 기존의 잘나가던 사업을 매입함으로써 안전한 이익만 추구한다.

열심히 사업을 키우던 '카페베네' 창업자는 자살했고 말이다.

두 가지 다 커피에 대한 노하우가 없어서이다.

김치 먹고 입가심으로 커피믹스 마시고, 아직도 구수한 숭늉을 좋아하는 한국인은 커피에 대해서는 문외한이다.

유행을 따르는 마니아층이 있고 진정으로 커피를 연구하는 사람도 있지만 그들의 한계는 유튜브와 구글이다.

현장 일이 단순하니 일기에 커피 이야기뿐이다.

일은 카톡으로 지시받으면 리어카 끌고 가서 청소하고 지하로 가져와 항공마대에 담으면 끝난다.

그나마 리프트를 기다리기에 실제로 일하는 시간은 반도 안 되고 오늘 일은 30분이나 일찍 끝나 담배만 피고 있었다.

이 정도면 상당히 꿀보직인데 한동안은 지속할 것 같다.

노는 사람 체크해 조금이라도 일 더 시키려 했던 월드의 황 반장이 생각나 웃음이 다 나온다.

문제는 일이 편해 나온 배가 들어갈 줄 모르는 것이다.

간식도 안 먹고 식사량도 줄였는데 뭐가 원인인 줄 모르겠다.

이제 뱃살 같은 한가한 타령을 다 한다.

오늘 만나기로 했던 재균이는 약속이 취소되었다.

하지만 약속 시간 10분 전이 되어 연락이 왔으니 내용이 의심스럽다.

어쩌면 나와의 만남이 내키지 않는지도 모른다.

누구나 삶의 영역이 있고 이질적인 존재가 배제되는 것은 자연스러운 현상이다.

'굳이'란 표현은 질서를 지키기 위한 부정적인 단어이다.

나 또한 돼지갈비 먹을까, 머릿고기 먹을까 하고 잠시 고민한 것도 사실이다.

돼지갈비는 맛있지만 3인분에 냉면 먹으면 하루 일당이 날아간다.

그나마 머릿고기는 반날 급여이고 말이다.

버는 돈이 적으니 치사하게 아쉬움과 안도가 교차한다.

제9장 다시 삼성 현장으로 돌아가다

101. 7월 6일 토요일 비. 작업 81일 차

세대 청소 하는 카자흐스탄 일행이 이틀째 안 나왔다.

아침에 미녀들을 보는 즐거움이 사라진 것이다.

이유야 여러 가지가 가능하나 장마가 시작되어 콘크리트 타설이 안 되기 때문일 가능성이 크다.

최상층 작업이 안 되면 밑의 후속 작업도 할 게 없다.

우리 팀도 일이 없어 지하 5층으로 가서 남이 하던 콘크리트 잔해 치우는 일을 마무리했다.

이틀이나 걸린다는 일을 반나절 만에 끝낸 것이니 스스로 자랑스럽긴 했으나 소득은 없다.

일당쟁이 노가다는 실적으로 돈 받는 게 아니다.

그리고 돌아온 건 인원 감축으로 다음 주부터는 우리 3명 중 1명만 나오란다.

장마 기간 일이 계속된다던 반장의 말은 모두에게 해당되지 않았다.

기득권을 지닌 기존의 멤버는 유지될 것이다.

그들이 일을 안 하든 시간만 때우든 중요한 건 직영반장에게 보고하는 위치이기 때문이다.

어찌 형상이 우리나라 정치와 비슷하게 흘러간다.

우리 3명은 돌아가며 이틀씩 일하기로 했다.

표 씨는 월·화, 손 씨는 수·목 그리고 나는 금·토요일이다.

언제까지인지는 모르나 장마가 끝날 때까지 한 2~3주는 이런 상황이 계속될 것이다.

하지만 글이 끝나 가니 저절로 시간이 안배된 셈이다.

그리고 시간이 남으니 다음 글인 《커피 헌터 다이어리》도 다시 손볼 수 있다.

어떤 책의 출판이 먼저인지는 모든 수정이 끝나고 결정하련다.

금전적인 문제도 있으니 일단 현장 일이 정상으로 돌아간 후 하나씩 출판하련다.

앞으로는 돈이 궁해 마음 졸이는 짓은 안 하련다.

출판을 준비하던 《필리핀 데카메론》이 다시 뒤로 밀린 이유는 커피와 관련 없기 때문이다.

출판사가 인세를 13%나 제시하며 원했던 책이 한 번 밀린 후 계속 뒤처지는 데 이유가 있나 보다.

어쩌면 옴니버스 단편 영화의 꿈이 아직 남아 있나 보다.

다른 소설인 《성의 굴레》나 《저팔계 바이러스》도 같은 맥락인데 실현 가능성을 넘어 꿈을 간직한 채 사는 것도 재미있다.

결과를 무시하고 사니 일반인들은 모르는 나만의 사고방식일 것이다.

난 최소한 돈을 좇아서 사는 속물은 아니다.

그 속물이 매일 밤마다 야동을 본다.

노가다를 하면서 강해진 내 몸이지만 여자에는 전혀 반응이 없어서이다.

현장에서 본 카자흐스탄 아가씨들이 좋은 건 섹시해서가 아니라 순수함이 남아 있기 때문이다.

종족 번식이 끝난 나는 종족 유지로 알고리즘이 확대됐는지 여자에 대한 보호 본능만 남아 있다.

유튜브에서 젊은이들이 그들의 적으로 자주 거론하는 스윗한 아재들이 나와 비슷할 것이다.

그럼에도 야동을 보는 이유는 내 아내 크리스 때문이다.

현재 35세로 아직 젊은 그녀가 작동이 시원치 않은 내 남성성을 이해할지 모르겠다.

체력은 문제가 없으니 아내를 직접 만나면 다르겠지만 문제는 그놈이 반응하지 않는 것이다.

지나는 길에서 아무리 예쁜 여자를 만나도 마찬가지이니 수명이 다 된 것 같다.

늙은이를 위한 많은 종류의 약이 있다니 기대해 볼 것이다.

수동적인 여자에 비해 스스로 일어나야 하는 남자의 숙명 같은 성생활이다.

이조차 못 하면 일본 영화 〈나라야마 부시코〉처럼 산으로 가야 한다.

내 나이가 만으로 64세니 70세가 되려면 6년 남았다.

글을 써야 하는데 집중이 되지 않는다.

노가다로 점철된 내 머릿속을 비우는 데 시간이 필요하다.

체력적으로 고갈된 상태에서 일기를 계속 쓴 건 내용이 노가다이기 때문일 것이다.

한 이틀 쉬면서 《커피 헌터 다이어리》를 수정하련다.

그리고 이번 일기 2부도 전체적으로 내용을 검토하려 한다.

주관을 배제하고 나오는 욕은 진실이지만 그 또한 이해할 수 있기에 나쁜 표현도 삭제할 것이다.

모든 걸 이해하려 애를 쓰는 나는 정말 늙은 게 틀림없다.

102. 7월 7일 일요일 비. 열외 21

장마임에도 강우량이 그리 많지 않아 좀 생소하다.

한 번에 많은 비가 내려 산사태가 나고 도시가 물에 잠기는 필리핀과는 차이가 있다.

그럼에도 한국 매스컴은 호들갑을 떠나 폭우에 대한 각 나라의 입장은 다른 것이다.

친구들의 내 책에 대한 생각도 비슷하다.

계획한 다섯 권 중 하나를 출판했을 뿐인데 누군가는 큰 기대를 가지기도 한다.

전편에서도 말했지만 책은 나의 버킷 리스트에 포함되고 노후 대책의 일부이기도 하다.

책이든 커피든 언젠가는 조금씩이나마 팔릴 것이고 서로가 시너지 효과를 만들기 때문이다.

내가 계획한 9권은 기출판한 《시벳커피 이야기》와 다시 써야 할 《커피전사의 후예들》 상하 등 총 3권 외 이번 다섯 권이 포함된다.

마지막으로 《성의 굴레》가 있으나 아직은 모르겠다.

어쨌든 살아가면서 9권은 책을 출판하니 인생의 한 부분을 마무리한 셈이다.

책이 팔리든 잘 안 팔리든 말이다.

지금 난 글을 제쳐 두고 게임만 하고 있다.

고스톱과 스타인데 재미보다는 감각을 쓸데없는 데 허비해 정신을 집중하려는 것이다.

노가다 일이 끝났음에도 많은 영상이 머릿속을 헤맨다면 이해하겠는가.

그렇다. 난 상상력이 통제되지 않는 습성이 있다.

소설 쓰기엔 좋은 것 같지만 하나를 보고 너무 많은 영상이 떠오르니 오히려 정리가 안 된다.

그래서 에너지를 소모시켜야 좀 정상으로 돌아온다.

글 쓰다 쉬는 두 시간 만에 쓴 단편 소설을 인터넷 카페에 연재한 것은 기적과도 같다.

그 단편이 《필리핀 데카메론》이고 원래의 글은 아직도 끝내지 못한 《천상의 커피》이다.

마음에 들지 않은 이상한 책 이름 '커피전사의 후예'는 출판을 위해 돈을 낸 사람이 지은 것이다.

그 당시 나는 왜 삶에 성의가 없었는지 모르겠다.

지금도 별 차이 없지만 노가다 일을 하고 계획도 확실하니 조금은 성실해졌다.

나이 탓인지 꿈도 많이 소박해졌고 말이다.

커피와 책의 사인을 원한 박 이모가 돈을 보냈다.
송금한 돈은 8만 원으로 조금 많은 금액이라 난 커피를 150g짜리 두 개를 보내기로 했다.
내가 좀 손해이나 어차피 저녁 한번 사려 했기에 커피를 아끼지 않았다.
그리고 내 책을 최초로 구매한 독자이기 때문이다.
이로써 책이 두 권 그리고 커피도 두 개니 그녀는 활용하기 수월할 것이다.
난 그녀가 내 책에 묘사된 삼성 현장의 여성 유도원에게 커피와 책을 소개하기를 바란다.
아쉬운 건 인터뷰를 못 한 것인데 상상으로 만족한다.
어차피 한두 사람의 의견으로 판단할 수 없다.

책을 보내기 전 재미있는 일이 있었다.
1층 흡연장에서 만난 러시아 친구가 인사를 하더니 내 직업을 물어본다.
먼젓번에 함께 긴 이야기를 했던 그 친구이다.
그런데 내가 건설 노동자라 했더니 그는 그냥 일어나 가 버린다.
내가 지닌 가방에는 커피와 책이 있으니 작가 겸 커피 전문가라 했으면 어떤 행동이 나왔을까 궁금하다.
직업과 학력 그리고 돈의 유무로 상대를 파악하는 건 한국 못지않은 사회주의 국가의 러시아인이었다.

이는 같은 사회주의 국가인 중국과 베트남에서도 그러하니 참 아이러니하다.

안 그런 건 자본주의를 겪은 유럽인뿐이니 체제를 떠나 인간의 문명이 거치는 과정인가 보다.

문화라고 표현해야 하는데 저절로 문명이 되어 버렸다.

사실 오늘 명찬이와 만나기로 한 날인데 취소되었다.

그는 오늘 전화한다 했으나 그조차도 없는 걸 보니 촬영이 바쁜가 보다.

그 대신 세종시에서 말 키우는 친구인 오 덕준이 책 받았다며 메시지를 보냈다.

일부를 읽었는지 내가 좋아하는 메밀냉면 먹으러 오라는데 세종시가 가까운 거리는 아니다.

그리고 난 글을 쓰기 위해 머리를 식히고 있기에 장거리 여행은 리듬을 무너뜨린다.

멀다는 건 걷고 전철 타고 버스 기다려 타는 시간을 두 배로 계산하고 냉면 먹고 대화 시간을 포함하면 그렇다.

원래는 그가 나에게 오기로 했는데 왜 바뀐 것인지 모르겠다.

러시아인과 비슷한 사고는 아니었으면 한다.

103. 7월 8일 월요일 비. 영외 22

아무 생각 없이 쉬는 건 확실히 정신 건강에 좋다.

모처럼 《커피 헌터 다이어리》를 읽어 보나 사진이 많은 탓에 속도가 너무 느려 손볼 수가 없다.

그런 이유로 오래전 에피소드별로 구분해 놓았다.

1장을 읽었더니 글은 무난했으나 문제는 전체 분량이 원고지로 2,600장이 넘어가 한 권으로 출판할 수 없다는 것이다.

두 권이면 비용이 늘어날 게 틀림없고 일도 안 하는 현재 상황으로는 경제적 부담이 적지 않다.

난 일단 《커피 헌터 다이어리》를 덮어 둔다.

지금 쓰는 이 일기를 먼저 끝내야 하기 때문이다.

하지만 현장도 안 나가면서 마무리하려 하니 눈에 띄었던 단점만 부각된다.

안전에 미흡한 내용과 결속선을 제대로 안 묶은 점 그리고 이해할 수 없는 벽체와 바닥의 단절이다.

내가 감리자라면 슬러지 청소를 시켰을 것이고 벽체 바닥의 우드록도 지적했을 것이다.

마음에 드는 건 내부 구조뿐인데 가격이 만만치 않으니 나와 거리가 상당하다.

검색해 보니 주변에 40% 싼 오피스텔도 있는 걸로 보아 가격이 최고일 때 분양했나 보다.

지금 내가 일하는 포스코의 풍동 오피스텔을 말하는 것이다.

비가 그치자 박 이모에게 책과 커피를 보냈다.

책은 이미 구입했지만 내 사인을 위해 한 권 더 원했고 커피도 산 것이다.

그녀와 가깝기는 했지만 친한 건 아니었기에 좀 미안하다.

이럴 줄 알았으면 초콜릿이라도 한번 선물했어야 했다.

살다 보니 주고받는 건 꼭 계산대로 되지는 않는다.

다행히 책 내용 중 삼성의 유도원 여성에 대한 표현이 긍정적이라 그거 하나는 괜찮았다.

얼마나 많은 사람들이 볼지는 모르지만 말이다.

모처럼 인터넷 고스톱을 많이 했다.

시간이 많이 소요된 이유는 1억도 못 따던 내가 오늘 딴 돈이 10억을 넘었기 때문이다.

이 내용이 어떤 의미인지 모르지만 기분이 나쁘진 않았다.

최소한 돈을 잃기까지 그 기분은 유지될 것이다.

그리고 오래전 필리핀 카지노에서 운을 시험한 내용이 생각난다.

돈을 따려는 게 아니기에 항상 본전만 하고 나왔으나 그게 내 뜻인지는 아직도 모른다.

지금 고스톱에서 딴 돈이 뭘 의미하는 게 아닌 것처럼 말이다.

뭔 말인지 어렵지만 독수리가 날아오른 모습으로 승리를 점치는 주술사가 된 기분일 뿐이다.

멍때리다 보니 이제 별 이상한 해석도 다 한다.

돈은 있으나 수입이 없으니 다시 가난해졌다.

돼지 뒷다리 고기 만 원어치를 다시 샀기 때문인데 내가 장기간 집에 있으면 꼭 필요한 재료이다.

김치는 고시텔에서 공짜이니 전기밥통에 고기를 적당히 넣고 김치찌개를 끓이면 상당히 경제적이다.

함바집이나 식당에서는 맛볼 수 없는 저렴하면서도 영양이 풍부한 맛이 나오고 말이다.

그리고 만 원어치의 돼지고기는 정말 많아 6~7번을 해 먹어도 충분하고 편육을 만들어 장기 보관 할 수도 있다.

일기가 먹방, 아니 먹자판으로 바뀐 것은 내 탓이 아니다.

정말 부평시장은 모든 게 저렴해 쇼핑할 맛이 난다.

모든 것이 한국에 사는 중국인 덕분인 것 같다.

아니 귀화했으니 이제 중국계 한국인이라 불러야 할 것이다.

요즘 중국계 한국인은 발음도 정확하여 구분하기도 힘들고 친절함 또한 한국인을 그대로 따라 한다.

어찌 보면 두 나라 사람이 너무도 비슷하니 계속 함께 잘 어울리면 좋겠다.

내가 중국에서 커피를 팔 수 있는 날도 오고 말이다.

104. 7월 9일 화요일 비. 열외 23

시간이 많아 커피 로스팅을 연구한다.

온도계도 없는 기계는 청력과 시력을 이용해야 하나 그나마도 여의치 않다.

모두 3번을 했는데 강, 중, 약배전이 모두 나왔으니 할 말이 없다.

로스팅기 하나 구입하고 싶지만 둘 장소가 없다.

눈앞에 보이는 발코니가 적당한데 고시텔 주인의 허락을 얻어야 한다.

아직 판매가 활성화된 게 아니니 기다려 본다.

지금 쓰는 글이 출판되면 북 카페에 커피와 함께 모임을 만들 것이다.

책을 사면 코피루왁을 한 잔 주면서 말이다.

책에서 얻는 이익이 별로 없으니 손해인 것 같아도 투자라 볼 수 있다.

하지만 어느 정도는 책이 팔린 후에나 효과적일 것이다.

명찬은 바쁜지 계속 연락이 없다.

교보문고에서의 책 판매를 윤수에게 부탁하기 위함인데 내가 원하지 않는다는 것을 알았나 보다.

먼젓번 통화 시 내 책을 먼저 읽어 보라 한 이유이기도 하다.

이해하기 어렵겠지만 내 고집은 변하지 않는다.

책이 재미있고 유익하다면 언젠가는 세상이 알아줄 것이라는 생각 말이다.

그래야 베스트셀러가 아닌 스테디셀러가 될 것이다.

한 권도 아닌 5권이나 출판하는 이유이기도 하고 말이다.

난 책을 이용해 커피를 팔면서 적당한 경제적 이익을 얻으면 그만이다.

책을 읽은 사람들이 커피를 사 줄 것이니 말이다.

로스팅을 연구하는 이유도 비슷하다.

비록 싸구려 기계지만 맛이 어느 정도 나오면 쿠팡에서 원두를 팔려는 것이다.

책이 팔리면 주문은 올 것이고 그 정도면 충분하다.

근데 로스팅이 3가지로 나온 데는 이유가 있다.

첫 번째는 2차 크랙까지 간 강배전이나, 두 번째는 풀 시티로 2차 크랙 시작과 동시에 멈추었다.

하지만 3번째 로스팅 엔딩을 하는데 내일 삼성 현장에서 일할 수 있냐는 전화가 온 것이다.

장마 기간이지만 레미콘 타설이 예정되어 3일 정도 유도원이 필요하단다.

난 흔쾌히 허락했고 바로 김 후배에게도 전화가 왔다.

대화는 한잔하자는 내용으로 이어진다.

오랜만에 듣는 삼성 현장은 많은 걸 느끼게 해 준다.

먼저 황 반장이 내 책을 읽었는지 조회 시간에 책 내용을 말했다는 것이다.

그리고 이번 일의 시작을 만든 정 이모가 소장의 처제이며 나이도 생각보다 많다고 한다.

자세한 건 내일 출근해 보면 알겠지만 일이 재미있게 돌아간다.

하지만 김 후배가 노래방 가자는 말은 무시했다.

갈 이유도 필요도 없지만 예정에 없어 내키지 않기 때문이다.

그리고 난 여자가 부르는 노래만 듣는다.

글을 마감하려는 지금 갑자기 상황이 변했다.

삼성 현장 일을 끝내고 마무리하라는 계시일 수도 있고 아니면 또 다른 인연이 시작될지도 모른다.

난 이래서 열심히 사는 게 재미있다.

아직 아무 결과도 없지만 조짐이 보이는 것만으로도 유쾌하다.

이제 글 마치고 샤워를 할 것이다.

오랜만에 나가는 삼성바이오로직스 송도 현장을 위해서 말이다.

근데 내 유도원복과 장비가 그대로 있는지 궁금하다.

내 이름 쓰인 하이바도 있어야 하는데 말이다.

105. 7월 10일 수요일 비. 작업 82일 차

오랜만에 갔으나 삼성 현장은 낯설지 않았다.

부실해 보였던 아침 식사는 적당했고 조회 시 일과를 설명하는 말이 난청임에도 귀에 잘 들어온다.

무엇보다 여성이 많아 활기차 보이고 그래서인지 복장조차도 세련됐다.

행동에 매너 있고 목소리조차 크지 않으니 한국인만 있는 현장의 차이점을 보여 준다.

현장의 정리나 공사 내용도 분명 차이 난다.

청소를 위해 밟고 있는 철근은 하나도 흔들림이 없고 오염물은 청소기로 다 빨아 댄다.

삼성이라서인지 월드건영의 꼼꼼한 시공 때문인지는 모르지만 말이다.

그리고 안전 역시 우선이니 모든 게 확연히 차이 난다.

어쩌면 타 현장과 비교를 위해 일산 현장을 잠시 방문한 게 아닌가 싶다.

사실 좁은 제빙실 안에서 휴식을 취하는 베트남 인부들은 짜증 날 정도였고 한국인 잡부들도 제대로 일을 안 한다.

그리고 아침 식사가 이상하게 입에 맞는다.
정갈하면서 칼로리에도 전혀 문제가 없었으니 건강식이 틀림없다.
식사 후 황 반장이 내 책을 읽고 있다며 말을 걸었다.
자신을 욕했으면 가만 안 있겠다고 하면서 말이다.
농담이겠지만 난 글을 쓸 때 남을 욕하지 않고 내가 표현한 그는 자신의 일에 성의를 다했다.
주변 사람을 너무 챙겨 준다는 지적도 있으나 단점이라기보다는 자연스러운 현상으로 보인다.
나 역시 내 사람을 먼저 챙겨 주기 때문이다.

오늘 일은 김 학평 씨와 함께 배정받았다.
약간의 자재를 나른 후 타설 전 철근 아래 고인 물을 먼저 빼야 했다.
하지만 주 작업은 기둥이 설 자리에 추가되는 철근을 위해 구멍을 뚫는 일이다.
김 씨가 해머 드릴로 작업하면 이물질이 안 들어가도록 내가 백업폼으로 구멍을 막고 잔여물을 청소를 한다.
일은 쉬웠으나 예상 외로 날이 너무 더웠다.
오후에 비가 온다던 일기 예보가 맞지 않은 것이다.
더위 속에 허우적대는 나에게 황 반장이 다가오더니 계속 일을 나와 달라고 요구한다.

그리고 선물인지 김 씨와 나는 감독 없는 연장 근무이다.

어떤 의도인지는 모르지만 나쁘지 않았다.

한가해지자 박 씨에 대해 생각해 본다.

그가 나이를 속이든 거짓말을 하든 다 먹고살기 위해 애쓰는 것이다.

어쨌든 그는 일을 하고 있고 결근도 하지 않으니 도박하거나 술만 마시는 사람보다는 나은 것이다.

예쁜 여자가 남자에게 용서받는 것처럼 열심히 사는 사람도 봐줘야 한다.

기회가 되면 그에게 사과하는 게 맞는 것 같다.

내가 인자해지는 걸 보니 글을 마무리할 때가 온 것 같다.

날짜를 보니 벌써 계획한 날이 이틀이나 지난 82일 차이고 이야기도 새로워졌다.

난 당분간 삼성 현장에서 일하며 차후를 결정하련다.

고정으로 일 나가니 수입이 안정적이고 이곳의 적당한 노동은 건강에도 좋다.

일산 현장은 가을까지 지속되니 이곳이 끝나고 나가면 된다.

106. 7월 11일 목요일 안개 흐림. 작업 83일 차

아침 점호 시간에 나에 대한 배려가 이상하다.

특별한 지시 없이 가벼운 일로 시작해 계속 잡일을 하게 되었다.

편하긴 한데 이런 위치가 오래되면 더욱 힘들다는 것 정도는 경험으로 알고 있고 말이다.

다행히 여러 사람이 나에게 조금씩 업무 지시를 내린다.

난 열심히 지시에 따르고 말이다.

오후는 그나마 정상이 되어 어제와 비슷한 일을 한다.

김 학평 씨가 하스리 하고 내가 정리하는 것이다.

사실 나도 해머 드릴 사용을 꽤 잘하는데 티 내지 않아 사람들은 잘 모른다.

요즘처럼 일당 2만 원 더 주는 걸 알았다면 잘난 척 좀 했을 것이다.

어제 연장 근무가 있어 오늘 나도 적지 않게 받지만 김 씨는 40만 원 가까이 된다.

노가다도 열심히 하다 보면 그에 대한 보상도 분명히 있다.

하지만 애는 쓰지 않고 수입이 적다며 불평만 하니 못난 사람의 욕심은 끝이 없나 보다.

원래 너무 작아서 느끼는 불평인지 모르지만 말이다.

일은 무난했는데 내가 김 학평 씨에게 조금 화를 냈다.

벽에 400㎜ 간격으로 표시를 해야 하는데 나보고 줄자를 잡고 있으라 했기 때문이다.

그 정도는 초등학생 혼자서도 충분히 할 수 있는 일이다.

하지만 난 학력이 부족한 그에게 적지 않은 모멸감을 준 게 아닌가 생각해 본다.

난 못 느끼지만 대부분의 사람들은 자격지심이 있다.
내일 그의 화를 풀기 위해 사인이 들어간 내 책을 하나 선물하련다.
그가 등장인물 중 하나이니 어색하지는 않다.

일이 마무리될 때 황 반장이 한 말이 떠오른다.
김 씨와 나는 원하면 얼마든지 연장 근무를 할 수 있다는 말인데 너무 파격적이다.
속뜻은 모르지만 먼젓번에 내가 추측한 직영반장 건이 아닌가 싶다.
어차피 이번 현장이 끝나면 다른 곳이 오픈할 것이고 황 반장은 능력 있는 사람이 필요하다.
일에 성의를 다하는 김 학평 씨와 유도원에 건축 기사인 나는 최고의 측근이 될 수 있다.
게다가 어지간하면 결근 한번 안 하고 말이다.
내 상상인지 모르지만 맞을 것이다.

하지만 연장근무 이야기는 이상하게 끝났다.
원래 예정되었던 팀장과 3인이 있기 때문에 김 학평 씨와 나는 집에 가는 교통편이 어렵다 한 것이다.
황 반장은 이제야 팀장이 연장 근무 하면 생기는 문제를 이해하였다.
그리고 그의 대답은 오늘 연장 근무는 없을 것이라 한다.
그들 4인에게는 아쉽지만 대세는 이미 기울었다.

이야기가 잘 나가지만 옥에도 티는 있다.
더 이상 거론 안 하려 했던 박 씨 이야기를 다시 해야 한다.

사람은 절대 변하지 않는다 하니 그를 용서한 게 우습게 된 사실이 드러났다.

작년에 70세라던 그가 이제 고작 63년생이라는 것이다.

정보통인 조 씨의 말이니 틀림없을 것이고 난 어이가 없다.

실제 나이는 모르지만 호적은 학교를 말하니 한참 후배는 틀림없는데 한때 형님 소리까지 한 것이다.

내가 바보인지 그자가 나쁜 놈인지 모르지만 둘 다 정상은 아니다.

하지만 난 필리핀 경험을 살려 거짓말을 천연덕스럽게 한 경우를 생각해 본다.

그것은 필리핀에 만연한 나쁜 것의 중독일 가능성이 있다.

가족에게 버림받고 사업 다 날려 먹은 그는 거의 확실하다.

아니면 몰락한 환경 탓에 허언증이 생겼는지도 모른다.

이제 나쁜 놈에서 불쌍한 인생으로 바뀌었다.

사실 난 일기 빨리 쓰고 2부를 정리해야 한다.

하루에 두 시간씩이면 주말까지, 그래 봐야 내일과 토, 일요일뿐이지만 애써 보려 한다.

모든 일에 꼭이란 없지만 일단은 최선을 다하련다.

처음 일기를 책으로 내려 할 때처럼 말이다.

이렇게 노가다와 출판 준비는 묘한 긴장감과 활력을 준다.

저녁에는 모처럼 필규와 통화를 했다.

말하고 싶었던 내용은 필규 동생 찬규가 내 책을 샀기에 고맙다는 말을 하려던 것이다.

하지만 필규에게 한참 동안 축하와 애썼다는 말을 들었다.

물론 문학에 대한 강의도 빠지지 않았으나 필규가 문학박사이자 평론가이니 자연스러운 현상이다.

필규 말에 의하면 난 저명한 문학계 인사인 독자를 두 명이나 확보한 셈이다.

동생 찬규도 프랑스 리옹에서 박사학위를 받은 교수이기 때문이다.

난 잘 모르나 필규 말에 의하면 그렇다.

필규의 집안은 아버님 고 이 정기 교수님부터 대를 물려 문학계의 명성을 유지하고 있다.

어쨌든 내 독자 수준이 참으로 대단하니 고맙기도 하다.

107. 7월 12일 금요일 맑음. 작업 84일 차

김 학평 씨를 위해 사인을 한 내 책을 하나 챙겼다.

어제 일에 대한 보상이지만 그가 등장인물이기 때문이기도 하다.

그리고 다시 생각해 보니 별것 아닌 말투였는데 선입견 있는 내가 과잉 대응 한 셈이다.

책을 받은 그는 '자신의 이름도 없는데'라며 은근한 불평을 한다.

늦었지만 지금 본명이 들어가는 이유이기도 하다.

역시 일은 김 씨와 함께였다.

오전 일이 끝나고 황 반장이 나에게 뭔 일 했냐고 물은 것은 담배 피러 간 사이에 점검했기 때문이다.

난 "오늘 바빴는데요."라고 했고 김 씨가 긍정을 하니 "그래요?" 하고 마무리됐다.

지금까지와 다른 새로운 콤비가 형성된 것이다.

이런 새로운 모양은 많은 변화를 보여 준다.

박 이모는 은근히 질투하고 이 팀장도 경계하는 모습이다.

어찌 보면 직영 책임자인 황 반장의 총애를 받는 두 사람이니 그럴 만도 하다.

기분이 이어지는지 우리는 막걸리를 한잔하기로 했다.

항상 가던 그 상주 순댓국집이다.

막걸리 한 병도 못 마시는 김 씨가 많은 이야기를 했다.

그중 가장 중요한 이야기는 직영인 박 반장이 같은 직영이나 고참인 김 반장에게 화를 냈단 내용이다.

지시를 반말로 한 게 이유이나 박 반장이 어느 정도 경험이 쌓였고 인정받았다는 말도 된다.

나와 동갑으로 언제나 겸손하고 배우는 자세였던 박 반장은 사실 공무원으로 정년퇴직한 사람이다.

이번에 밝혀진 그와 나의 실체는 다른 사람에게 충격이었다.

인생 밑바닥인 것 같은 노가다 잡부지만 별사람이 다 있으니 말이다.

하지만 내 마음에 든 건 김 씨의 말투가 달라졌기 때문이다.

그는 이번 박 반장의 일로 내가 지속적으로 충고한 말투에 대해 이해한 모양이다.

같은 지시라도 예의와 배려가 섞이면 서로가 행복하다는 교훈 말이다.

작은 일 같아도 내가 노가다를 하면서 얻은 최고의 성과이다.

난 이제 노가다를 긍정적으로 마무리할 수 있다.

시급 1만 원 시대에 2만 원을 받고 열심히 하면 분명히 기회는 찾아온다.

젊으면 기공이 낫지만 전문 잡부도 수입이 그리 적은 건 아니다.

1~2년 노력해서 직영 잡부가 되면 연장 근무가 있어 월 소득이 500만 원 가까이 되니 연봉 7천이 넘어가는 셈이다.

어느 정도 체력만 된다면 나이가 많아도 가능하고 말이다.

난 몰상식과 무례가 난무하는 노가다 판에서 의지 하나로 작은 혁명을 이루고 있다.

앞으로 어떻게 될지는 모르지만 난 확신한다.

분명 지금보다는 좋아질 것이고 흥미로운 새로운 이야기도 나올 것을 말이다.

오늘 글을 마무리하려 하나 내일 일도 궁금하다.

내 입지와 김 학평 씨와의 관계 그리고 연관된 모든 일을 확인하고 싶다.

특별한 일 없다면 내일은 《커피 헌터의 노가다 다이어리 2부》가 마무리될 것이다.

그리고 난 안개를 벗어나 떠오를 태양을 기다린다.

이야기가 끝났습니다. 유 화 수

마무리 글

인간이 사는 이유는 아직도 잘 모른다.

내가 생각하는 신과 인간과의 관계는 더욱더 모르고 말이다.

이런 생각을 시작한 게 십 대 후반이었고 결론은 잘 모르니 60세까지는 일단 살아 보자였다.

지금 나이 64세가 되어 깨달은 건 이 세상이 인간만 살지는 않고 욕망은 거품과도 같다는 것이다.

배화교로 알려진 페르시아 고대 종교인 조로아스터교는 죽기 전 모든 욕망을 배제해야 한다.

지금도 5백만 명이나 있다지만 내가 간신히 만난 한 명은 최소한 그런 모습을 보여 주었다.

내게 돈 벌어 노후를 안락하게 보낸다는 건 의미가 없다.

늙어서 골프 치고 여행 다니며 맛집 찾는 게 삶의 본질은 아니라는 것이다.

1차 버킷 리스트를 끝낸 나는 이제 2차를 향해 간다.

사실 1차에서 못 한 부분을 마무리하는 것이나 실현 가능성이 적어 2차로 분류했다.

그중 하나가 극본을 쓰는 것이고 지금 노가다에 관한 드라마를 구상 중이다.

주인공이 어떻게 공사판에 적응해 갈까 하는 도입부가 나를 괴롭히지만 또한 즐겁기도 하다.

커피도 볶으며 현장 일 하고 《커피 헌터 다이어리》를 수정하면서이니 역시 스리잡은 계속된다.

지금 새벽 4시이니 잠시 후 일 나가야 한다.

2024년 9월 13일 유 화수

헌정 시: 화수 형에게

잡부들은 어디에

이찬규

마음은 요즘 왜 이리 약해졌을까
시를 쓰기에 좋지 않은 상황이잖아
화수 형이 가만히 웃는다

무슨 좋은 일이 있어요?
응, 갈비뼈가 부러졌잖니
일주일째 무거운 것을 들지 못하는데
팀장이 아직 눈치 못 챘거든

누군가 보고 있으면
40kg짜리 자재 메고 3개 층을 올라가거든
뼈가 못 버티면 인대가 버틸 거야
형, 엑스레이 한 번 더 찍으세요
현장에서 몸 사리지,
몸을 어디에 두고 사리겠어요

나는 오늘 한 여자의 한 문장을 읽는다
"이 외출이 행복하기를 그리고 다시는 돌아오지 않기를"[1]

---

1) 프리다 칼로

이번에도 시를 쓰기에 좋지 않은 상황,

화수 형이 문을 열고 들어온다
"말이지, 말이 씨가 되는 거 보면 이 세상은 인간만이
사는 게 아닌 것이 확실한 거지?"

나는 한 여자가 태양 고시원 창문 밖
횡단보도를 지나가고 있어서
화수 형의 말을 듣는 둥 마는 둥 한다

그런데 돌이켜 보면 나는 그 말을 확실히 들었다

* 이찬규

서울 혜화동 출생.
1988년 『시문학』을 통해 시를, 1996년 『작가세계』를 통해 평론을 발표하기 시작했다.
저서로 『불온한 문화, 프랑스 시인을 찾아서』, 『시는 언제나, 르네 샤르』 등이 있다.